JN077339

不動産の本当の価値を高めるためにやってはいけない遺産分割

著者：税理士・不動産鑑定士　吉村　一成
監修（民法部分）：弁護士・税理士　平松　亜矢子
協力：一般社団法人　大阪府不動産コンサルティング協会

清文社

はじめに

令和２年12月に国税庁が発表した「令和元年分における相続税の申告事績の概要」によると、相続財産のうちに占める不動産（土地及び家屋）の割合は39.6％を占め、相続財産の中心的なものとなっています。しかし、不動産は分割が容易ではないため、遺産分割協議の際には大きな問題となりがちです。

遺産分割は、遺産全体について、価値的に偏りがないように相続人間で分配することですから、遺産全部についてその価値がわからなければ公平に遺産を分割することはできません。

また、単に目先の相続税負担が軽減されればよいという場当たり的な損得ではなく、将来の土地の有効活用や譲渡などの処分、第二次相続、はたまた将来起こるかもしれない親族間の争いを回避することまで配慮して遺産分割協議を重ねる必要があります。相続税を軽減することだけに目を奪われてしまうと、結局は土地の本来の価値を生かすことができない遺産分割となり、却って不動産の価値を下げてしまう結果になることがあります。

本書は、相続の場面に直面した相続人の方々が、どのような点に注意して遺産分割を進めていけばよいのかという実務的な問題について解説するもので、相続当事者の方々のほか、税理士や相続に関連するビジネスなどに携わっている方々の参考になることを意図して書き下ろしたものです。

第１編は、遺産分割の概要について民法の基本的な知識を整理したものですが、特に民法相続編の改正点が明瞭になるようにわかりやすく解説しています。平成30年に大きな民法改正が行われましたが、実務に当たっても、民法において遺産分割がどのように取り扱われるのかを理解しておくことが重要です。

第２編は、遺産分割によって相続税負担を軽減する方法を解説しています。相続税を相続財産を取得する対価だと考えると、相続税が軽減されれば、それだけ低コストで財産を取得することができるのですから、その分、価値の高い不動産を取得することと同じです。第２編では、相続税対策として、財産評価、債務控除、小規模宅地等の特例、配偶者の税額軽減、配偶者居住権の活用例を事例形式で解説しています。

相続税対策は、生前対策に限るものではなく、相続開始後においても行うことができることをご理解いただけるのではないでしょうか。

なお、本書は税務の専門家以外の読者も対象としているため、第２編においては、相続税法や財産評価の基本的事項が理解できるように配慮しています。

第３編は、本書のテーマである「やってはいけない遺産分割」についてです。遺産分割は、往々にして、行き過ぎた節税や土地の価値に関する知識不足によって、不動産本来の価値を棄損してしまうことがあります。たとえ相続税を節税することができたとしても、土地の価値をそれ以上に下げてしまっては何の意味もありません。そのため、第３編においては、不動産の価値（時価）とはどのようなものなのか、どのようなケースで時価と相続税評価は異なるのかを解説した後、分割に工夫が必要な不動産について、事例形式を中心に解説します。相続税対策ではなく、資産防衛の見地から不動産の価値を高めるための相続対策です。

なお、遺産の客観的価値については、実際の取引価額つまり時価を基準とするものとされ、ケースによっては不動産鑑定を利用することもあります。ところが、遺産分割における時価については、相続人間で合意すればどのような方法で把握してもよいため、簡便的に相続税評価を利用することも多くあります。しかし、相続税財産評価と通常の取引価額が必ずしも同じにはならないことを理解しておかなければ、公平な遺産分割にならないこともあるので注意が必要です。

第４編は、取得した不動産の出口戦略を事例形式で解説しています。納税資金の捻出やその他の事情で取得した不動産を売却する場合、譲渡所得税の負担を念頭に置いた遺産分割によって、手取り資金を増加させることができるのであれば、取得した不動産の価値を高めることと同じです。また、相続税の納税資金捻出の必要がある場合は、物納も有力な選択肢になります。不動産の売却資金で納税するよりも、物納の方が納税額が大きくなるのであれば、やはり不動産の価値を高めているのと同じでしょう。

さらに第４編では、共有の解消方法についてご紹介しています。「やってはいけない遺産分割」の一つに安易に共有取得することが挙げられますが、個々の事情によって共有とせざるを得なかった場合に、その共有状態を解消する方法について事例解説しています。そもそも遺産分割協議は相続による相続財産の共有状態を解消する手続きですから、協議による共有取得が単なる遺産分割の先延ばしにすぎないような場合には、共有の解消によって初めて実質的な遺産分割が終了するのです。

以上のように、本書の目的は、資産防衛の見地から、不動産の価値を棄損しない円滑な遺産分割に資することにあります。このような観点から、相続当事者の方をはじめ、税務や相続に携わる実務家の方々の一助になれば幸いです。

なお、本書の内容につきましては、可能な限り条文、通達等に基づいて解説しております。特に、民法部分については弁護士の平松亜矢子先生にご監修いただき、法的に正確な解説になっています。しかし、文中意見に係る部分についてはあくまで著者個人の私見に過ぎませんのでご了承ください。

最後に、私法部分のご監修をいただいた平松亜矢子弁護士、第４編において共有解消に係る信託活用の実例のご提供をいただいた一般社団法人大阪府不動産コンサルティング協会の皆様方、本書刊行の機会を与えていただき、企画段階から本書発刊に至るまで多大なご尽力をいただいた株式会社清文社の皆様方に深く感謝する次第です。

令和３年８月

税理士・不動産鑑定士　吉村一成

本書について

遺産分割は、税務と法務と双方の理解が必要とされる分野であり、税理士と弁護士の連携が大切であると常々感じているところです。本書は、税理士と不動産鑑定士の双方の実務経験を豊富に有しておられる吉村一成先生ならではの両者を兼ね備えた視点から、網羅的にわかりやすく、特に不動産が含まれる遺産分割に関わる税務と法務を解説されたものであり、遺産分割に携わる専門家に広く読んでいただきたいと思います。

平成30年に、約40年ぶりに民法（相続編）が改正され、多くの規定は令和元年７月１日から施行されました。本改正においては、高齢化進展等の社会情勢の変化に対応し、配偶者保護の必要性がより高まっていること等を踏まえ、配偶者居住権の創設、配偶者に対する居住用不動産の遺贈・生前贈与における持戻しの免除の意思表示の推定規定が設けられるなどしました。また、家族の在り方が多様化していることに伴い、自筆証書遺言の方式の緩和、自筆証書遺言の保管制度の創設、遺留分権利者の権利の金銭債権化、遺留分算定基礎財産への相続人に対する生前贈与の算入を相続開始前10年間に限定するなどの改正がなされました。本改正により、相続開始10年より前になされた相続人への生前贈与について、遺留分算定の対象となされないことに変更されましたので、早期の対策により被相続人の意向を反映した資産承継がより可能になるといえます。特に同族法人株式、事業用資産等を保有する被相続人については、早めに自らの相続が発生した場合の検討と対策を専門家に相談し、実行していくことが、より円滑で円満な相続のために重要となったといえるでしょう。ただ、仮に、相続に対する備えが必ずしも十分でないうちに相続が発生した場合においても、本書において数々の具体例をもって解説されているように、課税上の側面のみならず、遺産分割後の不動産管理、不動産価値の側面にも着目し、総合的な観点からよりよい遺産分割を検討する余地があるものといえます。

本書を記された吉村一成先生に敬意を表しますとともに、不動産が相続財産に含まれる遺産分割に携わる多くの方に本書が読まれ、よりよい遺産分割の実現に資することを祈念しております。

令和３年８月

弁護士・税理士　平松　亜矢子

目 次

第1編 遺産分割の概要

第3編　不動産の価値の把握とやってはいけない遺産分割

凡　例

相法……………相続税法

所法……………所得税法

法法……………法人税法

措法……………租税特別措置法

税通……………国税通則法

相令……………相続税法施行令

相基通……………相続税法基本通達

評基通……………財産評価基本通達

所基通……………所得税基本通達

租特法関係通達……………租税特別措置法関連通達

本書の内容は、令和３年７月１日現在の法令・通達等によっています。

第1編　遺産分割の概要

民法896条によれば「相続人は、相続開始の時から、被相続人の財産に属した一切の権利義務を承継する」とされ、被相続人の死亡と同時に債務を含めた被相続人の財産は相続人が承継します。

相続人が一人（単独相続）であればすべての財産債務はその相続人に承継しますが、相続人が複数（共同相続）のときは、被相続人の財産債務は一旦すべての相続人が共有することになります（民法898）。このような共有状態を解消し、個々の財産と債務をそれぞれの相続人に具体的に確定させるための手続が遺産分割です。

（注）遺産分割によって各相続人が取得した財産は、相続開始の時に遡って被相続人から承継したことになります（民法909）。遺産分割協議がなされた時から財産債務を承継取得するのではありません。ただし遺産分割の遡及効は第三者の権利を害することはできず（民法909ただし書き）、分割後にその不動産につき権利を取得した第三者とは対抗関係になり、法定相続分を超える権利については、原則として先に登記を取得した方が権利を主張することができます（民法899の２）。

第１章　遺産分割協議の当事者

遺産分割協議が有効に成立するためには、民法907条が規定する共同相続人全員の参加と同意を必要とします（東京地判昭和39年５月７日）。共同相続人は、具体的相続分がなくても当事者となります。

なお、相続を放棄した者は、初めから相続人とならなかったものとみなされるので（民法939）、遺産分割協議の当事者ではありません。

以下、本章においては遺産分割の当事者について整理します。

1　相続人の範囲と順位

相続人となり得る者は、被相続人の①子（又はその代襲者）、②直系尊属（父母、祖父母など）、③兄弟姉妹（又はその代襲者）並びに④配偶者（法律上婚姻関係にある者で、内縁関係は含みません。）です。

これらの者のうち、相続開始時において生存していた者が複数あるときは、一定の順位によって相続人となり、同順位の相続人が複数ある場合には、複数の相続人が共同で相続することになります。

相続人は戸籍に基づいて判定し、相続を放棄した者、相続の欠格に該当する者及び推定相続人の廃除となる者は除かれます。被相続人の配偶者は常に相続人となりますが、その他の相続人の順位は次の表のとおりです（民法887、889、890）。

たとえば、被相続人に子がいる場合には、子と配偶者が第一順位で相続人となります。また、被相続人に直系卑属（子や孫）がいない場合で、直系尊属がいるときには、直系尊属と配偶者が第二順位で相続人となります。さらに、被相続人に直系卑属も直系尊属もいない場合には、兄弟姉妹と配偶者が第三順位で相続人となります。

相続人の順位	相続人・代襲相続人の範囲等
（第一順位） 子	・子は、実子であるか養子であるか、また、「嫡出子」であるか「非嫡出子」（※）であるかを問いません。 ・子が相続開始以前に死亡しているときや相続欠格又は廃除により相続権を失っているときは、その者の子・孫等が代襲して相続人となります。 ・配偶者の連れ子を相続人とするには養子縁組が必要です。 （※）4ページ参照
（第二順位） 直系尊属	・直系尊属（※）の中に親等の異なる者がいるときは、その親等の近い者が相続人となります（たとえば、父母と祖父母がいる場合には、父母が優先して相続人となります。）。 ・実父母と養父母とは同順位で相続人となります。 （※）直系尊属とは父母、祖父母、曾祖父母などで、姻族は含みません。
（第三順位） 兄弟姉妹	・兄弟姉妹は、親の実子であるか養子であるか、「半血」であるか「全血」であるか（※）を問いません。 ・兄弟姉妹が相続開始以前に死亡しているときや相続の欠格又は廃除により相続権を失っているときは、その兄弟姉妹の子が代襲して相続人となります。ただし、再代襲はありません。 ・親の実子と養子、養子と養子でも同順位で相続人となります。 （※）4ページ参照

(1) 養子

実際の血縁とは無関係に法律の擬制によって本人の子として扱われるのが養子です。養子は、養子縁組の届出をした日から養親の嫡出子としての身分を取得します（民法809）。したがって、養親に相続が開始すると、養子は第一順位の相続人となります。

なお、養子には普通養子と特別養子がありますが、下表のように区別されます。

〔普通養子と特別養子の内容〕

養子の種類	内　　容
普通養子	普通養子縁組は、養親と養子の合意に基づき、養子縁組の届出をすることで成立します（民法799、739）。普通養子となっても、実親との親族関係は切れることなく維持されます。 （注）戸籍には養子と記載されます。
特別養子	特別養子縁組は、養親となる者の請求により、父母による養子となる者の監護が著しく困難又は不適当であることその他特別な事情がある場合において、子の利益のため特に必要があると認めるときに家庭裁判所が成立させるものです（民法817の７、817の２）。 特別養子縁組によって、特別養子は、その実親及びその血族との親族関係が終了します。 つまり、子が実親に対する相続権、扶養請求権を失ったとしても、実親と絶縁させる方がその子の利益になると家庭裁判所が判断したときに、特別養子縁組が成立します。 ただし、夫婦の一方が他の相手方配偶者の嫡出子（連れ子）を特別養子とする場合は、その子と配偶者及びその血族との親族関係は終了しません（民法817の９）。 （注）戸籍には「養子」ではなく「長男、長女」等と、身分事項欄に「○年○月○日民法第817条の２による裁判確定」と記載されます。

〈税務のポイント〉相続税の基礎控除額と法定相続人の数

相続税の課税遺産の総額は、課税価格の合計額から基礎控除額を差し引いて求めますが、基礎控除額は次の算式によります。

3,000万円 ＋ 600万円 × 法定相続人の数

ここで「法定相続人」は民法に規定する相続人をいいますが、相続税法における「法定相続人の数」は、相続の放棄をした人があってもその者を除かずにカウントします

（相法15②）。

また、被相続人に養子がいる場合には、「法定相続人の数」に含まれる養子の数は次のように制限されます（相法15②）。

(1) 被相続人に実子がいる場合…１人

(2) 被相続人に実子がいない場合…２人

相続税法上養子の数が制限されるのは、息子の妻や孫、孫の妻などを被相続人の養子として相続人の数を増やすことにより、基礎控除額や非課税限度額（生命保険金、退職手当金）を大きくし、相続税の税負担を回避する事例が見受けられたことから、昭和63年の税制改正で措置されたものです。

ここで注意すべき点は、相続税法では「法定相続人の数」の計算上、養子の数に一定の制限を設けていますが（相法15②）、民法上はこのような制限はありません。何人でも養子縁組をすることができます。誤解があるところなのでご留意ください。

(2) 「嫡出子」と「非嫡出子」

嫡出子は、法律上の婚姻関係にある男女間で懐胎した子（婚内子）をいいます（民法772）。養子は、養子縁組により養親の嫡出子となります（民法809）。

非嫡出子は、法律上の婚姻関係にない男女間に生まれた子（婚外子）をいいます。非嫡出子の場合、母子関係は分娩の事実があれば認められますが、父子関係は認知によって認められ、相続権が発生することになります（民法779）。

(3) 「全血」と「半血」の兄弟姉妹

父母の双方を同じくする兄弟姉妹を「全血の兄弟姉妹」といい、父母の一方のみを同じくする兄弟姉妹を「半血の兄弟姉妹」といいます。半血兄弟姉妹の相続分は全血兄弟姉妹の相続分の２分の１となります（14ページ参照）。

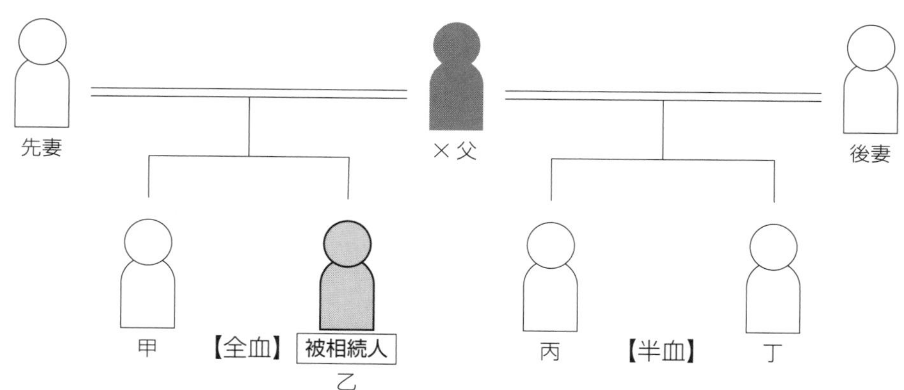

(4) 相続の欠格

相続欠格とは、特定の相続人について民法891条に規定する欠格事由がある場合に、その欠格事由に該当する相続人の相続権を、何らの手続を経なくとも当然に剥奪する制度です。相続の欠格事由を整理すると下表のとおりとなります。

〔欠格事由〕

①	故意に被相続人又は相続について先順位若しくは同順位にある者を死亡するに至らせ、又は至らせようとしたため、刑に処せられた者
②	被相続人の殺害されたことを知って、これを告発せず、又は告訴しなかった者
③	詐欺又は強迫によって、被相続人が相続に関する遺言をし、撤回し、取り消し、又は変更することを妨げた者
④	詐欺又は強迫によって、被相続人に相続に関する遺言をさせ、撤回させ、取り消させ、又は変更させた者
⑤	相続に関する被相続人の遺言書を偽造し、変造し、破棄し、又は隠匿した者

(5) 推定相続人の廃除

下の表に掲げる廃除事由がある場合において、被相続人自らの請求（※１）に基づいて、家庭裁判所が推定相続人（※２）の相続権を剥奪する制度を「推定相続人の廃除」といいます（民法892）。

なお、廃除の対象者は、遺留分を有する推定相続人（※３）に限られます。

（※１）遺言により廃除することも可能です。

（※２）相続が開始した場合に相続人となるべき者をいいます。

（※３）被相続人子の及びその代襲者、直系尊属並びに配偶者をいいます。

〔廃除事由〕

①	推定相続人が、被相続人に対して虐待をし、又はこれに重大な侮辱を加えたとき
②	推定相続人にその他の著しい非行があったとき

(6) 胎児

民法３条においては「私権の享有は出生に始まる」と規定されていますが、胎児は、相続については既に生まれたものとみなされ、死体で生まれたときは、胎児ははじめからいないものとして取り扱われます（民法886）。

〈税務のポイント〉相続税における胎児の取扱い

> 相続税法では、相続人となるべき胎児が相続税の申告書を提出するまでに出生していない場合、胎児の相続税の納税義務は、出生により発生するものとして取り扱うこととしています。
> （関連通達）相基通11の２－３、15－３、27－４、27－６、32－１

⑺　同時死亡の推定

海難事故や飛行機事故などで家族数人が死亡した場合において、死亡時期が定かでない場合には、同時に死亡したものと推定されます（民法32の２）。

この規定によって、ある一人が死亡（相続開始）した時に、他の者も同時に死亡したものとされるので、両者の間に相続関係は発生しないことになります。

2　代襲相続

代襲相続とは、相続人となるべき者（被代襲者）が、相続開始以前に死亡しているときや相続欠格又は廃除により相続権を失ったときにおいて、その被代襲者の直系卑属（代襲者）が被代襲者に代わって、その受けるはずであった相続分を相続することをいい（民法887②、889②）、その直系卑属が不利益を受けないようにするための制度です。

⑴　要件

代襲相続をすることができる要件を整理すれば下表のとおりです。

①　代襲原因（※１）	被代襲者の相続開始以前の死亡（同時死亡を含む。）
	被代襲者の相続欠格
	被代襲者の廃除
②　代襲者が被代襲者の子であること（※２）	
③　代襲者は被代襲者に対する関係でも相続権を失った者でないこと	
④　代襲者は相続開始時に存在すること	

（※１）代襲原因には、「相続の放棄」（民法915、939）は含まれません。相続を放棄した者ははじめから相続

人でなかったものとみなされます。

（※２）被相続人の直系卑属に限ります。

なお、被代襲者の子であれば、実子・養子、嫡出子・非嫡出子を問いませんが、被代襲者が被相続人と養子縁組した際に既に生まれていた被代襲者の子は、被相続人の直系卑属とはならないため、代襲相続できません（民法727）。

(2) 再代襲

代襲者が、被相続人の直系卑属である場合には、さらにその子に代襲（再代襲）されます（民法887③）。

しかし、代襲者が被相続人の兄弟姉妹の子である場合には、さらにその子（兄弟姉妹の孫）には代襲（再代襲）されないことに注意が必要です（民法889）。代襲するのは甥・姪までということです。

【整理】

被代襲者	代襲者	再代襲の可否
被相続人の子	被相続人の孫（直系卑属）	可（被相続人の曽孫）
被相続人の兄弟姉妹	被相続人の兄弟姉妹の子 （直系卑属ではない）	否（兄弟姉妹の孫）

3　相続人に準ずる者等

遺産分割の当事者については、次のような者も含まれますので留意する必要があります。

(1) 割合的包括受遺者

遺言により、遺言者の財産を一定の者（個人、法人を問いません）に無償で譲ることを「遺贈」といいます。遺贈は包括遺贈と特定遺贈に区別されます。

包括遺贈とは、「遺産の何分の１（あるいは全部）を○○に与える」というように、遺産の全部又はその分数的割合を指定し、目的物を特定しないでする遺贈のことをいいます。そして、この包括遺贈を受ける者を包括受遺者といい、包括受遺者は、相続人と同一の権利義務を有すると規定されています（民990）。包括受遺者は、相続人と同様に、遺言者の一身専属権を除いたすべての財産上の権利義務（積極財産及び消極財産）を受遺分の割合で承継し、全部包括遺贈ではなく一部包括遺贈であった場合は遺産分割に参加しなければなりません。

なお、特定遺贈とは、遺言者が相続財産のうち特定の財産を具体的に特定して、指定した人に遺贈することを指しますが、特定遺贈の受遺者は遺産分割協議に参加することはできません。

〔相続人と包括受遺者の相違〕

区　分	相続人	包括受遺者
法人（※１）	×	○
遺留分（※２）	有	無
代襲（※３）	○	×
保険金受取人（※４）	○	×

（※１）法人には相続が観念できないため、相続人とはなり得ません。

（※２）12ページ参照。

（※３）６ページ参照。

（※４）保険契約において、保険金受取人として「相続人」という指定がなされている場合でも、包括受遺者は、「相続人」には含まれません。

〈税務のポイント〉相続税額の２割加算

相続、遺贈や相続時精算課税に係る贈与によって財産を取得した人が、被相続人の一親等の血族（代襲相続人となった孫（直系卑属）を含みます。）及び配偶者以外の人である場合には、その人の相続税額にその相続税額の２割に相当する金額が加算されます。

例を挙げると、

① 被相続人から相続又は遺贈により財産を取得した人で、被相続人の配偶者、父母、子ではない人（被相続人の兄弟姉妹や、甥、姪として相続人となった人など）

② 被相続人の養子として相続人となった人で、その被相続人の孫でもある人のうち、代襲相続人にはなっていない人

○ 相続税額の２割加算の対象となる人

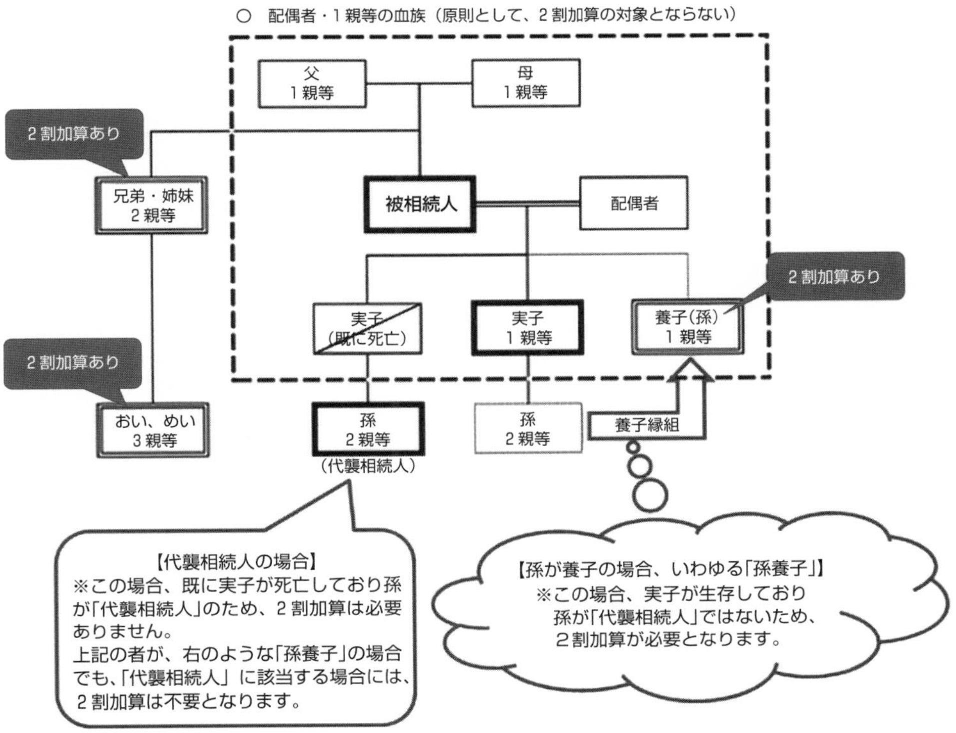

○ 配偶者・１親等の血族（原則として、２割加算の対象とならない）

父
１親等

母
１親等

２割加算あり

兄弟・姉妹
２親等

被相続人

配偶者

２割加算あり

実子
（既に死亡）

実子
１親等

養子(孫)
１親等

２割加算あり

おい、めい
３親等

孫
２親等
（代襲相続人）

孫
２親等

養子縁組

【代襲相続人の場合】
※この場合、既に実子が死亡しており孫が「代襲相続人」のため、２割加算は必要ありません。
上記の者が、右のような「孫養子」の場合でも、「代襲相続人」に該当する場合には、２割加算は不要となります。

【孫が養子の場合、いわゆる「孫養子」】
※この場合、実子が生存しており孫が「代襲相続人」ではないため、２割加算が必要となります。

（注）被相続人の養子は、一親等の法定血族であることから、相続税額の２割加算の対象とはなりません。ただし、被相続人の養子となっている被相続人の孫は、被相続続人の子が相続開始前に死亡したときや相続権を失ったためその孫が代襲して相続人となっているときを除き、相続税額の２割加算の対象になります。

（国税庁タックスアンサーNo.4157参照）

⑵ 相続分の譲受人

共同相続人の一人が遺産の分割前にその相続分を譲渡することを「相続分の譲渡」といいます。ここでいう「相続分」とは、消極財産（債務）を含む相続財産全体に対する割合的な持分のことであり、相続分の譲渡を認めることによって、遺産分割による経済的利益を早期に得ることができるようにしたものであるとされます。

そのため、相続分の譲渡が行われると、その譲受人は相続人と同じ地位に立ち、相続財産の管理はもちろん、遺産分割協議にも参加することができます（東京高判昭和28年９月４日）。ただし、民法905条に規定する第三者に相続分が譲渡された場合の取戻権の行使を受けない場合に限ります。

なお、自己の相続分の持分の全部を他に譲渡した相続人は、遺産分割の当事者からはずれます（大阪高判昭和54年７月６日）。

⑶　遺言執行者

遺言執行者も、遺産分割協議に参加することができますが、遺産分割協議の当事者として関与するのではなく、遺言執行に必要な限度で利害関係人として遺産分割協議に関与することができるというものです（民法1006、1012）。

なお、平成30年の民法改正によって、遺言執行者の権限が明確化されています。

⑷　不在者の財産管理人

不在者とは、従来の住所又は居所を去って容易に帰ってくる見込みのない者をいいます（民法25）。共同相続人中に不在者がいれば、その者を除いて遺産分割協議を進めることはできません。この場合には、利害関係人が不在者のために、その不在者の最後の住所地の家庭裁判所に不在者の財産管理人の選任を申し立てた上、選任された不在者財産管理人が、不在者の法定代理人として、家庭裁判所の許可を得て（民法28、103）、不在者のために遺産分割協議に参加することができます。その後、不在者財産管理人を含めた遺産分割協議がまとまれば、不在者財産管理人が家庭裁判所から遺産分割の許可を受けた上で正式に協議を成立させます。

不在者財産管理人が選任されて遺産分割の協議・審判がされた後に、相続人である行方不明者が相続開始後に死亡していたことが判明した場合も協議・審判は有効であって、死亡が判明した者の相続人がその地位を承継したことになります。

⑸　未成年者の法定代理人・特別代理人

相続人が未成年者であるときはその法定代理人（親権者又は未成年後見人）が代理します（民法824、859①）。

ただし、法定代理人も共同相続人の一人である場合、たとえば親権者である母とその親権に服する数人の未成年の子が共同相続人となるとき、あるいは同一の親権に服する数人の未成年の子が共同相続人となるときは、利益相反の問題が生じるため、未成年者の親権者としてその未成年者を代理することはできません。このような場合、相続人である配偶者は、家庭裁判所に特別代理人の選任を申請しその審判を得なければなりません（民法826）。

⑹　成年被後見人の成年後見人

相続人が成年被後見人である場合、当該相続の成年後見人が成年被後見人を代理して、家庭裁判所の管理下において他の相続人と遺産分割協議を行うことになります（民法859）。

(7) 委任を受けた代理人

遺産分割協議であっても第三者に委任をすることで代理人を立てることができます。たとえば、弁護士を代理人として遺産分割協議をするケースです。

(8) 相続人の破産管財人

破産者は、「破産手続開始時に有する財産」の財産管理権を失うので、破産手続開始決定の時にすでに相続が開始していれば、相続財産は「破産手続開始時に有する財産」であるため、相続財産の管理処分権までも失ってしまいます。つまり、破産者自身は遺産分割協議に参加できず、破産手続開始決定と同時に裁判所によって選任される破産管財人が、裁判所の許可を受けて協議に参加し、破産管財人が遺産分割協議書に押印することとなります（破産法34、78）。

これに対して、破産手続開始決定後に破産者が得た財産は「新得財産」（※）となります。「新得財産」は破産者の自由にできる財産ですので、遺産分割協議に参加できますし、取得した遺産を自由に使うこともできます。

（※）破産手続において換価の対象となる財産は、破産手続開始の時の財産に限られます。そのため、それ以降に得た財産は、財産の種類や評価額の制限なく、破産者が自由に処分できることになります。

第2章　民法の規定する相続分

1　相続分とは何か

相続人が数人あるときは、相続財産はその共有に属し、各相続人はその相続分に応じて被相続人の権利義務を承継し（民法898、899）、相続財産は、相続人間の遺産分割協議等によって分割されることとなります。

したがって、共同相続人は、遺産が分割されるまでは、その共有に属する相続財産に対してそれぞれの相続分に応じた持分を有していることになります。相続分については民法900条に規定されており、これを法定相続分といいます。

また、被相続人は、遺言で共同相続人の相続分を自由に定めることができ（民法902）、これを指定相続分といいます。相続分の指定がある場合には、遺留分の規定（民法1042）に違反しない限り、その指定が優先されます。

〈平成30年７月　民法改正のポイント〉遺留分

遺留分とは、法定の相続人に一定の範囲で、被相続人によってなされた贈与や遺贈等の効果を否定して、自らにそれらの財産や利益が帰属することを確保する制度であり、「最低限の相続分」といういい方がなされることもあります。

遺留分権利者となるのは、兄弟姉妹以外の相続人、すなわち、配偶者、子（代襲者）、直系尊属です（民1042）。

1　遺留分算定の前提

各自の遺留分算定の計算の前提となるのは、①総体的遺留分と②個別的遺留分という形で示される割合としての遺留分です。ここで、①総体的遺留分とは、遺産全体に対する相続人全体の遺留分の割合のことであり、②個別的遺留分とは、それぞれの相続人についての遺留分の割合のことです。

①　総体的遺留分の割合

法定相続人	遺留分
配偶者と直系卑属	基礎財産の$\frac{1}{2}$
配偶者と直系尊属	

配偶者のみ	基礎財産の$\frac{1}{2}$
直系卑属のみ	
直系尊属のみ	基礎財産の$\frac{1}{3}$

② 個別的遺留分の割合

個別的遺留分の割合＝①の総体的遺留分×法定相続分

2 旧法の性質

遺留分減殺請求権（旧法）行使の仕組みは、遺留分を侵害するような贈与等を自動的に無効とするようなものではなく、あくまで、遺留分権利者が遺留分減殺請求権を行使することによって実現するものでした。

遺留分減殺請求（旧法）の法的性質については、一般的には形成権であり、遺留分減殺請求権を行使すると、法律上、当然に減殺の効力が生ずると理解されていました（最判昭和41年７月14日）。こうした遺留分減殺請求権が行使されると、受遺者または受贈者が取得した権利は、遺留分侵害の限度で当然に遺留分権利者に帰属するとされ（最判昭和51年８月30日）、また、こうした物権的な効果は遡及的なものだと考えられていました。

このような遺留分制度について、平成30年に大きな改正がなされました。

3 改正のポイント

平成30年改正の概略は次のとおりです。

① 遺留分減殺請求権の行使によって当然に物権的効果が生ずるとされていた旧法の規律を見直し、遺留分に関する権利の行使によって遺留分侵害額に相当する金銭債権が生ずることになりました（民法1046①）。

② 遺留分権利者から金銭請求を受けた受遺者又は受贈者が金銭を直ちに準備できない場合には、受遺者等は裁判所に対し、金銭債務の全部又は一部の支払につき期限の許与を求めることができることとされました。

③ 相続人への生前贈与（当事者双方が遺留分権利者に損害を加えることを知って行った贈与を除く）があった場合においては、旧法では特に期間の限定が定められていなかったところ、婚姻若しくは養子縁組のため又は生計の資本として受けた相続開始前10年以内の贈与について、その贈与財産の相続開始時における価額を遺留分算定のための財産に参入することとされました（民法1044②③、904）。改正によって、時の経過とともに法的安定性は高まることになりそうです。

なお、具体的相続分の算定においては、従前どおりです。

④　相続人以外の者に対して生前贈与（当事者双方が遺留分権利者に損害を加えることを知って行った贈与を除く）があった場合には、相続開始前１年以内に行われた贈与に限り、その贈与財産の相続開始時の価額を遺留分の算定基礎となる財産の価額に算入することについては従来と同様です。

2　法定相続分

民法906条は「遺産の分割は、遺産に属する物又は権利の種類及び性質、各相続人の年齢、職業、心身の状態及び生活の状況その他一切の事情を考慮してこれをする」というように遺産分割の基準を規定しています。実務では共同相続人の遺産分割協議や家庭裁判所の審判等によって具体的な分割が行われますが、このとき、民法の規定する法定相続分（民法900）が一つの目安となります。

「法定相続分」は、被相続人が遺言で相続分を指定していない場合に、遺産分割の基準となるものであり、「相続分」とは、共同相続人の相続すべき割合、つまり相続分率を意味します。

「法定相続分」は、共同相続する相続人の身分によって異なり、次のとおり規定されています（民法900）。

相続人	法定相続分	留意事項
子と配偶者	子　$\frac{1}{2}$ 配偶者　$\frac{1}{2}$	子が数人あるときは、子の法定相続分を均分する。
直系尊属と配偶者	直系尊属　$\frac{1}{3}$ 配偶者　$\frac{2}{3}$	同じ親等の直系尊属が数人あるときは、直系尊属の法定相続分を均分する。
兄弟姉妹と配偶者	兄弟姉妹　$\frac{1}{4}$ 配偶者　$\frac{3}{4}$	兄弟姉妹が数人あるときは、兄弟姉妹の法定相続分を均分する。 ただし、父母の一方を同じくする兄弟姉妹（半血兄弟姉妹）の相続分は、父母の双方を同じくする兄弟姉妹（全血兄弟姉妹）の相続分の$\frac{1}{2}$とする（４ページ参照）。

（注）非嫡出子の相続分については、かつては嫡出子の２分の１とされていましたが、平成25年９月４日の最高裁判所の決定によって違憲と判断されたため、嫡出子と同じ相続分となるよう民法が改正され、平成25年12月11日に施行されました。改正後の民法は、平成25年９月５日以後に開始した相続について適用されています。また、同最高裁決定では、平成13年７月においては違憲であったと判断しているため、平成13年７月１日から平成25年９月４日までに開始した相続について、同最高裁決定後に遺産分割をする場合は、

最高裁判所の違憲判断にしたがい、非嫡出子の相続分も嫡出子と同一であるものとして取り扱われます。ただし、同期間に開始した相続であっても、遺産分割協議や裁判が終了しているなど、確定的なものとなった法律関係についてはその効力は覆りません。

〈法定相続分の例示〉

相続事例1

◎配偶者と子供2人の場合

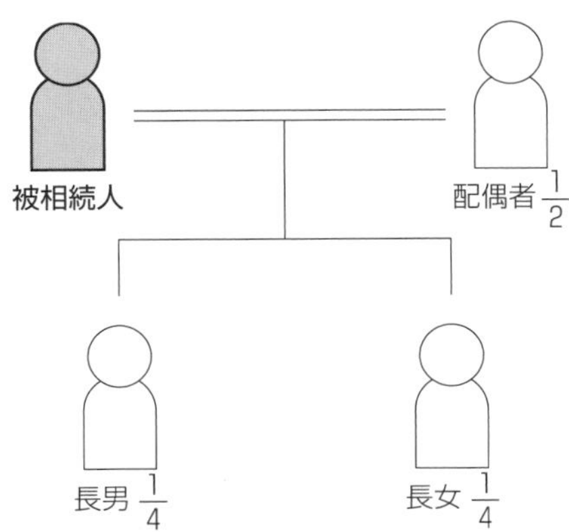

◎配偶者が相続前に死亡している場合

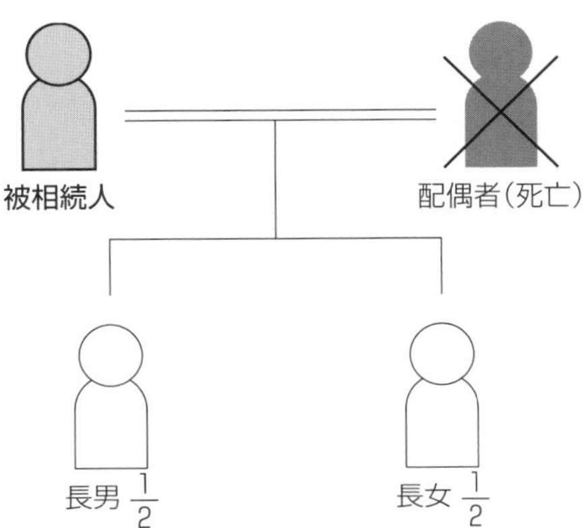

相続事例2

◎配偶者あり、子供2人のうち1人が相続前に死亡している場合

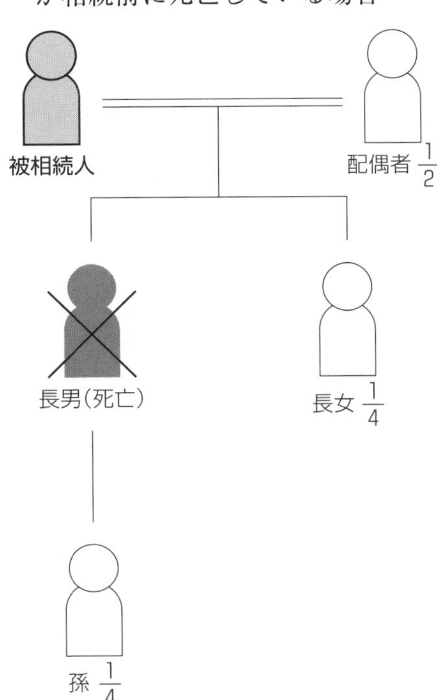

◎相続前に配偶者と子1人が死亡している場合

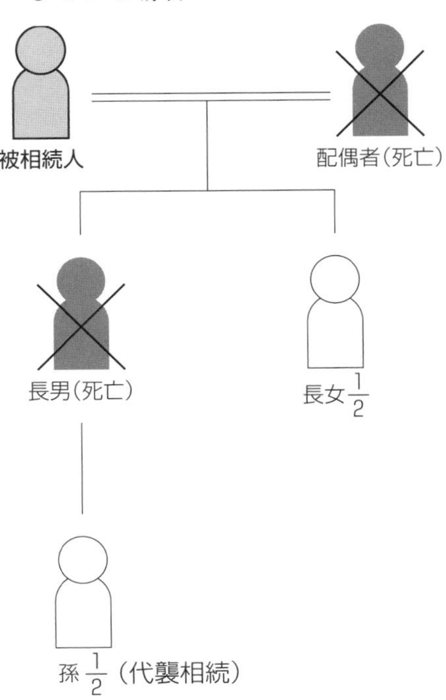

相続事例3

◎配偶者があり、子がいない場合　　　　◎配偶者が相続前に死亡し、子がいない場合

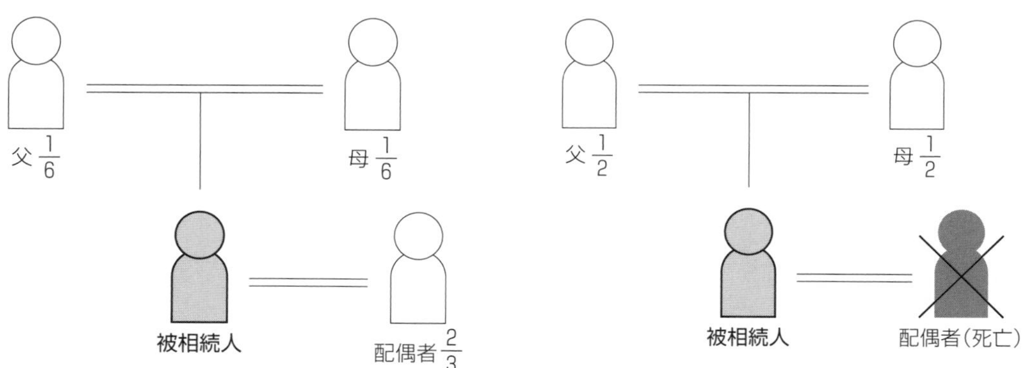

相続事例4

◎配偶者あり、子供なし、直系尊属なし、弟が１人いる場合

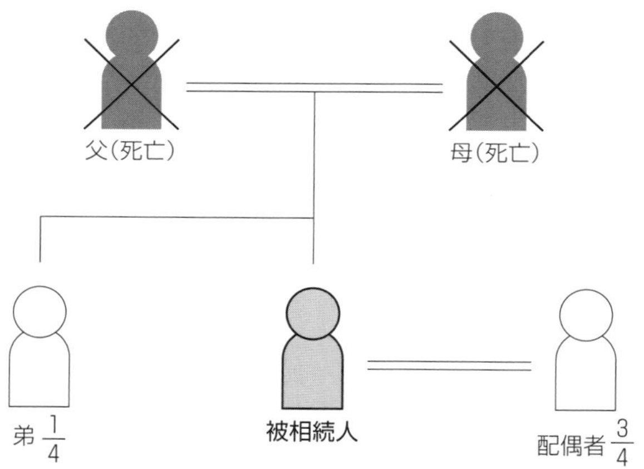

3　代襲相続分

代襲相続人の相続分は、相続人となるべきであった被代襲者の相続分をそのまま受け継ぎます。同一の被代襲者について複数の代襲相続人がいる場合には、それぞれの相続分は被代襲者の相続分を均分します（民法901）。

【例】

被代襲者	代襲相続人	代襲相続分
甲	甲1	$\frac{1}{3}\times\frac{1}{2}=\frac{1}{6}$
	甲2	$\frac{1}{3}\times\frac{1}{2}=\frac{1}{6}$
乙	乙1	$\frac{1}{3}$
丙	丙1	$\frac{1}{3}$

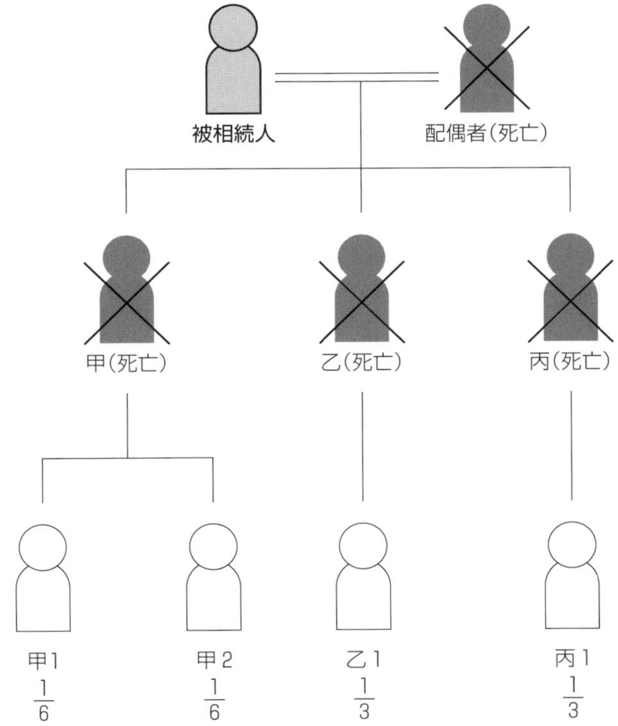

4　指定相続分

相続人が複数いる場合、被相続人は遺言で相続人の一部又は全部について、相続分を指定することができます（民法902①）。

たとえば、甲、乙、丙の三人の子が相続人であった場合に、甲に6分の1、乙に6分の2、丙に6分の3というように指定します。

また、甲に3分の2と指定して他の二人は指定されなかったときは、乙と丙は法定相続分に従うことになり、3分の2の残り3分の1を乙と丙で均分することになります。

〈2018年7月　民法改正のポイント〉遺言制度

平成30年の民法改正等によって、自筆証書遺言の方式緩和と法務局における遺言書の保管等が行われることになりました。このため、今後は自筆証書遺言によって遺言書を作成する人が増加することが予想されます。

1　自筆証書遺言の方式緩和

全文の自書を要求していた旧法の自筆証書遺言の方式を緩和し、自筆証書遺言に添付する財産目録については自書でなくてもよいものとされました。ただし、財産目録の各頁に署名押印が必要です。

2　法務局における遺言書の保管等に関する法律

平成30年７月６日、法務局における遺言書の保管等に関する法律（平成30年法律第73号）が成立しました（同年７月13日公布）。

法務局における遺言書の保管等に関する法律は、高齢化の進展等の社会経済情勢の変化に鑑み、相続をめぐる紛争を防止するという観点から、法務局において自筆証書遺言に係る遺言書を保管する制度を新たに設けたものです。

5　身分が重複する場合の相続分

(1)　双方の相続分を取得する場合

次の図のように、孫が子の代襲相続人であり、かつ、被相続人の養子である場合を例示します。

この場合、孫は代襲相続人としての相続分と子としての相続分の双方の相続分を取得します（昭26. 9. 18民甲1881号回答）。

したがって、孫は代襲相続人として６分の１、養子として６分の１の計３分の１の相続分を有することになります。

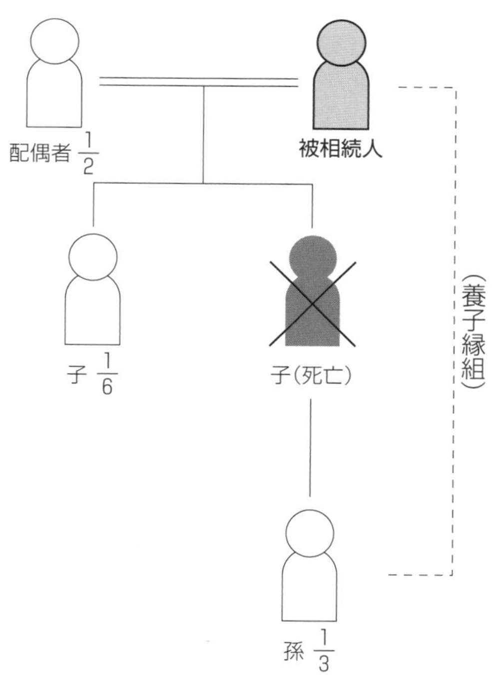

⑵ 一方のみの相続分を取得する場合

次の図のように、配偶者が被相続人の兄弟姉妹としての身分も持ち合わせている場合について、行政先例では、配偶者は配偶者としての相続分のみを取得し、兄弟姉妹としての相続分は取得しないとされています（昭23．8．9民甲2371号回答）。

したがって、配偶者の相続分は４分の３のままとなります。

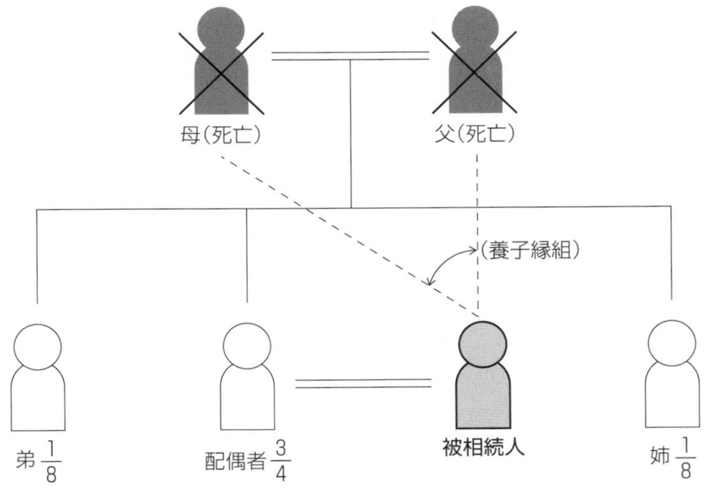

6　特別受益者の相続分

共同相続人の中に、被相続人から遺贈を受け、又は婚姻若しくは養子縁組のため若しくは生計の資本として贈与を受けた者（特別受益者）があるときは、これらの遺贈、贈与を考慮して相続分を修正します（民法903）。

遺贈や生前贈与による特別受益があった場合には、「被相続人が相続開始の時において有した財産の価額にその贈与の価額を加えたものを相続財産とみなす」ことになり、このような特別受益を相続財産に戻して計上することを「持戻し」といいます。ただし、被相続人が異なる意思表示をした場合、遺留分を侵害しない範囲でその意思に従うものとされています。

特別受益にあたるものを例示すると遺贈、学費、生計の資本としての贈与、土地・建物の無償使用、生活費の援助などです。

なお、遺留分算定のための財産に参入されるのは、相続開始前10年以内の贈与に限定されますが（13ページ参照）、特別受益の持戻しにこのような限定はありません。

【算式】

(相続開始時の財産の価額 ＋ 特別受益額)	×	法定相続分 代襲相続分 指定相続分	－	特別受益額	＝	特別受益者の具体的相続分

（計算例）

被相続人の財産が２億円で、相続人は長男と長女の２人であったとします。このとき、被相続人が遺言によって相続分について何も指定していなければ長男と長女が１億円ずつ相続することになります。

しかし、長男が被相続人の生前中に被相続人から2,000万円の贈与を受けていたとすれば、長男、長女が１億円ずつ相続するとバランスがとれなくなってしまいます。そこで、次のような持戻しの計算を行います。

① 生前贈与の持戻し

２億円 ＋ 2,000万円（持戻財産） ＝ ２億2,000万円

② 長男、長女の法定相続分により配分

長男→２億2,000万円÷２＝１億1,000万円

長女→２億2,000万円÷２＝１億1,000万円

③ 長男の具体的相続分の計算

１億1,000万円－2,000万円＝9,000万円

④ 長女の具体的相続分の計算

２億円－9,000万円＝１億1,000万円

7 寄与分がある者の相続分

寄与分の制度は、共同相続人のうちに、①被相続人の事業に関して労務を提供した、②財産上の給付を行った、③被相続人の療養看護を行った、④その他の方法により被相続人の財産の維持又は増加について特別の寄与をした相続人がいた場合、その者の相続人に寄与分を加えた額をその者の相続分とする制度です（民法904の２）。

なお、寄与分は、原則として共同相続人の協議によって定めます。

【算式】

(相続開始時の財産の価額 － 寄与分)	×	法定相続分 代襲相続分 指定相続分	＋	寄与分	＝	寄与分のある者の具体的相続分

8 特別寄与料

被相続人に対し、無償で療養看護その他の労務を提供したことにより被相続人の財産の維持又は増加について特別の寄与をした親族（※）は、相続の開始後、相続人に対し、特別寄与者の寄与に応じた額の金銭の支払いを請求することができます（民法1050）。平成30年の民法改正により、令和元年７月１日から施行されている制度です。

（※）相続人など一定の者を除く特別寄与者をいいます。

〈平成30年７月 民法改正のポイント〉特別寄与料

1 寄与分の制度

寄与分の制度によると、寄与分が認められる者は相続人に限られています。たとえば、被相続人Ａについて、Ａの子である推定相続人Ｂの妻ＣがＡの療養看護に努めることで、療養看護を第三者に依頼すれば要したであろう介護費用等が節減され、被相続人の財産の維持又は増加に寄与したとしても、相続人ではないＣが直接寄与分を主張することはできません。特にＢがＡより先に死亡した場合には、法律上、まったく何も主張することができないという問題がありました。

2 改正内容

平成30年の改正によって、相続人以外の被相続人の親族が、無償で被相続人の療養看護等を行った場合も、一定の要件の下で、相続人に対して金銭請求をすることができるようになりました。

(1) 特別寄与者

新制度の対象となる者は「特別寄与者」です。

特別寄与者とは、被相続人の親族で、被相続人に対して無償で療養看護その他の労務の提供をしたことにより、被相続人の財産の維持又は増加について特別の寄与をした者をいい、相続人、相続の放棄をした者、相続人の欠格事由に該当又は廃除によって相続権を失った者を除きます（民法1050①）。

ここで、被相続人の親族とは、①配偶者、②６親等以内の血族、③３親等以内の姻族をいいます（民法725）。

(2) 特別の寄与の請求期限

特別の寄与の請求は、①特別寄与者が相続開始及び相続人を知った時から６か月を経過した時、又は②相続の開始の時から１年を経過した時のいずれか早い時までに行わなければなりません（民法1050②）。

(3) 特別寄与料

特別寄与者は、相続開始後、相続人に対し特別寄与者の寄与に応じた額の金銭の請求をすることができ（民法1050①)、この金銭のことを「特別寄与料」といいます。特別寄与料の支払いの請求手続は、遺産分割の手続と法的には別個の手続であり、特別寄与料は被相続人の債務ではなく、相続人の債務であると考えられます。

このため共同相続人は、特別寄与料の請求の有無にかかわらず、遺産分割協議を行うことができます。しかし実務上は、相続人に対する特別寄与料の請求の有無によって、遺産分割協議に影響を及ぼすことになると考えられます。

〈税務のポイント〉特別寄与料の取扱い

1　特別寄与料請求者への相続税課税

被相続人の療養看護等を行った相続人以外の被相続人の親族が、相続人に対して金銭（特別寄与料）の支払請求をし、支払いを受けるべき特別寄与料の額が確定した場合、その請求をした者（特別寄与者）は、被相続人からの遺贈によりその金銭を取得したものとみなされて相続税が課税されます。なお、特別寄与料が確定した場合、遺贈により取得したとみなされた者は、その事由が生じた日から10か月以内に相続税の申告書を提出しなければなりません。

2　特別寄与料の請求を受けた者への相続税課税

相続人が相続人以外の親族から特別寄与料の請求を受け、これを支払った場合、支払うべき相続人の課税価格は、相続等により取得した財産の価格からその者の負担に属する部分の特別寄与料の額を控除した価格になります。なお、通常の債務控除と異なり、特別寄与料は相続時精算課税により加算された財産からも控除することができます。

相続税の申告期限後に特別寄与料の額が確定した場合には、特別寄与料の額の確定後４か月以内に限り、更正の請求をすることができます。

9　（補足）平成30年民法改正の概要

平成30年（2018年）７月６日、民法及び家事事件手続法の一部を改正する法律（平成30年法律第72号）が成立しました（同年７月13日公布)。

民法のうち相続法の分野については、昭和55年以来、実質的に大きな見直しはされてきませんでしたが、その間にも、社会の高齢化が更に進展し、相続開始時における配偶者の年齢も相対的に高齢化しているため、その保護の必要性が高まっていました。

平成30年の相続法の見直しは、このような社会経済情勢の変化に対応するものであり、残された配偶者の生活に配慮する等の観点から、配偶者の居住の権利を保護するための方策等が盛り込まれています。このほかにも、遺言の利用を促進し、相続をめぐる紛争を防止する等の観点から、自筆証書遺言の方式を緩和するなど、多岐にわたる改正が行われました。

これらの改正は、一部の規定を除き、令和元年（2019年）7月1日から施行されています。

主な改正項目は、Ⅰ配偶者の居住権を保護する方策（①②）、Ⅱ遺産分割等に関する見直し（③④⑤）、Ⅲ遺言制度の見直し（⑥⑦⑧）、Ⅳ遺留分制度の見直し（⑨⑩）、Ⅴ相続の効力等の見直し（⑪）、Ⅵ相続人以外の者の貢献を考慮するための方策（⑫）です。

① 配偶者の居住権を短期的に保護するための方策（配偶者短期居住権）

② 配偶者の居住権を長期的に保護するための方策（配偶者居住権）

③ 配偶者保護のための持戻し免除の意思表示規定の創設
(⇒長期間婚姻している夫婦間で行った居住用不動産の贈与等を保護するための施策)

④ 相続された預貯金債権の払戻しを認める制度

⑤ 相続開始後の共同相続人による財産処分

⑥ 自筆証書遺言に関する見直し

⑦ 遺言執行者の権限の明確化

⑧ 法務局における自筆証書遺言の保管制度の創設

⑨ 遺留分侵害額請求権の要件及び効果に関する見直し

⑩ 遺留分算定の対象となる贈与の範囲の見直し

⑪ 相続の効力等に関する見直し

⑫ 相続人以外の者の貢献を考慮するための方策（特別の寄与）

（注１）配偶者居住権については後述します。

（注２）⑧については、法務局における遺言書の保管等に関する法律によります。

第３章　相続財産評価の時期と評価方法

1　遺産分割の時期

遺産分割は、相続開始後にはいつでも行うことができますが（民法907①）、相続開始後長期間にわたって未分割状態を放置しておくことは、不安定な法律状態が継続したままで望ましくありません。また、遺産分割を行わないと、相続財産となった預貯金の払戻しが一定の金額を除き自由にできないといった不都合が生じるほか、相続税が課税される場合には、税務上の特例を受けることができず、相続税負担が増えるなどの問題が生じます。そのため、実務的には相続税の申告期限（相続開始日の翌日から10か月以内）が一つの目安になります。

2　相続財産の評価時点

相続財産の価額は、原則として相続開始時点の価額が基準となり、遺産分割協議はこれを基に行われるのですが、遺産分割協議が調うまでの期間はケースごとに様々で、長期間に及ぶこともあります。

相続財産のうちには、株式、不動産やゴルフ会員権のような価額が変動する財産が含まれることが多くあるため、相当な期間が経過すると、このような財産の価値は大きく変動し、いつの時点の時価を基準とするかによって、遺産分割によって取得した財産の価値が大きく異なってしまいます。

このような場合に、相続人間の公平を保ち、遺産分割を円滑に行うためには、遺産分割時点の時価を基準にする必要があります。裁判所の実務でもそのような取扱いがなされています。

【名古屋高判昭和47年６月29日決定】

> 相続開始時と分割審判時との間に多年月を経過し、その間分割の対象となる財産の評価額が相続開始時と審判時との間に著しい変動が認められるような本件の遺産分割にあたっては、審判時における評価額に基づいて行うのを相当とする。

3　相続財産の客観的評価

遺産分割にあたっては、相続財産全部についてその時価が把握できなければ相続分に応じた公平な分割協議を行うことはできません。遺産分割協議を円滑に進めるためには、不動産などの相続財産の客観的価値を評価する必要があります。

遺産の客観的価値については実際の取引価額、つまり時価を基準とします。時価については、相続人間で合意すればどのような方法で算定しても構いません。たとえば不動産については近隣の実際の取引価格や地価公示法による公示価格を参考にする方法、便宜的に相続税評価や固定資産税評価を参考にする方法などです。

しかし、客観的な時価の把握は困難なので、時価で争いが生じないように不動産鑑定士に依頼する方法もあります。遺産分割が容易に調わず、調停や審判に持ち込まれたときには、このような鑑定評価が活用されることになります。相続税や固定資産税の評価が基準になるわけではありませんので注意が必要です。

第４章　遺産分割の対象となる特殊な財産

相続財産は「相続開始時に被相続人に属していた一切の権利義務のうち、一身専属的なものと祭祀に関する権利を除いたもの」と定義されますが（民法896、897）、本章においては遺産分割の対象となる不動産等の留意点について整理します。

1　借地権の財産性と名義変更料

(1)　借地権の意義と性質

借地権とは「建物の所有を目的とする地上権又は土地の賃借権」をいいます（借地借家法２①）。地上権は物権であるのに対し、賃借権は債権ですが、実務上のほとんどは賃借権です。このため、本項では賃借権たる借地権について解説します。

【参考】地上権と賃借権

区　分	内　　容
地上権 （物権）	「地上権」とは、他人の土地において工作物又は竹木を所有するため、その土地を使用する権利（物権）をいい（民法265）、地上権者は、直接かつ排他的に土地を支配することができます。地上権者が第三者にその土地を貸すことも譲渡することも自由で、その際に地主の承諾は必要ありません。また、担保設定も可能です。
賃借権 （債権）	賃貸借は、当事者の一方がある物の使用及び収益を相手方にさせることを約し、相手方がこれに対してその賃料を支払うこと及び引渡しを受けた物を契約が終了したときに返還することを約することによって、その効力を生じます（民法601）。 「賃借権」とは、このような賃貸借契約に基づいて賃借人が賃貸人に目的物の使用収益を請求できる権利（債権）のことで、賃借権を譲渡したり転貸するには地主の承諾が必要となります（民法612①）。また、「賃借権」は債権に過ぎませんから、登記しようとする場合には、地主の承諾が必要となります。一般的には担保設定も困難です。

また、借地権にはいわゆる「普通借地権」と「定期借地権」があります。いずれについても遺産として相続人に承継されることに異論は唱えられませんが、本項では、借地契約の更新が可能な普通借地権について解説します。

借地権者の死亡によって相続が開始すると、遺産分割が行われるまでの間、当該借地権は共同相続人の準共有となり（民法264）、地代は、可分債務として共同相続人の各人が相続分に応じて支払義務を負うことになります。

その後、遺産分割によって当該借地権を取得した相続人は、被相続人と地主との借地契約をそのまま引き継ぐことになりますから、権利金や保証金の返還請求権、土地利用権、地代支払義務などを、従前のまま承継します。

〈税務のポイント〉各税目による借地権の取扱い

税法上、法人税、所得税、相続税など、どの税目であっても借地権課税の本質的な取扱いに大きな差異はありません。しかし、税務上の借地権の定義は、個別税目によって異なっています。相続税法においては借地借家法２条１項と同義ですが（評基通９）、法人税法上は、単に「地上権又は土地の賃借権をいう」とされ（法人税法施行令137）、所得税法上は「建物若しくは構築物の所有を目的とする地上権若しくは賃借権」とされています（所得税法施行令79）。

⑵ 名義変更料・地代の滞納

一般に、土地の賃貸借契約では、賃借権（借地権）の譲渡や転貸については、賃貸人の承諾を要する旨の特約があります。このとき、承諾料の名目で賃貸人に一定の金銭が支払われる慣行となっています。しかし、相続による賃借人の変更は単に借地契約が承継されただけであるため、借地権を第三者へ譲渡する場合とは異なり、名義変更料の支払義務は生じません。

また、借地人であった被相続人が地代を滞納していた場合、その滞納は被相続人の債務ですから、共同相続人全員が法的相続分に応じた割合によりその支払債務を承継します。

⑶ 借地権の財産性と評価

普通借地権には借地契約更新請求権と建物の買取請求権が付与されており、借地権の設定に際して、権利金等の名目で一時金が授受されることがあります。この場合、建物の譲渡に伴ってその借地権も有償で譲渡されることが多く、借地権に市場価値が発生することがあります。

また、権利金の授受等がない場合においても、古くからの借地契約においては、その後の経済情勢において底地の価値の上昇に見合うような地代の上昇がなされないことが多く、現実の支払地代が土地の経済価値に対して低廉になりがちです。しかもその土地を半永久的に借り続けることができるのですから、借地権者に「借り得」部分が生じ、この部分に価格が発生することがあります（156ページ「自然発生借地権」参照）。

このようなことから、借地権に財産価値が生じ、相続税財産評価においても、借地権の取引慣行がある地域においては評価額が算定される取扱いとなっています。

しかし、借地権の取引慣行がある地域といっても、現実に取引の対象になる借地権は個別的であり、取引慣行のある地域も限定的なものです。相続税路線価図に示されているほど広くはないのが実情です。

〈税務のポイント〉相続税法上評価しない借地権

相続税財産評価の場面において借地権が発生している場合であっても、借地権の設定に際し、その設定の対価として通常権利金その他の一時金を支払うなど借地権の取引慣行があると認められる地域でなければ、その借地権は評価されず、相続税の課税対象になりません。すなわち、借地権が評価されるのは、路線価図に借地権割合が示されている地域においてです。

このように、借地借家法による権利としての借地権は、国内いずれの地域においても発生しますが、地域（あるいは用途）によって、借地権の価格は生じないこともあります。

ただし、このような地域においても、貸宅地（底地）の評価をする場合には、借地権割合を20％として土地の価額から控除することとされています。これは、借地権の価額は評価しない場合であっても、地主から見ればその貸宅地上に借地人の建物が存在するため、宅地の使用収益が制限されるからです。

(4) 借地権の相続と遺産分割

相続人は被相続人の地位を承継するため、借地人の地位もそのまま承継されます。貸主の承諾を得る必要はありません。

したがって建物だけではなく借地権も相続財産に含まれることになり、遺産分割の対象となります。そのため、遺産分割協議が調うまでの間は共同相続人の共有（準共有）となります。

しかし、現実の使用状況等を考慮すれば、借地権の現物分割は一般的には困難です。そこで、まず相続人の間で今後その建物を利用する意思のある者がいない場合には、換価分割（40ページ参照）の方法をとることが考えられます。ところが、借地権付建物は一般的には市場性に乏しいですから、現実問題としては、地主との話合いで借地権付建物を買い上げてもらい、その代金を相続人間で分配するという方法がとられることが多くあります。

一般的には地主に借地権を買い取ってもらう方が、高価で売却できる可能性があります。しかし、地主が買上げに応じなければ第三者へ売却せざるを得ず、この場合には地主に対して相応の承諾料の支払いを要しますし、借地権の市場性を考えると、特別な場合を除いてそもそも買受人を見つけることは困難なことが多いと思われます。借地契約の期間満了を待って、建物買取請求権を行使する方法もありますが、借地契約は、原則として契約期間が長期間に及ぶため、その間の地代は支払い続けなければなりません。

次に、相続人の中にその建物を利用しようとする者がいる場合には、代償分割（41ページ参照）の方法をとることが考えられます。具体的には、建物を利用しようとする相続人が、建物と借地権の全部を現物で取得し、自己の法定相続分を超える部分の価額に見合うだけの金銭を他の相続人に代償金という形で支払うというものです。

一歩先へ　借地権・借家権の相続

1　借地権・借家権の相続財産性

建物所有目的で土地を賃借した場合の借地権や、建物賃貸借契約に基づく借家権は、使用借権とは異なって一身専属権ではありません。つまり、被相続人の死亡によっても賃貸借契約は終了せず、借地権や借家権は財産権として相続の対象になります。土地や建物の使用目的は問いません。居住目的でも営業目的でも同じことです。

このことから、借地人や借家人に相続が開始したとしても、貸主である地主・家主が相続人に対して不動産の明渡しを請求する権利は生じません。名義変更料や更新料を請求できる法律上の権利もありません。遺産分割が成立するまでは、相続人全員が相続分に応じてそれぞれ借地・借家を利用する権利を有し、遺産分割成立後は、借地権や借家権を取得した相続人が単独で賃借人としての地位を承継します。

2　賃料の支払い

賃借人の賃料の支払義務を賃借人側から整理すると次のようになります。

(1)　相続開始以前から賃料を滞納している場合

共同相続人全員に延滞賃借料をそれぞれの法定相続分に応じて支払う義務があります。債務不履行が一定期間続き、信頼関係を破壊されたとなれば、賃貸借契約は解除されます。

この場合において賃貸借契約を継続するためには、一部の相続人が賃料を支払わなければ、他の相続人がこれを負担しなければならなくなります。

(2) 相続開始から遺産分割成立までの賃料

賃料債務は不可分債務であるため、共同相続人の各々が全額を支払う義務を負います。

(3) 遺産分割成立後

遺産分割により賃借人の地位を承継した相続人が、相続開始時点に遡って借主となり、地主と従前どおりの関係で賃貸借関係に立つことになります。

2 使用貸借に係る土地の財産性

(1) 使用貸借の意義と性質

民法593条は「使用貸借は、当事者の一方がある物を引き渡すことを約し、相手方がその受け取った物について無償で使用及び収益をして契約が終了した時に返還をすることを約することによって、その効力を生ずる」と規定しています。

使用貸借は「無償」契約であることに賃貸借などと異なった特徴があり、無償による目的物の借主側には法的保護がほとんど与えられていません。通常、利害が対立する第三者間で使用貸借されることはなく、親族間や知人間で行われることが多いものです。

使用貸借に関する民法の規定を整理すると次の表のようになります。

民法条文	内　　容
594（借主による使用及び収益）	借主は、契約又はその目的物の性質によって定まった用法に従い、その物の使用及び収益をしなければなりません。また、借主は、貸主の承諾を得なければ、第三者に借用物の使用又は収益をさせることができず、借主がこれに違反して使用又は収益をしたときは、貸主は、契約の解除をすることができます。
595①（借用物の費用の負担）	借主は、借用物の通常の必要費を負担します。 「通常の必要費」とは、借用物の保存に必要な修繕費のほか、固定資産税も含まれます（※１）。
597（期間満了等による使用貸借の終了）	当事者が使用貸借の期間を定めたときは、使用貸借は、その期間が満了することによって終了します。また、期間を定めなかった場合において、使用及び収益の目的を定めたときは、使用貸借は、借主がその目的に従い使用及び収益を終えることによって終了します。

	使用貸借は、借主の死亡によっても終了します（※2）。
598（使用貸借の解除）	貸主は、目的物の使用及び収益の目的を定めた場合において、その目的に従い借主が使用及び収益をするのに足りる期間を経過したときは、契約の解除をすることができます。また、当事者が使用貸借の期間並びに使用及び収益の目的を定めなかったときは、貸主は、いつでも契約の解除をすることができます。 なお、借主は、いつでも契約の解除をすることができます。

（※1）使用貸借の目的物の通常の必要費は、借主が負担することとされているため、土地に係る固定資産税を借主が負担していたとしても、「無償による貸借」の範囲内と考えられます。

（※2）借主が死亡した時点で契約は終了するのですから、使用借権は相続財産ではなく、相続税も課税されません。

⑵ 使用貸借の財産性と評価

使用貸借は無償契約であるため借地借家法が適用されず、貸主は原則としていつでも借主に対して契約を解除し、物の返還を要求することができるなど、財産性のある強固な権利とは認められません。このため、原則として価格（市場価値）も発生することはありません。

相続税法の取扱いにおいても、土地の使用貸借に係る使用権の価額はゼロとされます。したがって、使用貸借により貸し付けられている土地を相続、遺贈又は贈与により取得した場合における相続税又は贈与税の課税価格に算入すべき金額は、その土地が自用のものであるとした場合の価額になるとされ、使用貸借による権利は考慮されません。

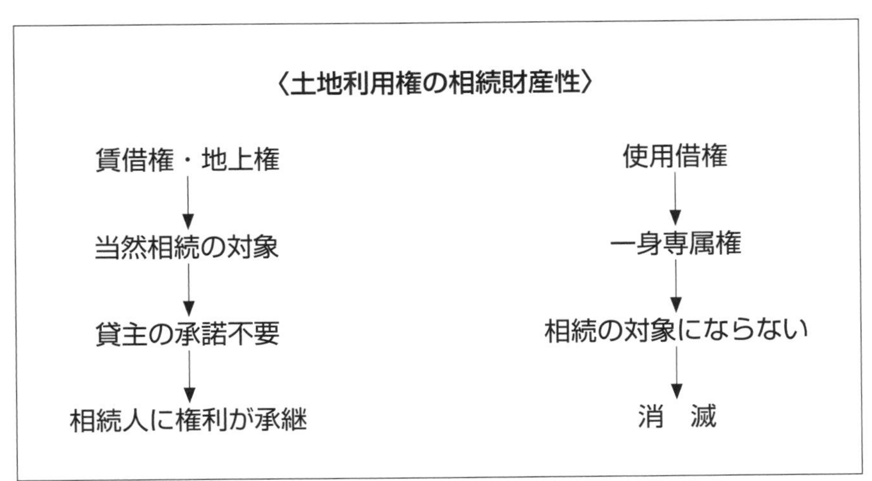

3　配偶者居住権

⑴　配偶者居住権制度創設の目的

わが国では急速に高齢化が進展しており、配偶者が相続後に長期にわたって生活を継続することも少なくありません。このため配偶者は、住み慣れた居住環境を維持し、一定の生活資金を確保したいと願っています。

しかし、近年における高齢者の再婚の増加等々の社会状況の変化から、相続人同士の関係が必ずしも良好とはいえないケースが増えているようです。

そこで改正民法では、相続によって配偶者が自宅不動産の所有権を取得しなくても、賃料の負担なく居住を継続する権利が創設され、①配偶者の居住権の確保と②遺産から金融資産を相続できる余地を広げることにより、遺産分割における選択肢を増やしました。

このようにして創設された配偶者が自宅に住み続ける権利のことを配偶者居住権といい、この制度は令和２年４月１日から施行されています。

（民法改正前）

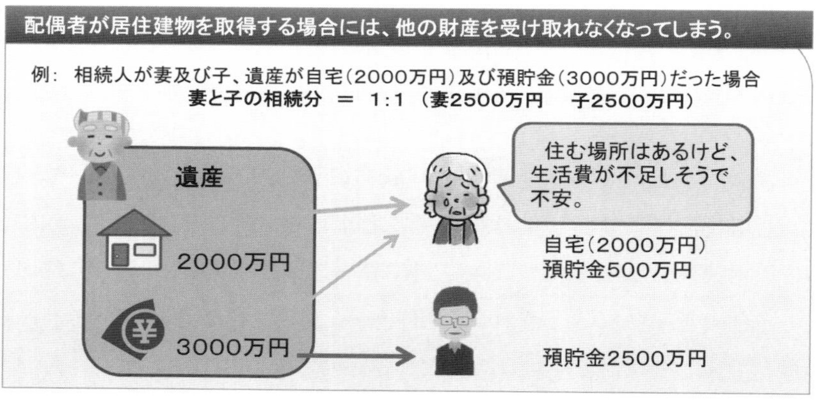

（民法改正後）

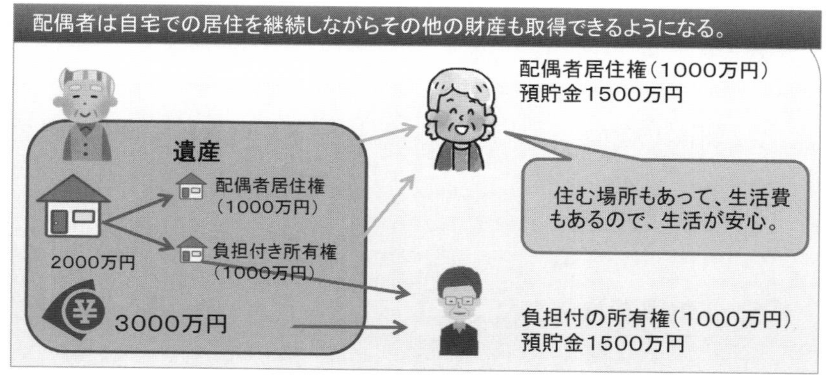

（出典：法務省ホームページ）

なお、本章においては、使用借権類似の債権とされる配偶者短期居住権（民法1037～1041）の解説は割愛します。

(2) 配偶者居住権の成立要件

配偶者居住権は、次の①、②、③の３つの要件を満たした場合に発生します（民法1028①、558）。

① 被相続人の配偶者であること

この場合の配偶者とは、法律婚（民法739①、戸籍法74）の配偶者をいい、いわゆる内縁の妻などは含まれません。

② 相続開始時点において被相続人が所有（※１）する建物に居住（※２）していたこと

（※１）被相続人と配偶者の共有を含みますが、被相続人が配偶者以外の第三者と建物を共有している場合には、配偶者居住権を成立させることはできません（民法1028①ただし書）。

たとえば、対象となる居住用建物を被相続人と子が共有していた場合、子は共有持分に応じた使用収益権を有しているのですから、配偶者居住権の設定を認めると、子の利益が不当に害されることになります。したがって、このような場合には配偶者居住権を設定することはできないとされました。

（※２）配偶者が対象となる建物を生活の本拠としていたことを意味します。この場合において、配偶者が相続開始時に建物全部を居住の用に供していたことまでは求められておらず、店舗付住宅のように、建物の一部を住宅としていた場合でも構いません。

③ 配偶者居住権を取得させる旨の遺産分割又は遺贈（死因贈与を含む）があること

この場合の遺産分割には、審判による遺産分割も含まれるため、配偶者以外の他の相続人が反対しているときでも、審判によって配偶者が配偶者居住権を取得することは可能です。

(3) 配偶者居住権の性質

イ 権利の効力と登記

配偶者居住権は、新たに制定された賃借権類似の法定の債権です。したがって配偶者は債権者となり、居住建物の所有者は債務者となるため、配偶者は居住建物の所有者に対して建物全体の使用収益を請求する権利があります。

このような配偶者居住権の対象は、配偶者が被相続人の相続開始時に居住していた建物の全体に及びます（民法1028①）。

たとえば、対象となる建物が、店舗兼住宅のように建物の一部を自営の店舗として利用し、一部を住宅として用いていた場合においても、配偶者居住権は店舗部分を含んだ建物全体に及ぶのです。

また、配偶者居住権を取得した配偶者は、居住建物の所有者に対し、配偶者居住権の設定登記を行うことを請求することができます（民法1031①）。

登記は配偶者居住権の成立要件ではなく、あくまで第三者対抗要件ですから、登記がなくとも建物所有者には権利主張することができます。しかし、たとえば配偶者居住権の登記がされず、配偶者居住権が成立していることを知らない第三者に居住建物が譲渡され、第三者が所有権登記を先に行った場合には、原則として配偶者は第三者（建物の新所有者）に権利主張することができなくなります（民法177）。

ロ　建物所有者に対する義務

配偶者居住権を取得した配偶者は、建物所有者に対して次のような義務を負います。

(イ)　用法遵守義務（民法1032①）

(ロ)　善管注意義務（民法1032①）

(ハ)　譲渡禁止（民法1032②）

(ニ)　第三者に使用収益させることの禁止（民法1032③）

(ホ)　増改築の禁止（民法1032③）

(ヘ)　費用負担義務（民法1034①）

配偶者は、居住建物の通常の必要費を負担する義務を負います。「通常の必要費」とは、使用貸借契約における「通常の必要費」（民法595①）と同一の概念であり、居住建物の現状維持に必要な修理・修繕のような場合を指し、大規模な修繕や改築などの費用は含まれません。この場合において「通常の必要費」の範囲には、居住建物に係る固定資産税のみならず、建物の敷地の固定資産税も含まれると解されます（最判昭和36年１月27日）。

(4)　配偶者居住権の存続期間と消滅

配偶者居住権は配偶者の権利を保護するための制度ですから、その権利は帰属上の一身専属であり、配偶者以外の者に帰属するものではありません。

このことから、第三者への譲渡は認められておらず（民法1032②）、配偶者の死亡によりその権利は消滅します（民法1036、597③使用貸借の準用）。

配偶者居住権の存続期間は原則として終身ですが（民法1030）、有期の期間を定めることも可能です（民法1030）。

配偶者居住権の消滅事由を列挙すると次のとおりになります。

①　配偶者の死亡

②　存続期間の満了

③　居住建物所有者による消滅請求（民法1032④）

→　配偶者が建物所有者に対する義務違反を行った場合等です。

④　配偶者と所有者間での消滅の合意

⑤ 居住建物の全部滅失等により使用収益が不能となった場合（民法1036、616の2）

4 その他の財産

(1) 農地

農地であっても、相続による承継取得であれば農業委員会の許可等は不要です。したがって、農業従事者以外の者であっても所有権を取得することができます（農地法3①十二）。しかし、農業経営を永続していくためには好ましくないこともありますので、誰が取得するのかについては慎重に検討する必要があります。

(2) 居住用不動産

居住用不動産を居住している者以外の共同相続人等が取得したり、共有状態になったりすると、相続開始時点までの居住者が居住を続けることができなくなる可能性があります。このような点も考慮して、居住用不動産を分割取得させる必要があります。

なお、令和2年4月1日から配偶者居住権の制度が創設されたため、この制度を有効に活用することも重要です（32ページ参照）。

(3) 遺産からの収益の帰属

たとえば被相続人が賃貸マンションを所有していた場合、相続開始後、遺産分割協議が調うまでの間においても賃料収入が発生します。民法の規定によれば被相続人の遺産は、相続人が複数あるときは、相続開始時点から遺産分割までの間は、一旦共同相続人の共有に属することになります。

しかし、遺産分割が行われた場合の財産の取得時期は「遺産の分割は、相続開始の時にさかのぼってその効力を生ずる」（民法909）こととされているため、その間の賃料収入の帰属が問題となります。

この点については、最判平成17年9月8日が次のような結論を出しています。

「遺産は、相続人が数人あるときは、相続開始から遺産分割までの間、共同相続人の共有に属するものであるから、この間に遺産である賃貸不動産を使用管理した結果生ずる金銭債権たる賃料債権は、遺産とは別個の財産というべきであって、各共同相続人がその相続分に応じて分割単独債権として確定的に取得するものと解するのが相当である。遺産分割は、相続開始の時にさかのぼってその効力を生じるものであるが、各共同相続人がその相続分に応じて分割単独債権として確定的に取得した上記賃料債権の帰属は、あとに残された遺産分割の影響を受けないというべきである。」

したがって、賃貸マンションを遺産分割により取得した場合、そのマンションは相続開始の時から取得者の所有であったことになりますが、相続開始から遺産分割までの間のマンションからの家賃収入は、共同相続人全員がその相続分に応じて分割取得し、分割前の家賃収入を賃貸マンションの取得者に帰属させることはできません。

〈遺産からの収益（地代家賃、預金の利息、株の配当など）〉

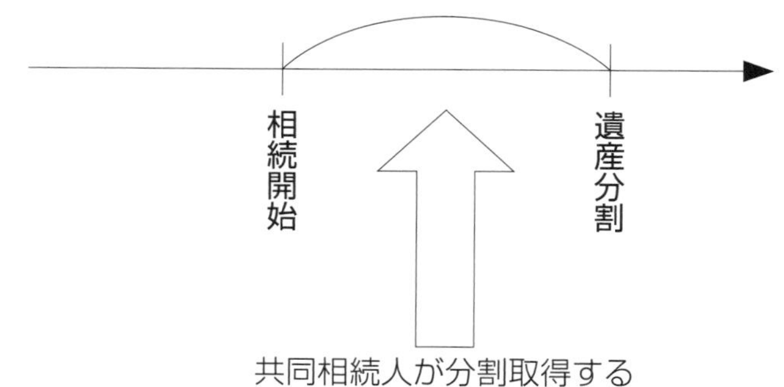

5　遺産の帰属に争いがある場合

遺産に属するかどうか争いがある財産は、訴訟を提起し対象財産が遺産に属することの確認を求める必要があります。

たとえば、共同相続人甲乙丙の中の甲名義となっている不動産について、甲が購入代金を自ら出捐したものであるのか、それとも被相続人が代金を負担したものであるため被相続人の所有に帰属するものであるのかについて、相続人間で争いがある場合などが挙げられます。

第5章　遺産分割の流れ

1　遺産分割の手順

共同相続人全員による遺産分割は、被相続人が遺言で分割を禁じた場合を除き、いつでもこれを行うことができます（民法907①）。

しかし、長期間分割協議をしないまま放置すると、具体的な特定財産の帰属が未確定で、いわば暫定的・不安定な状態が継続し、遺産の有効・適切な活用をすることができません。相続人は、遺産分割の手続を経て初めて特定財産の支配権を有する完全な所有権を取得することになります。

遺産分割の手順は次のようになりますが、本章のテーマは第2の遺産分割協議です。

第1：被相続人の遺言による遺産分割方法の指定（民法908）があればこれが優先されます。

第2：遺言による分割方法の指定がない場合や、指定していない部分については遺産分割協議によります（民法907①）。また、遺産分割協議によって遺産分割方法の指定に反する分割がされることもあります。

第3：遺産分割協議が調わない場合は、家庭裁判所の審判で分割されますが（民法907①②）、通常はこれに先立って調停による分割が試みられます（家事244、274①）。

なお、遺産分割協議書を作成するにあたっては、誰がどの財産を取得するのか明確にしなければなりませんが、その時点では判明していない相続財産が爾後発見された場合、その財産の取得者も定めておく方が望ましいと考えます。

〈税務のポイント〉相続税の申告期限

相続税の実務では、申告期限内に遺産が分割されていない場合には、配偶者に対する税額軽減や小規模宅地等の特例などを適用することができず、相続税の負担が大きくなります。後に遺産分割協議によってこれらの特例適用の要件を満たすことができたとしても、一旦は多額の納税額を負担しなければならなくなります。このため、相続税が課税されるケースでは、相続税の申告期限（相続開始時点から10か月以内）を目安に遺産分割協議が行われることが多いようです。

2　遺言書と異なる内容の遺産分割

被相続人が遺言書を遺していた場合には、原則としてその遺言書の内容にしたがって受遺者（遺言書に遺産を取得すると書かれている者）に遺産が分属します。つまり、遺言は単独行為で、法定相続に優先します。したがってその財産は、遺産分割の対象にすることはできません。

しかし受遺者は、必ずしも遺言書どおりの財産の取得を望まないこともありますから、遺言が単独行為であるからといって、遺言者の一方的な意思表示のみで受遺者がこれに従うことを強制されるというのも不合理です。

そこで民法は、「受遺者は遺言者の死亡後いつでも遺贈の放棄をすることができる」と規定しています（民法986①）。この遺贈の放棄は特定遺贈（※１）の場合について認められ、その遺贈の全部又は一部について放棄することができます。遺贈が放棄されると遺言者の死亡時に遡ってその効力が生じ、最初から遺言がなかったことになるため、相続人間で自由に遺産分割協議ができることになります。遺贈を放棄したとしても相続放棄をしたことにはならないので、共同相続人として遺産分割協議に参加することができるのです。

また、遺贈ではなく「相続させる旨の遺言」であっても、明文の規定はありませんが実務上、相続人全員の合意があれば、遺言書の内容と異なる遺産分割協議を行うことができます。

なお、遺贈の放棄は相続人（包括受遺者を含みます）に対して意思表示するのが原則ですが、遺言執行者が定められている場合には、遺言執行者に対して行われます。

一方で、包括遺贈（※２）の放棄についてはこの遺贈の放棄の規定は適用されず、相続の放棄の手続に準じて（民法915～940）、その包括遺贈があったことを知ってから３か月以内に包括遺贈放棄申述書を家庭裁判所へ提出し、その放棄申述の受理審判を受けます。この場合においても相続の放棄とは異なり、相続人の地位を失うことはありません。

遺言と異なる遺産分割の可否については、次の判決を参考にしてください。

（※１）特定遺贈とは、遺言者の財産を個別具体的に特定して遺贈する方法です。たとえば「○○銀行の預金全部を遺贈する」とか「○○土地の２分の１を遺贈する」というように、特定の金銭債権や不動産について、全部又は割合を示して遺贈することです。

（※２）包括遺贈とは、遺言者の財産を特定することなく、その全部又は割合的な一部を特定の者に遺贈する方法です。たとえば「遺言者は全財産の２分の１を長男Ａの子○○に遺贈する」というように、全財産に対する割合を示して遺贈することです。

【さいたま地判平成14年２月７日】

このような遺言をする被相続人（遺言者）の通常の意思は、相続をめぐって相続人間に無用な紛争が生じることを避けることにあるから、これと異なる内容の遺産分割が全相続人によって協議されたとしても、直ちに被相続人の意思に反するとはいえない。被相続人が遺言と異なる遺産分割を禁じている等の事情があれば格別、そうでなければ、被相続人による拘束を全相続人にまで及ぼす必要はなく、むしろ全相続人の意思が一致するなら、資産を承継する当事者たる相続人間の意思を尊重することが妥当である。法的には、一旦は遺言内容に沿った遺産の帰属が決まるものではあるが、このような分割は、相続人間における当該遺産の贈与や交換を含む混合契約と解することが可能であるし、その効果についても通常の遺産分割と同様の取扱いを認めることが実態に即して簡明である。

〈税務のポイント〉遺言書の内容と異なる遺産の分割と贈与税

国税庁の質疑応答事例によると、遺言書の内容と異なる遺産の分割が行われた場合の贈与税の取扱いについては、次のように掲げられています。

「相続人全員の協議で遺言書の内容と異なる遺産の分割をしたということは（仮に放棄の手続がされていなくても）、包括受遺者である丙が包括遺贈を事実上放棄し（この場合、丙は相続人としての権利・義務は有しています。）、共同相続人間で遺産分割が行われたとみて差し支えありません。

したがって、照会の場合には、原則として贈与税の課税は生じないことになります。」

3　遺産分割の類型

被相続人の遺産は一旦共同相続人の共有に属することになりますが、共有状態においては、各相続人が承継した財産を自由に使用収益したり処分したりすることが制限されることもあり、遺産分割によってその帰属を確定させる必要が生じます。

一般に行われる遺産分割は、共有持分の分割方法によって各相続人の同意に基いて行う協議分割のほか、家庭裁判所の家事審判における遺産分割方法に準拠した方法が採られます。

家庭裁判所における審判分割では、次に解説する①「現物分割」が優先し、②相当の事由がある場合に行うことができる「換価分割」や、③特定の事由がある場合に限って認められる「代償分割」は、①の現物分割に劣後して行うことができるとされています。また審判分割では、特別の事情のない限り、相続人間の財産取得割合が相続分に応じたものになるような分割がされます。

しかし協議分割では、当事者全員の意思による限り、審判分割のように現物分割が優先し、例外的に換価分割や代償分割を行うことができるというわけではなく、どの分割方法によるかは分割当事者の自由な選択にゆだねられています。

また協議分割では、審判分割のように相続分に忠実な分割をしなければならないものでもなく、当事者すべての合意があれば相続分によらない財産取得割合によることも自由であって、特定の相続人がすべての財産を取得したり、逆に一切の財産を取得しない事実上の相続放棄をする相続人がいても問題ありません。

①現物分割、②換価分割、③代償分割については、これらの方法を組み合わせて遺産分割協議が行われる場合もあります。以下被相続人がＡ土地とＢ土地を残して死亡し、子甲・乙がこれを共同相続する場合を例に説明します。

⑴　現物分割

現物分割とは、共同相続人（包括受遺者を含みます。以下同じ。）が相続（包括遺贈を含みます。以下同じ。）によって、個別財産の現物を取得する方法です。

現物分割は、共有物の分割方法としては基本的・原則的な分割方法で、遺産分割協議においても広く用いられており、審判分割では優先的に採用されます。

Ａ土地・Ｂ土地とも分筆することによって、それぞれ甲と乙で分け合う場合がこれにあたります。あるいはＡ・Ｂとも甲・乙で物権法上の共有とする場合もこれにあたります。

しかし、個別の財産一つひとつを分割するというケースはむしろ少なく、複数の財産を単位ごとにその帰属を決定する分割方法が採られるのが一般的です。このような分割方法も、広義には現物分割とよばれています。Ａ土地を甲が取得し、Ｂ土地を乙が取得するという個別配分が、広義の現物分割です。

このような現物分割は遺産分割をする際に原則となる方法ですが、たとえば自宅の土地建物を共有持分で分割して共有財産にしてしまうと、後々の権利関係が複雑になり、その効用が大きく損なわれることがあります。共有による遺産分割は決してお勧めできるものではありません（190ページ参照）。

⑵　換価分割

換価分割とは、共同相続人の一人又は数人が相続財産である特定の未分割財産の全部又は一部を譲渡して金銭に換価し、その換価代金を分割する方法です。

この方法は、遺産が土地などの分割が困難な特定の財産に集中しているような場合に、その土地等を譲渡して代金を分配するものです。そうすることによって、合意した遺産取得割合による公平な分割を実現することができることから、合理的かつ公平な分割方法ということができるでしょう。

特に共有持分として分割せざるを得ない場合のように、現物分割を行うことが好ましくないと判断される場合には、換価分割を行うことが有用です。ただし、当然ではありますが、換価してしまえば相続財産に居住し続けるなどの利用を継続し続けるわけにはいきません。

A土地・B土地ともに第三者に売却し、その代金を甲・乙で折半する方法がこれにあたります。

〈税務のポイント〉換価分割と譲渡所得税

換価分割の方法によって土地を譲渡した場合、その土地の譲渡所得の計算上、各相続人の持分に応じた金額が各相続人の譲渡収入金額となります。したがって、各相続人がそれぞれ譲渡所得の申告をすることになります。

このため換価分割をする場合には、原則として譲渡する土地について相続人名義に取得登記をする必要があり、法定相続分で登記をすることになります。しかし手続の便宜から、特定の相続人の単独名義の登記をしたとしても、遺産分割協議等において換価分割であることを明示しておけば、後日の譲渡所得にかかる課税などで問題が生じることを回避することができます。

(3) 代償分割

代償分割とは、共同相続人の一人又は数人が相続によって財産の現物を取得し、その現物を取得した者が他の共同相続人に対して債務を負担する方法です。

この方法は、遺産価額が土地や非上場株式などの特定の財産に集中している場合で、その財産が容易に換価することができない場合や、特定の相続人がその財産を継続所有することを望む場合に、その財産を取得する相続人が、他の相続人が取得すべき財産価額の不足分を弁償することができるときに有効な分割方法です。

甲が、A土地・B土地の両方を取得する代わりに、乙に対しA土地とB土地の評価額の半額を支払う方法がこれにあたります。

ただし、この方法をとるためには、金銭を支払う債務を負った相続人が分割時にその金額の全額を支払う必要があります。これができなければ、その遺産分割協議は絵に描いた餅になってしまいます。したがってこの方法を採用する際には、代償債務者に資力があるのか否か、融資を受けてでも一括支払いができるのか否か、分割払いに拠らざるを得ないのならばその履行を担保するものはあるのか否か、慎重に見極める必要があります。代償債務の履行が円滑に行われないのでは、実質的に遺産分割の先送りとなってしまい、遺産の帰属について決着がついたとはいえません。

特に相続税が課税される場合には大きな問題が生ずることがあります（45ページ「2　遺産分割のやり直し」参照）。

なお、⑵で解説した換価分割との根本的な相違点は、代償分割が遺産の現物を取得した者が単独で取得した遺産を譲渡し、その譲渡によって自己の所有となった代金の金銭を代償債務の弁済として交付したことになるのに対し、換価分割では遺産の現物は未分割のままでこれを譲渡し、その代金を共同相続人各人に分配すると、その代金分配の割合によって譲渡した現物を取得した効果が生ずるということです。したがって譲渡代金の分配が代償分割か換価分割かの判定をするには、その現物の譲渡が現物の取得後に取得者である特定相続人によって行われたものか（代償分割）、現物が未分割の状態で譲渡されたものか（換価分割）を見極めることが大切であるため、遺産分割協議書に明記しておくことが重要でしょう。

〈税務のポイント〉代償分割と譲渡所得税

現物の相続財産を取得した相続人が、代償債務を支払うためにその財産を譲渡したときの譲渡所得は、その相続人が単独で負担します。代償金を取得した相続人に譲渡所得は発生しておらず、申告義務はありません。

また、代償債務者が金銭ではなく相続によって取得した財産を代償財産として移転した場合には、その財産を時価で譲渡したものとして譲渡所得税が課税されます。

譲渡所得の申告にあたって注意すべき点は、取得費の計算です。相続により取得した資産は、所得税法第60条第１項の規定により相続人が引き続き所有していたものとみなされるため、譲渡所得の金額の計算上控除される取得費は、被相続人がその資産を取得した時の購入代金及び取得に要した費用等の合計額となります。したがって代償分割の場合においても、その取得資産は相続によって取得したものにほかならないのですから、他の相続人に支払った代償金を取得費に加算することはできません（昭和52年12月22日裁決）。

また、代償財産を譲渡する場合と換価分割によって相続財産を譲渡する場合とでは、相続税の取得費加算（※）の計算が異なることになり、この点においても換価分割の方が有利になることがあります（226ページ事例解説４－⑷参照）。

譲渡所得の負担を考えると、代償債務者のみが譲渡所得の特別控除を受けることができる場合などを除いて、代償分割よりも換価分割の方が有利となることが多いと思われます。

（※）相続又は遺贈により取得した土地、建物、株式などの財産を、一定期間内に譲渡した場合に、相続税額のうち一定金額を譲渡資産の取得費に加算することができます（措法39）。

(4) 利用権の設定

たとえば、A土地の所有権を甲が取得してA土地に借地権を設定し、地上建物を乙が取得するように、利用権の設定という方法が用いられることもあります。遺産分割は契約ですから、自由にいろいろな方法を採用することができます。配偶者居住権の設定もこの類型に含まれます。

(5) 遺産分割方法の組合わせ

これまで解説した方法を用いることが遺産分割協議の典型ですが、複数の方法を組み合わせることも可能です。

遺産分割協議がまとまらない場合など、暫定的に共有状態を利用するという分割方法を利用することが考えられます。(1)の現物分割による方法のひとつです。たとえば、自宅の土地建物を相続人全員の共有という形で分割し、利用関係については使用貸借や賃貸借という形をとる方法です。

また、下の図の〈共有と代償分割の併用〉のように(1)の方法と(3)の方法を組み合わせることも可能です。

しかし、共有とする分割の方法は紛争を先送りするだけの場合も多くありますし、共有物の分割請求がなされるなどのリスクも否めません。したがって、一般的には共有による遺産分割は推奨できるものではないのですが、現状の共有財産は相続を原因とするものが圧倒的に多いようです。

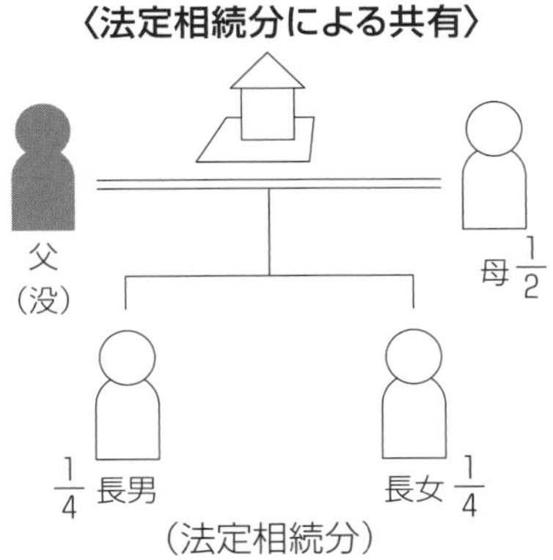

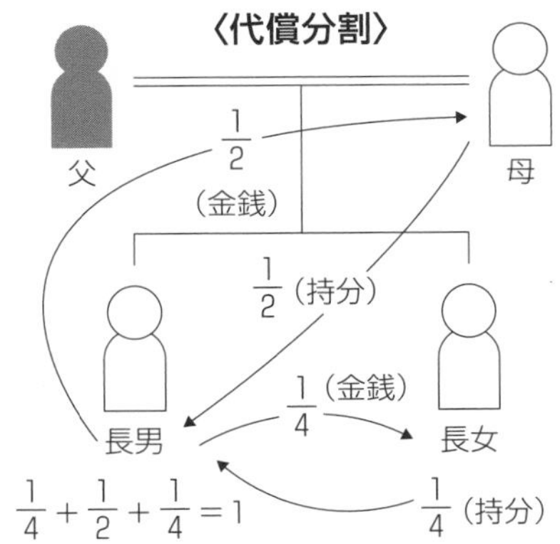

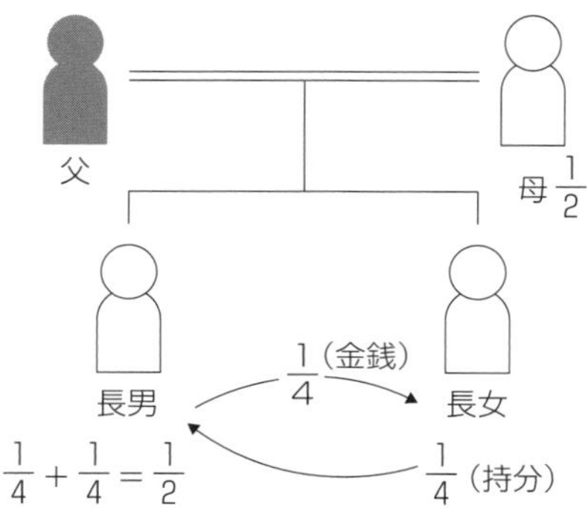

⑹　事実上の放棄の方法

共同相続人全員が合意して協議が成立する限り、具体的相続分から外れた分割をすることも可能です。具体的相続分を有する共同相続人の取り分をゼロ（又はそれに近い名目的なもの）にすることもできます。民法915条、938条に相続の放棄についての規定がありますが、これによらずとも「事実上の放棄」ををすることができるのです。特定の相続人に財産を集中させるためにこのような方法がとられることも少なくありません。

事実上の放棄には次のイとロの方法があります。

イ　実際はそうではなくても、すでに特別受益となる生前贈与（民法903）を十分に受けているので、具体的相続分はゼロであるという趣旨の証明書（相続分皆無証明書、相続分不存在証明書、特別受益証明書などとよばれます。）を作成する方法

ロ　ゼロ又はゼロに近い名目的な財産を分割する旨の遺産分割協議書を作成する方法

イの方法は、事実上の放棄をする相続人が個別に書類を作成すれば足りますが、ロの方法は相続人全員で書類を作成する必要があります。

イについては、特別受益となる生前贈与の事実がなかったとして後でその効力が争われることがありますが、裁判例では自己の取り分をゼロとする意思がある限り有効とされています（東京高判昭和59年９月25日）。

第6章　遺産の再分割

1　遺産分割協議の無効・取消し

遺産分割協議も、意思表示の瑕疵について民法の適用を受けます。したがって、通謀虚偽表示や錯誤のある遺産分割の場合は、無効・取消しの対象になります。具体的にどのような事案について遺産分割の錯誤が問題になるのかについては次の判決が参考になります。

【東京地判平成11年1月22日】

故Aの共同相続人である原告らが、同じく共同相続人である被告に対し、原告らと被告間で成立した遺産分割協議に基づき、遺産である不動産について所有権移転登記手続等を求め、遺産である預金債権について返還請求権の帰属確認を求め、被告が右協議について錯誤、詐欺及び強迫等の無効原因の存在を主張して争った事案において、被告は原告らの不正確な説明により、原告らが提示する分割案は本件遺言に従った分割よりも被告に有利であり、いかなる手段に訴えてもこの案を上回る額の遺産を取得することは不可能であると信じ、その結果本件遺産分割協議に応じたものであり、被告には錯誤があり、動機の錯誤ではあるが、当然に原告らに表示されており、通常人であれば本件遺産分割協議に応じることはないと解されるから、意思表示の要素の錯誤というべきであり、被告の錯誤によって成立した本件遺産分割協議は無効である。

そのほか錯誤が認められたものとして、遺産分割の方法を指定した遺言の存在を知らずに遺産分割協議をした事例（最判平成5年12月16日）を挙げることができます。

他方、錯誤が認められなかったものとして、遺産分割協議の際に他の相続人の生活を保障する約束をして全財産を取得した相続人がその義務を怠ったとしても要素の錯誤にならないとされた事例や（神戸家審平成4年9月10日）、遺産の評価額を誤信して分割したとしても、表意者に重大な過失があるとして民法95条ただし書により無効を主張できないとされた事例（東京高判昭和59年9月19日）が見られます。

2　遺産分割のやり直し

相続が開始すると、相続人は被相続人の財産に関する一切の権利と義務を包括的に承継し、それが有効な遺産分割協議によって分割されるとその効果は相続開始の時に遡ります

（民法909）。ただし第三者の権利を害することはできないとされています（民法909ただし書）。

ここで、当事者の合意によって確定した遺産分割について、これをやり直すことはできるのでしょうか。この点について、当初の遺産分割協議を相続人全員で合意解除する場合と債務不履行による法定解除の場合とについて解説します。

⑴ 合意解除

遺産分割協議はいつでもすることができるとされていて、相続開始時点から相当期間が経過して行われることもあるのに、協議が成立するとその効力は相続開始の時点まで遡るので、遺産分割のやり直しが行われると、一旦協議により成立した分割の効力が消滅し変更されることになって取引等の上で法的安定性が著しく害される事態も生じます。

この点について最判平成２年９月27日では、「共同相続人の全員が、既に成立している遺産分割協議の全部または一部を合意により解除した上、改めて遺産分割協議をすることは、法律上、当然に妨げられるものではない」旨判示し、遺産分割協議のやり直しも、他の法律行為と同様に可能であるとの見解を示しました。

したがって遺産分割協議のやり直し自体は、私法上は認められ有効となります。

なお、共同相続人全員の合意による遺産分割のやり直しでは、①当初の遺産分割協議の成立と、②その後の遺産分割協議における当事者全員の合意による当初の遺産分割協議の解除、更には③再度の遺産分割協議の成立という三つの契約が成立することになります。

⑵ 遺産分割の債務不履行を理由とする解除

遺産分割協議の成立も契約であるところ、分割協議に加わった一部の者の債務不履行を理由として、一旦成立した遺産分割協議を解除（民法541）することが可能かという問題については、判決は次のとおり、解除を否定しました。

【最判平成元年２月９日】

> 遺産分割協議はその性質上、協議の成立とともに終了し、その後は負担につき債権債務関係が残るだけと解すべきであり、また、解除を認めるとその法的安定性が著しく害されることになるから、共同相続人間において、相続人の一人が遺産分割協議において負担した債務を履行しないときであっても、他の相続人は民法541条によって、同遺産分割協議を解除することができないと解するのが相当である。

この判決は、複数の者によって成立した遺産分割協議を、一部の者の債務不履行を理由として覆すのは法的安定性を害するという理由によるものです。そうすると、相続人が二名の場合、あるいは債務不履行をした相続人以外のすべての相続人が解除を主張している場合については、債務不履行を理由とする遺産分割協議の解除が認められてもよいのではないかという問題は残りますが、これらの点についても大阪高判平成27年３月６日（次の**〈税務のポイント〉**参照）で否定されましたので、遺産分割協議の法定解除が認められる余地はなくなったといっていいでしょう。

ただし、当初の遺産分割協議書において解除権を留保する特約がなされていた場合には、認められる可能性はあるのではないかと考えます。

〈税務のポイント〉遺産分割のやり直しに関する取扱い

1　民法と税法の相違点

前述した最判平成２年９月27日判決は、当事者間の紛争において遺産分割協議の合意解除を認めたものです。税務上もこれが認められるとすれば更正の請求も認められることになりますが、税務上はこのような方法での課税の取消しについては厳しく取り扱われています。

更正の請求を規定する国税通則法23条２項を受けた同法施行令６条１項２号は、「その申告、更正又は決定に係る課税標準等又は税額等の計算の基礎となった事実に係る契約が、解除権の行使によって解除され、若しくは当該契約の成立後生じたやむを得ない事情によって解除され、又は取り消されたこと。」と規定され、「やむを得ない事情」の存在が要件とされていますが、これを認めた判決は見当たらないようです。

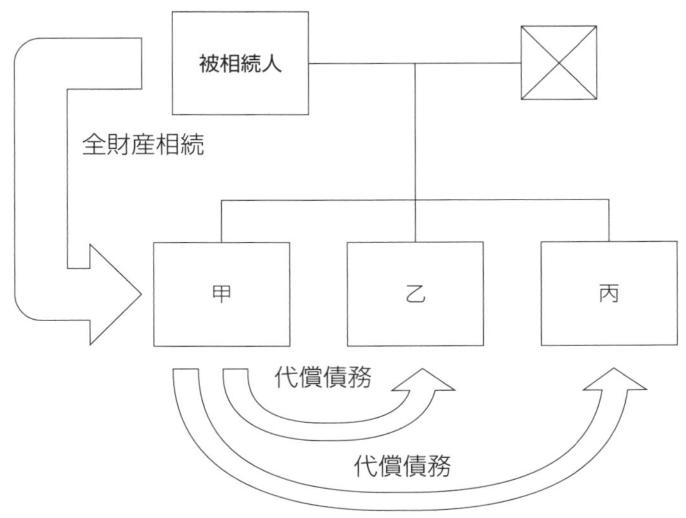

上の図のように代償分割の方法によって遺産分割協議を行ったところ代償債務が履行されず、しかもその代償債務を履行しなかった相続人甲の相続税の滞納について、債務不履行となった代償債権の取得を根拠に、自らの相続税は適正に納税している相続人乙と丙に連帯納付義務が課された事例がありました。代償債務の不履行により、代償債権者に連帯納付義務を負う担税力が全く移転していないため遺産分割協議が解除されましたが、裁判所は固有の相続税の更正の請求は認められないと判示しました(大阪高判平成27年3月6日)。

また、その後の大阪高判令和2年2月7日において、代償金を取得しなかった相続人に、代償金を支払わなかった相続人の相続税について連帯納付義務が課されることも確定しました。

なおこの事例は、上に述べた「債務不履行をした相続人以外のすべての相続人が解除を主張している場合」に該当し、債務不履行による法定解除を主張したものですが、これが認められないとされ、当該解除は合意解除であると認定されたものです。

2　遺産分割のやり直しに係る税務上の取扱い

これまでの解説によって、遺産分割のやり直しに係る税務上の取扱いを整理すれば次のようになり、結果として税務上は遺産分割協議の解除による更正の請求が認められることは極めて困難であるといわざるを得ないでしょう。

⑴　遺産分割協議の合意解除

遺産分割協議の合意解除は民法上は認められますが、税務上は「やむを得ない事情」が厳格に解されているため、事実上、更正の請求は認められていません。

⑵　遺産分割協議の法定解除（債務不履行による解除）

債務不履行を理由とする遺産分割協議の解除は、それが可能であるならば国税通則法23条2項による更正の請求事由にあたりますが、民法上は認められません。したがって、更生の請求も認められません。

⑶　錯誤や詐欺取消し

民法上も認められ、税務上も国税通則法23条2項の更正の請求事由として認められます。ただし、錯誤の場合は争いがあります。

第2編 相続税を軽減する遺産分割方法

納税した相続税を相続した不動産を取得する対価だと考えると、相続税の負担が少なければ少ないほど、同じ不動産を取得する利得が高まります。その意味で、相続税の負担を減少させることは手取り額からみた不動産の価値を高めることだといえるでしょう。

第1章　相続税の財産評価等に着目する方法

1　評価単位の工夫

土地の相続税評価は、利用の単位となっている一画地の土地ごとに評価しますが、そもそも相続税の課税方式は遺産取得税方式であるため、贈与、遺産分割等によって宅地等の分割が行われた場合には、原則として、取得者ごとの分割後の画地を一画地として評価することになります。

そうすると、たとえば一つの空地を異なる相続人間で分割取得する場合には、分割方法次第で評価額が上下することがあるため、このことを利用すると相続税の負担が少なくなることがあります。他方、一体として評価した方が複数の評価単位に分かれて評価する場合よりも評価額が低くなることもあります。ただし、分割による税務上の有利不利に捉われ過ぎると土地の価値そのものを下げてしまうことになりかねませんので、注意が必要です。

このような場合には、相続人が土地を分割して取得するのではなく、一旦共有財産として一体取得し、その後、共有者間において共有物を分割することも考えられます。共有物の分割にあたっては、登記費用等は必要となりますが、所法第33条の「譲渡」には該当しないため、譲渡所得税は課税されません（所基通33－１の７）。

なお、土地の分割が著しく不合理であると認められるときは、課税の公平の見地から、取得者単位で評価するのではなく、その分割前の宅地を一画地の宅地として評価します（評基通７－２(1)、88ページ参照）。

評価単位と不合理分割の関係については次の裁決が参考になります。

【平成24年12月13日裁決】

評基通が定める評価単位の取扱いについては、同通達7－2（1）注書により、遺産分割後の画地が宅地として通常の用途に供することができないなど、遺産分割等による宅地の分割が著しく不合理であると認められるとき（不合理分割）は当該分割前の画地を「一画地の宅地」とするが、かかる事情がない限り、分割後の画地によることとなり、これは、相続税の計算について、いわゆる法定相続分課税方式による遺産取得者課税を採用していることなどから、土地の時価の算定に当たり、遺産分割後の所有者単位で評価するのが合理的であるからであり、そして、同通達7－2（7）は、雑種地の評価単位（利用の単位となっている（同一の目的に供されている）一団の雑種地）の判定に当たり、同項（1）の注書を準用する旨定めているから、宅地と状況が類似する雑種地の評価単位の判定に当たっても、不合理分割であるか否かなどの事情を考慮することになる。

一歩先へ　共有物の分割と譲渡所得税

二以上の者が共有している一つの土地をそれぞれの持分に従って現物分割した場合、法形式的に見ればそれぞれの土地の共有持分の交換（譲渡）があったということになります。しかし、経済的に見れば、その資産の全体に及んでいた共有持分権がその資産の一部に集約されたにすぎず、資産の譲渡による収入の実現があったともいえません。

そこで、所基通33－1の7は、「個人が他の者と土地を共有している場合において、その共有に係る一の土地についてその持分に応ずる現物分割があったときには、その分割による土地の譲渡はなかったものとして取り扱う」こととしています。

ただし、共有物の分割方法には、現物分割のほか換価分割や代償分割の方法による場合もあり、この場合には持分の譲渡があったものとして取り扱われます。

なお、同通達の次の注書きに留意する必要があります。

「（注）1　その分割に要した費用の額は、その土地が業務の用に供されるもので当該業務に係る各種所得の金額の計算上必要経費に算入されたものを除き、その土地の取得費に算入する。

2　分割されたそれぞれの土地の面積の比と共有持分の割合とが異なる場合であっても、その分割後のそれぞれの土地の価額の比が共有持分の割合におおむね等しいときは、その分割はその共有持分に応ずる現物分割に該当するのであるから留意する。」

（注）共有物の分割については262ページ参照。

事例解説 2－(1) 3大都市圏にある画地の面積が500㎡以上のケース

〈設例〉

下の図のように一体利用されているA土地とB土地について、共有取得する場合《分割案1》と分割取得する場合《分割案2》とでは、相続税の財産評価にどのような違いが生じるのでしょうか。

《分割案1》共有取得

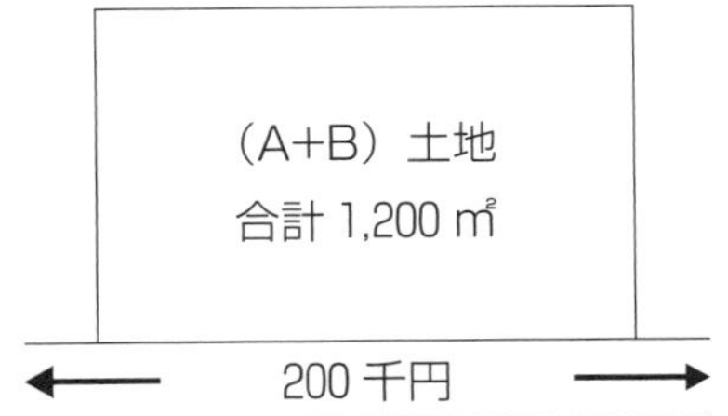

《分割案2》分割取得

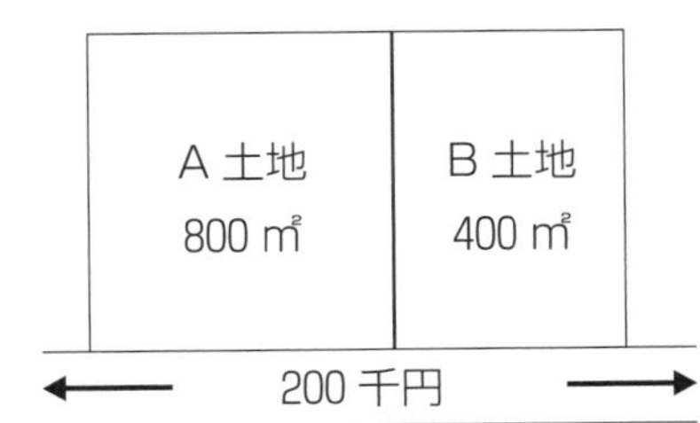

【前提】

相続人：甲、乙

地区区分：普通住宅地区（三大都市圏に所在する）

（注）地区区分については57ページ参照。

奥行価格補正率：1.00

（注）奥行価格補正率については56ページ参照。

不整形地補正率などの各種画地補正率：なし

地積規模の大きな宅地の評価：適用できるものとする

（注）地積規模の大きな宅地の評価については58ページ参照。

小規模宅地等の特例等、他の条件は考慮外とする。

《分割案1》（A＋B）土地を一体として、相続人甲と乙が共有で取得する

《分割案2》甲がA土地、乙がB土地を単独で取得する

《分割案1》共有土地として取得する場合

評価しようとする土地が共有となっている場合には、共有地全体の価額に共有持分の割合を乗じて、各人の持分の価額を算出します（評基通2）。したがって、被相続人が所有していた《分割案1》のような自用のA土地及びB土地を、遺産分割によって相続人甲と乙が共有持分で取得した場合は、A土地とB土地を一画地として評価します。相続人甲と

乙がそれぞれ持分12分の８、12分の４で取得したとすると、相続税評価額は次のとおりになります。

① 奥行価格補正後の価格

200,000×1.00=200,000円

② 規模格差補正率の算定（小数点以下第二位未満切捨て）

$$\frac{1{,}200㎡\times0.90+75}{1{,}200㎡}\times0.8=0.77$$

③ 全体土地の評価額

①×②×1,200㎡＝184,800,000円

④ 甲の持分の評価額

$$184{,}800{,}000円\times\frac{8}{12}=123{,}200{,}000円$$

⑤ 乙の持分の評価額

$$184{,}800{,}000円\times\frac{4}{12}=61{,}600{,}000円$$

（注）相続税財産評価においては、共有による減価は考慮しません。

《分割案２》分割土地として取得する場合

設例の土地を遺産分割協議によりA土地は甲が、また、B土地は乙がそれぞれ取得した場合は、評基通７－２の「⑴宅地」の（注）に定める「不合理分割」に該当しない限り、A土地とB土地は、それぞれを一画地の土地として評価することになります。

（注）不合理分割については88ページ参照。

⑴ A土地の評価（甲が取得）

① 奥行価格補正後の価格

200,000×1.00=200,000円

② 規模格差補正率の算定（小数点以下第２位未満切捨て）

$$\frac{800㎡\times0.95+25}{800㎡}\times0.8=0.78$$

③ 甲が取得するA土地の評価額

①×②×800㎡＝124,800,000円

⑵ B土地の評価（乙が取得）

① 奥行価格補正後の価格

200,000×1.00=200,000円

② 乙が取得するB土地の評価額

①×400㎡＝80,000,000円

⑶ A土地とB土地の評価額の合計

⑴③＋⑵②＝204,800,000円

《分割案１》と《分割案２》の比較検討

《分割案１》と《分割案２》の評価額を比較すると次のようになります。

（単位：円）

区　分	①　分割案１	②　分割案２	③　評価差額（①-②）
甲の財産評価額	123,200,000	124,800,000	▲1,600,000
乙の財産評価額	61,600,000	80,000,000	▲18,400,000
合計評価額	184,800,000	204,800,000	▲20,000,000

上の表のとおり、この設例の場合は、共有で取得すると相続税評価の総額が2,000万円低くなります。相続税の税率は総遺産の価額に応じて10％～55％の範囲内ですから、共有で取得するとこの範囲内で相続税の負担が少なくなることになります。つまり、200万円～1,100万円の範囲内で税額が軽減される可能性があります。

税務解説① 一路線に面する宅地の評価

1 路線価図の見方

相続税路線価とは、路線（道路）に面する標準的な宅地の１平方メートル当たりの価額（千円単位で表示しています。）のことであり、路線価が定められている地域の土地等を評価する場合に用います。

下の図は、国税庁のホームページに掲載されている路線価図の説明です。

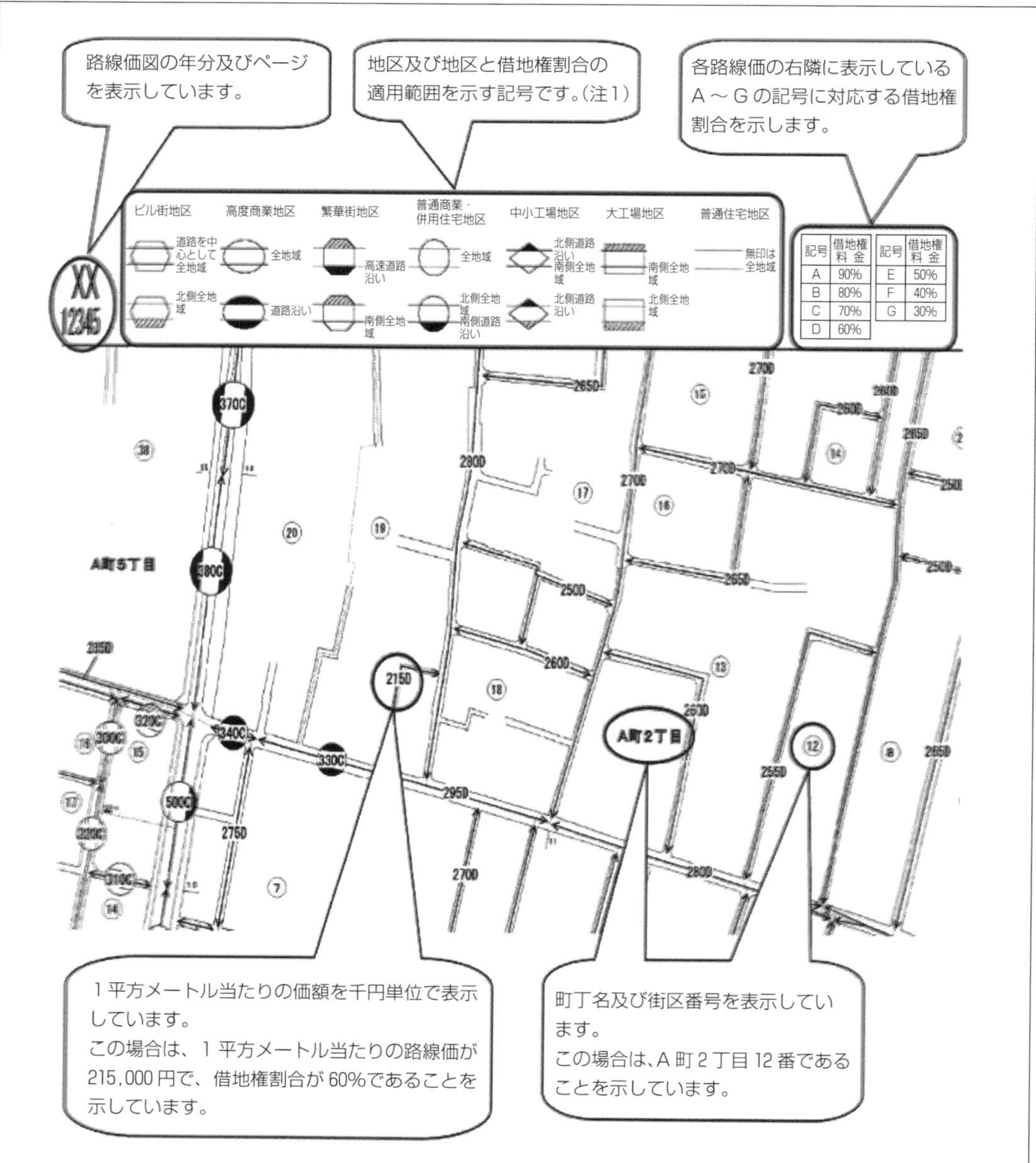

注1：記号の上部又は下部（路線の向きによっては右又は左）が「黒塗り」又は「斜線」で表示されている路線の地区区分は、次のとおりです。

・「黒塗り」の場合、その地区区分は「黒塗り」側の路線の道路沿いのみが該当します。

・「斜線」の場合、その地区区分は「斜線」側の路線には該当しません。

・「黒塗り」又は「斜線」ではない「白抜き」の場合、その地区区分はその路線全域に該当します。

注2：借地割合の適合範囲について

記号に対する借地権割合の適合範囲は次のとおりです。

A：90%、B：80%、C：70%、D：60%、E：50%、F：40%、G：30%

注3：地図部分について

地図には町丁名及び街区番号を表示しています。街区番号は丸囲み数字で書かれています。例として「A町２丁目」と「⑫」であった場合には「A町２丁目12番」であることを示しています。

地図に記載されている路線価は１平方メートル当たりの価額を千円単位で表示しています。またその右隣に表示しているA～Gの記号が借地権割合を示します。例として「215D」と記載されている場合は、１平方メートル当たりの路線価が215,000円で、借地権割合が60％であることを示しています。

注4：相続税又は贈与税の申告に際し、路線価の設定されていない道路のみに接している宅地の評価をするために、特定路線価の設定の申出が必要となる場合があります。

（出典：国税庁ホームページ「路線価図の説明」）

2 一路線に面する宅地の評価方法

宅地の価額は、その宅地の面する路線のうち、正面路線の価額を基とし、奥行に応ずる調整（補正）及び路線の数に応ずる調整（加算）等を行って算出します（評基通15～18、同通達付表１～３）。

【算式】

路線価 × 奥行価格補正率 × 地積

宅地の一方にしか路線がないとすれば、奥行が長すぎると、路線から離れた部分の利用効率が低下します。また、奥行が短すぎても土地の利用効率が劣ります。奥行価格補正は、このような減価要因に着目して評価額を減額することをいいます。

奥行価格補正率は、「土地及び土地の上に存する権利の評価についての調整率表」（以下調整率表といいます）に定める地区区分と奥行距離に応じて求めた奥行価格補正率によります。

表①　奥行価格補正率表

地区区分 奥行距離m	ビル街	高度商業	繁華街	普通商業・併用住宅	普通住宅	中小工場	大工場
4未満	0.80	0.90	0.90	0.90	0.90	0.85	0.85
4以上6未満		0.92	0.92	0.92	0.92	0.90	0.90
6〃8〃	0.84	0.94	0.95	0.95	0.95	0.93	0.93
8〃10〃	0.88	0.96	0.97	0.97	0.97	0.95	0.95
10〃12〃	0.90	0.98	0.99	0.99	1.00	0.96	0.96
12〃14〃	0.91	0.99	1.00	1.00		0.97	0.97
14〃16〃	0.92	1.00				0.98	0.98
16〃20〃	0.93					0.99	0.99
20〃24〃	0.94					1.00	1.00
24〃28〃	0.95				0.97		
28〃32〃	0.96		0.98		0.95		
32〃36〃	0.97		0.96	0.97	0.93		
36〃40〃	0.98		0.94	0.95	0.92		
40〃44〃	0.99		0.92	0.93	0.91		
44〃48〃	1.00		0.90	0.91	0.90		
48〃52〃		0.99	0.88	0.89	0.89		
52〃56〃		0.98	0.87	0.88	0.88		
56〃60〃		0.97	0.86	0.87	0.87		
60〃64〃		0.96	0.85	0.86	0.86	0.99	
64〃68〃		0.95	0.84	0.85	0.85	0.98	
68〃72〃		0.94	0.83	0.84	0.84	0.97	
72〃76〃		0.93	0.82	0.83	0.83	0.96	
76〃80〃		0.92	0.81	0.82			
80〃84〃		0.90	0.80	0.81	0.82	0.93	
84〃88〃		0.88		0.80			
88〃92〃		0.86			0.81	0.90	
92〃96〃	0.99	0.84					
96〃100〃	0.97	0.82					
100〃	0.95	0.80			0.80		

(注1) 地区区分

地区の決定は、①土地の利用状況、②都市計画の用途地域、③画地規模等の要素を総合勘案して判定されますが、宅地においては、地区区分によって奥行価格補正率等の画地調整率が異なることから、財産評価の計算等に直接影響を与えるものです。

地区区分は、相続税路線価図の路線ごとに、次表の記号によって表示されています。

地区	表示方法
ビル街地区	12.500C
高度商業地区	6.200C
繁華街地区	4.800C
普通商業・併用住宅地区	900C
普通住宅地区	400D
中小工場地区	300D
大工場地区	70D

(出典：国税庁ホームページ【参考6】路線価図の説明)

(注2) 奥行距離の測定方法

奥行距離は、原則として正面路線に対し垂線を引いた場合の距離によります。また、奥行が一様でない不整形地については、平均的な奥行距離によります。「平均的な奥行距離」は、不整形地に係る想定整形地(※)の奥行距離を限度として、その不整形地の面積をその実際の間口距離で除して得た数値とします。

したがって、基本的な奥行距離の計算は、①「想定整形地の奥行距離」と②「面積を間口距離で除した数値」のいずれか少ない数値を採用することとなります。

不整形地についてその奥行距離を例示すれば、次のとおりです。

(※) 想定整形地については85ページ参照。

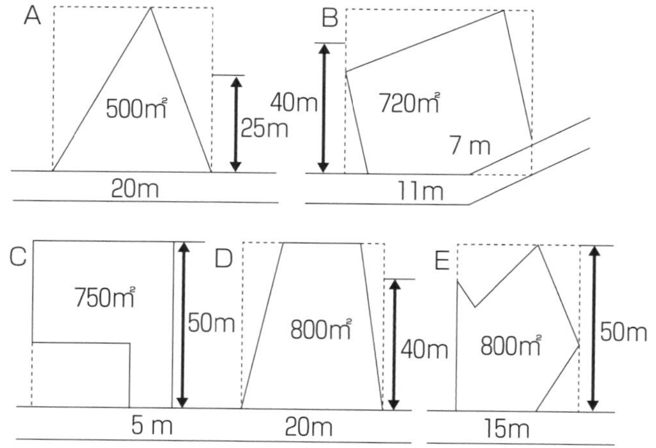

※　屈折路に面する不整形地の間口距離は、その不整形地に係る想定整形地の間口に相当する距離と屈折路に実際に面している距離とのいずれか短い距離とします。

（出典：国税庁「質疑応答事例」）

税務解説②　地積規模の大きな宅地の評価

平成29年の評基通の一部改正により、物議を醸した旧通達24－４（(広大地の評価)）は廃止され、これに替えて平成30年１月１日以降の相続又は贈与により取得した財産の評価に適用される同通達20－２（(地積規模の大きな宅地の評価)）が創設されました（評基通20-２、21-２、22-２、39、40、49、58-３）。

地積規模の大きな宅地の評価は、評価対象となる宅地を戸建住宅用地として分割分譲する場合に発生する減価のうち、主に地積に依存する次の①から③の減価を反映させたものです。

①　戸建住宅用地としての分割分譲に伴う潰れ地の負担による減価

②　戸建住宅用地としての分割分譲に伴う工事・整備費用等の負担による減価

③　開発分譲業者の事業収益・事業リスク等の負担による減価

（平成29年10月３日　資産企画官情報第５号参照）

1 地積規模の大きな宅地とは

地積規模の大きな宅地とは、三大都市圏（※）においては500㎡以上の地積の宅地をいい、三大都市圏以外の地域においては1,000㎡以上の地積の宅地をいいます。

（※）三大都市圏とは、次に掲げる区域等をいいます（具体的な市町村は下記の（表）をご参照ください。）。
① 首都圏整備法第２条第３項に規定する既成市街地又は同条第４項に規定する近郊整備地帯
② 近畿圏整備法第２条第３項に規定する既成都市区域又は同条第４項に規定する近郊整備区域
③ 中部圏開発整備法第２条第３項に規定する都市整備区域

（表）　三大都市圏（平成28年４月１日現在）

圏名	都府県名	都市名	
首都圏	東京都	全域	特別区、武蔵野市、八王子市、立川市、三鷹市、青梅市、府中市、昭島市、調布市、町田市、小金井市、小平市、日野市、東村山市、国分寺市、国立市、福生市、狛江市、東大和市、清瀬市、東久留米市、武蔵村山市、多摩市、稲城市、羽村市、あきる野市、西東京市、瑞穂町、日の出町
	埼玉県	全域	さいたま市、川越市、川口市、行田市、所沢市、加須市、東松山市、春日部市、狭山市、羽生市、鴻巣市、上尾市、草加市、越谷市、蕨市、戸田市、入間市、朝霞市、志木市、和光市、新座市、桶川市、久喜市、北本市、八潮市、富士見市、三郷市、蓮田市、坂戸市、幸手市、鶴ヶ島市、日高市、吉川市、ふじみ野市、白岡市、伊奈町、三芳町、毛呂山町、越生町、滑川町、嵐山町、川島町、吉見町、鳩山町、宮代町、杉戸町、松伏町
		一部	熊谷市、飯能市
	千葉県	全域	千葉市、市川市、船橋市、松戸市、野田市、佐倉市、習志野市、柏市、流山市、八千代市、我孫子市、鎌ケ谷市、浦安市、四街道市、印西市、白井市、富里市、酒々井町、栄町
		一部	木更津市、成田市、市原市、君津市、富津市、袖ケ浦市
	神奈川県	全域	横浜市、川崎市、横須賀市、平塚市、鎌倉市、藤沢市、小田原市、茅ケ崎市、逗子市、三浦市、秦野市、厚木市、大和市、伊勢原市、海老名市、座間市、南足柄市、綾瀬市、葉山町、寒川町、大磯町、二宮町、中井町、大井町、松田町、開成町、愛川町
		一部	相模原市
	茨城県	全域	龍ケ崎市、取手市、牛久市、守谷市、坂東市、つくばみらい市、五霞町、境町、利根町
		一部	常総市
近畿圏	京都府	全域	亀岡市、向日市、八幡市、京田辺市、木津川市、久御山町、井手町、精華町
		一部	京都市、宇治市、城陽市、長岡京市、南丹市、大山崎町
	大阪府	全域	大阪市、堺市、豊中市、吹田市、泉大津市、守口市、富田林市、寝屋川市、松原市、門真市、摂津市、高石市、藤井寺市、大阪狭山市、忠岡町、田尻町
		一部	岸和田市、池田市、高槻市、貝塚市、枚方市、茨木市、八尾市、泉佐野市、河内長野市、大東市、和泉市、箕面市、柏原市、羽曳野市、東大阪市、泉南市、四條畷市、交野市、阪南市、島本町、豊能町、能勢町、熊取町、岬町、太子町、河南町、千早赤阪村
	兵庫県	全域	尼崎市、伊丹市
		一部	神戸市、西宮市、芦屋市、宝塚市、川西市、三田市、猪名川町
	奈良県	全域	大和高田市、安堵町、川西町、三宅町、田原本町、上牧町、王寺町、広陵町、河合町、大淀町
		一部	奈良市、大和郡山市、天理市、橿原市、桜井市、五條市、御所市、生駒市、香芝市、葛城市、宇陀市、平群町、三郷町、斑鳩町、高取町、明日香村、吉野町、下市町
中部圏	愛知県	全域	名古屋市、一宮市、瀬戸市、半田市、春日井市、津島市、碧南市、刈谷市、安城市、西尾市、犬山市、常滑市、江南市、小牧市、稲沢市、東海市、大府市、知多市、知立市、尾張旭市、高浜市、岩倉市、豊明市、日進市、愛西市、清須市、北名古屋市、弥富市、みよし市、あま市、長久手市、東郷町、豊山町、大口町、扶桑町、大治町、蟹江町、阿久比町、東浦町、南知多町、美浜町、武豊町、幸田町、飛島村
		一部	岡崎市、豊田市
	三重県	全域	四日市市、桑名市、木曽岬町、東員町、朝日町、川越町
		一部	いなべ市

（注）「一部」の欄に表示されている市町村は、その行政区域の一部が区域指定されているものです。評価対象となる宅地等が指定された区域内に所在するか否かは、当該宅地等の所在する市町村又は府県の窓口でご確認ください。

（出典：平成30年１月１日以降用「地積規模の大きな宅地の評価」の適用要件チェックシート）

[2] 地積判定の留意点

〈３棟の貸家の敷地の評価単位〉

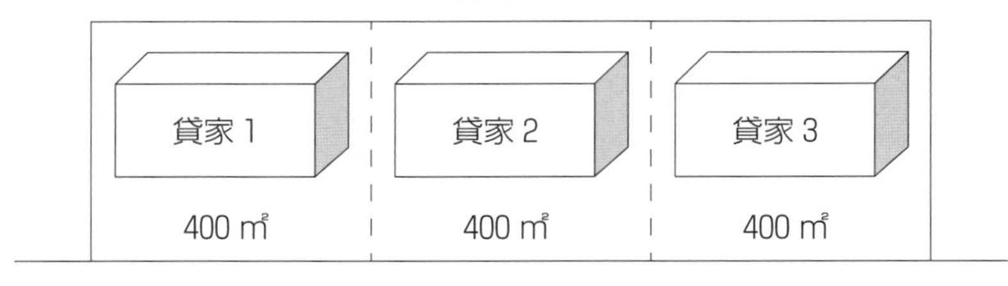

上の図のように、地積が1,200㎡ある１筆の土地が３棟の貸家の敷地（各棟の敷地それぞれ400㎡）となっている場合、「地積規模の大きな宅地」の面積要件を満たすか否かが問題となりますが、宅地の価額は１筆単位で評価するのではなく利用の単位となっている一画地の宅地ごとに評価します。

したがって、貸家建付地を評価する場合において貸家が数棟あるときは、各棟の敷地ごとに評価することになり、面積基準の判定の対象となる地積は、各棟の敷地各々400㎡です。したがって、「地積規模の大きな宅地」の評価を適用することはできません（評基通７－２、20－２）。

ただし、たとえば３棟の建物を自らが主宰する不動産管理会社が買い取り、その敷地を一括して賃借しているような場合は、その敷地は一つの評価単位となり、地積規模の大きな宅地に該当します。

なお、共有地の場合の地積規模の判定にあたっては、国税庁ホームページに次のような質疑応答事例が掲げられていますので、参考にしてください。

〈国税庁質疑応答事例〉共有地の場合の地積規模の判定

【照会要旨】

複数の者に共有されている宅地の場合、地積規模の要件を満たすかどうかは、共有者の持分に応じてあん分した後の地積により判定するのでしょうか。

【回答要旨】

複数の者に共有されている宅地については、共有者の持分に応じてあん分する前の共有地全体の地積により地積規模を判定します。

《例》

次の図のようなAとBに持分２分の１ずつで共有されている三大都市圏に所在する地積800㎡の宅地については、AとBの持分に応じてあん分した地積はそれぞれ400㎡ずつとなりますが、持分に応じてあん分する前の共有地全体の地積は800㎡であることから、三大都市圏における500㎡以上という地積規模の要件を満たす宅地に該当します。

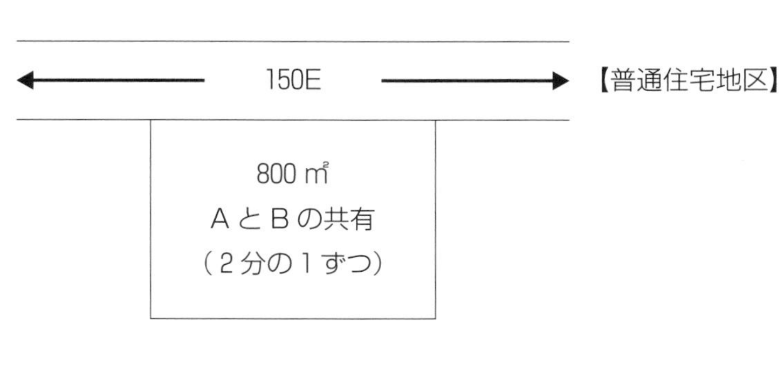

【関係法令】

所基通２、20-２

３ 「地積規模の大きな宅地の評価」の対象となる宅地

「地積規模の大きな宅地の評価」の対象となる宅地の所在地の要件を整理すると次のようになります。

	所在地要件①（原則）	普通商業・併用住宅地区及び普通住宅地区として定められた地区に所在すること（※１）
適用除外	所在地要件②	市街化調整区域に所在する宅地（※２）
	所在地要件③	工業専用地域に所在する宅地（※３）
	所在地要件④	指定容積率が400%以上の地域に所在する宅地（※４）。ただし、東京都の特別区は300%以上（※５）

（※１）評基通14-２（地区）に定める区分です。

なお、倍率地域に所在するものについては、地区区分は定められていないため制限はありません。

ただし、大規模工場用地（一団の工場用地の地積が５万㎡以上のもの）を除きます。

(注) 地区区分については57ページ参照。

（※２）都市計画法第34条第10号又は第11号の規定に基づき宅地分譲に係る同法第４条《定義》第12項に規定する開発行為を行うことができる区域を除きます。

≪参考≫

<table>
<tr><td>

市街化区域と市街化調整区域

都市計画では、無秩序な市街化を防止し、計画的な市街化を図るため、都市計画区域を指定し、さらにその都市計画区域を市街化区域と市街化調整区域に区分します（都市計画法7①）。

財産評価通達を適用する場合において、特に農地や山林、雑種地を評価する場合に、この区域区分の把握が重要になります。市街化区域内にあるこれらの土地の価格水準は宅地並みとなるため、原則として宅地比準方式によって評価することになります。

都市計画法による市街化区域と市街化調整区域の定義は次のとおりです。

市街化区域	既に市街地を形成している地域及び概ね10年以内に優先的かつ計画的に市街化を図るべき地域
市街化調整区域	市街化を抑制すべき地域（都市計画区域内の市街化区域以外の区域）

市街化区域及び市街化調整区域については、その区分、各区域の整備・開発・保全の方針が都市計画に定められ、この区分がされた場合は、その都市計画区域内の土地は市街化区域か市街化調整区域のどちらかに属することになり、どちらでもない地域はありません。

市街化区域と市街化調整区域の区分は、都市計画図で調べることができます。

</td></tr>
</table>

（※３）都市計画法第８条《地域地区》第１項第１号に規定する工業専用地域を指します。

（注）用途地域については208ページ参照。

（※４）この場合の容積率とは、建築基準法（昭和25年法律第201号）第52条《容積率》第１項に規定する建築物の延べ面積の敷地面積に対する割合、すなわち指定容積率です。

（注）容積率については185ページ参照。

（※５）東京都の特別区とは、地方自治法（昭和22年法律第67号）第281条《特別区》第１項に規定する特別区をいいます。

4　評価方法

(1)　路線価地域に所在する場合

「地積規模の大きな宅地の評価」の対象となる宅地の価額は、路線価に、奥行価格補正率や不整形地補正率などの各種画地補正率のほか、規模格差補正率を乗じて求めた価額に、その宅地の地積を乗じて計算した価額によって評価します。

評価額 ＝ 路線価 × 奥行価格補正率 × 不整形地補正率などの各種画地補正率 × 規模格差補正率 × 地積（㎡）

⑵ 倍率地域に所在する場合

「地積規模の大きな宅地の評価」の対象となる宅地の価額は、次に掲げる①の価額と②の価額のいずれか低い価額により評価します。

① その宅地の固定資産税評価額に倍率を乗じて計算した価額

② 「その宅地が標準的な間口距離及び奥行距離を有する宅地であるとした場合の1㎡当たりの価額」に、普通住宅地区の奥行価格補正率や不整形地補正率などの各種画地補正率のほか、規模格差補正率を乗じて求めた価額に、その宅地の地積を乗じて計算した価額

ここで、「その宅地が標準的な間口距離及び奥行距離を有する宅地であるとした場合の1㎡当たりの価額」は、固定資産税路線価を採用します。固定資産税路線価が設定されていない場合には、市町村の固定資産税課で近傍宅地の価額を調査して算定します。

（注）市街地農地等（※）については、その市街地農地等が宅地であるとした場合に「地積規模の大きな宅地の評価」の対象となる宅地に該当するときは、「その農地等が宅地であるとした場合の1㎡当たりの価額」について「地積規模の大きな宅地の評価」を適用して評価します。

（※）市街地農地、市街地周辺農地、市街地山林及び市街地原野をいいます。

⑶ 規模格差補正率の算定

規模格差補正率は、次の算式により計算します（小数点以下第2位未満切捨て）。

$$規模格差補正率 = \frac{Ⓐ \times Ⓑ + Ⓒ}{地積規模の大きな宅地の地積(Ⓐ)} \times 0.8$$

上記算式中の「Ⓑ」及び「Ⓒ」は、地積規模の大きな宅地の所在する地域に応じて、それぞれ次に掲げる表のとおりです。

イ　三大都市圏に所在する宅地

地　　積	普通商業・併用住宅地区、普通住宅地区	
	Ⓑ	Ⓒ
500㎡以上　1,000㎡未満	0.95	25
1,000㎡以上　3,000㎡未満	0.90	75
3,000㎡以上　5,000㎡未満	0.85	225
5,000㎡以上	0.80	475

ロ　三大都市圏以外の地域に所在する宅地

地　　積	普通商業・併用住宅地区、普通住宅地区	
	Ⓑ	Ⓒ
1,000㎡以上　3,000㎡未満	0.90	100
3,000㎡以上　5,000㎡未満	0.85	250
5,000㎡以上	0.80	500

（参考2） 「地積規模の大きな宅地の評価」の適用対象の判定のためのフローチャート

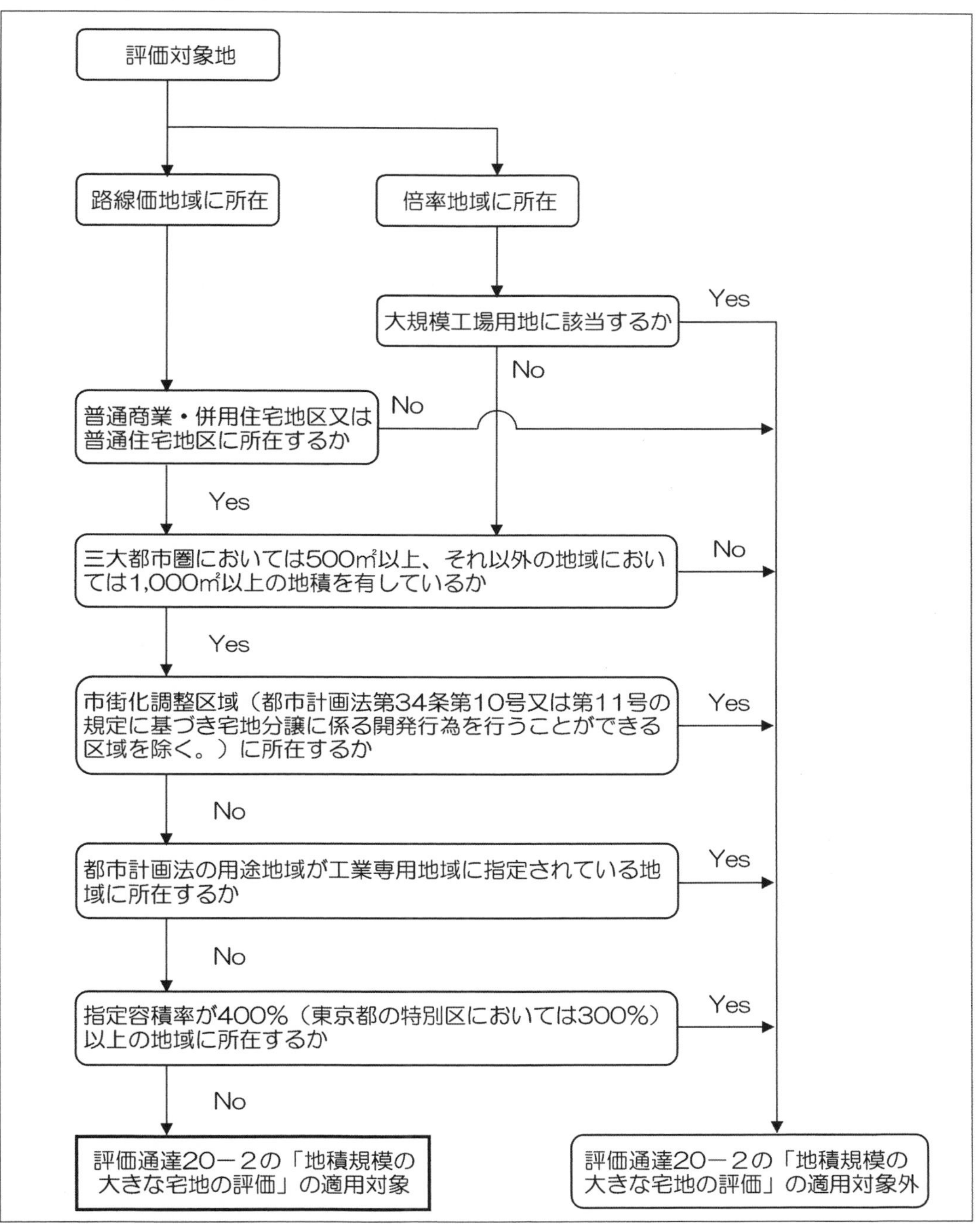

（出典：国税庁）

事例解説 2－(2) 画地が側方路線に面するケース(1)

〈設例１〉「地積規模の大きな宅地」に該当しない場合

遺産分割によって下の左図のような一画地の土地（A+B）を甲と乙が共有取得する場合《**分割案１**》と、右図のように分割して取得する場合《**分割案２**》とでは、相続税財産評価にどのような違いが生じるでしょうか。

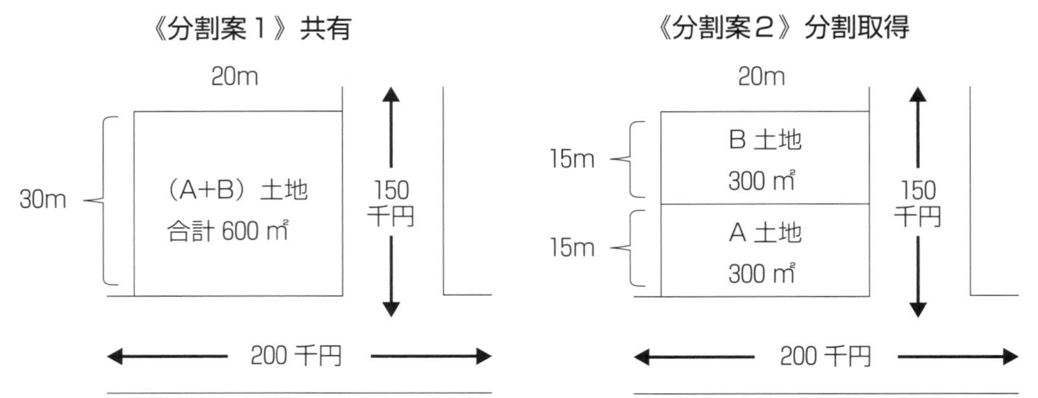

【前提】

相続人：甲・乙

地区区分：中小工場地区

奥行価格補正率：30m→1.00、20m→1.00　15m→0.98

側方路線影響加算率：0.03

（注）側方路線加算については70ページ参照。

不整形地補正率などの各種画地補正率：なし

地積規模の大きな宅地の評価：適用でない

小規模宅地等の特例等、他の条件は考慮外とする。

《分割案１》共有土地として取得する場合

評価しようとする土地が共有となっている場合には、共有地全体の価額に共有持分の割合を乗じて各人の持分の価額を算出します（評基通２）。したがって、被相続人が所有していた上の左図のような自用のA土地及びB土地を遺産分割し、相続人甲と乙が各２分の１ずつの共有持分でそれぞれ取得した場合は、A土地とB土地を合わせて一画地として評価します。設例の場合、相続税評価額は次のとおりになります。

①　奥行価格補正後の価格

200,000円×1.00=200,000円

② 側方路線影響加算額

200,000円＋（150,000×1.00×0.03）=204,500円

③ 全体土地の評価額

②×600㎡＝122,700,000円

④ 甲の持分の評価額

③×$\frac{1}{2}$＝61,350,000円

⑤ 乙の持分の評価額

③×$\frac{1}{2}$＝61,350,000円

（注）相続税財産評価においては、共有による減価は考慮しません。

《分割案2》分割土地として取得する場合

設例の土地を分割協議によりA土地は甲が、B土地は乙がそれぞれ取得した場合は、評基通7－2の「(1)宅地」の（注）に定める「不合理分割」に該当しない限り、A土地とB土地は、それぞれを一画地の土地として評価します。

(1) A土地の評価（甲が取得）

① 奥行価格補正後の価格

200,000円×0.98=196,000円

② 側方路線影響加算

196,000円＋（150,000円×1.00×0.03）=200,500円

③ 甲が取得するA土地の評価額

②×300㎡＝60,150,000円

(2) B土地の評価（乙が取得）

① 奥行価格補正後の価格

150,000円×1.00=150,000円

② 乙が取得するB土地の評価額

①×300㎡＝45,000,000円

(3) A土地とB土地の評価額の合計

(1)③＋(2)②＝105,150,000円

《分割案1》と《分割案2》の比較検討

《分割案1》と《分割案2》の評価額を比較すると次のようになります。

（単位：円）

区　分	①　分割案１	②　分割案２	③　評価差額（①－②）
甲の財産評価額	61,350,000	60,150,000	＋1,200,000
乙の財産評価額	61,350,000	45,000,000	＋16,350,000
合計評価額	122,700,000	105,150,000	＋17,550,000

上の表のとおり、設例の場合は甲と乙が分割取得すると相続税評価の合計額が1,755万円低くなります。A土地の奥行価格補正率の減額率が大きくなり、B土地に角地の効用がなくなるからです。相続税の税率は総遺産の価額に応じて10％～55％の範囲内ですから、分割取得するとこの範囲内で相続税の負担が軽減されることになります。つまり、約175万円から約965万円の範囲内で税負担が軽減される可能性があります。

〈設例２〉「地積規模の大きな宅地」に該当する場合

遺産分割において下の左図のように一画地の土地（A+B）を甲と乙が共有で取得する場合《**分割案１**》と、右図のように分割して取得する場合《**分割案２**》とでは、税務上どのような違いが生じるのでしょうか。

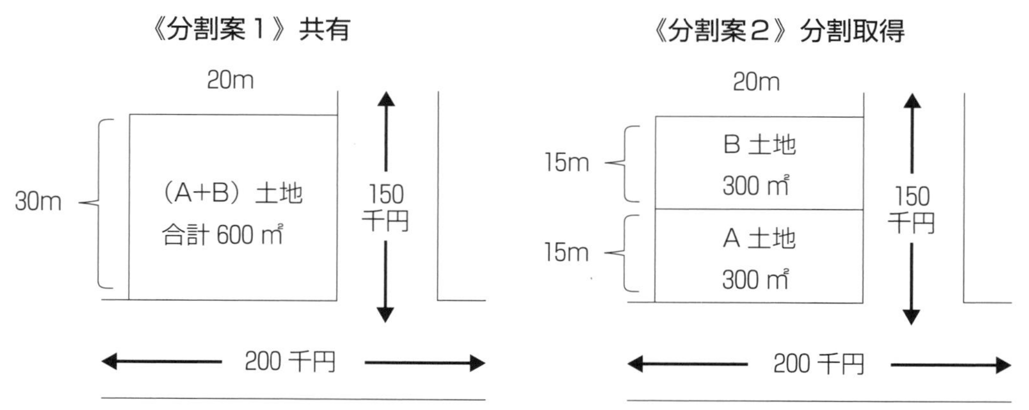

【前提】

相続人：甲・乙

地区区分：普通住宅地区（三大都市圏に所在）

奥行価格補正率：30m→0.95、20m→1.00　15m→1.00

側方路線影響加算率：0.03

不整形地補正率などの各種画地補正率：なし

地積規模の大きな宅地の評価：適用できるものとする
小規模宅地等の特例等、他の条件は考慮外とする。

《分割案１》共有土地として取得する場合

評価しようとする土地が共有となっている場合には、共有地全体の価額に共有持分の割合を乗じて、各人の持分の価額を算出します（評基通２）。したがって、被相続人が所有していた上の左図のように自用のA土地及びB土地を遺産分割し、相続人甲と乙が各２分の１の共有持分でそれぞれ取得した場合は、A土地とB土地を一画地として評価します。設例の場合、相続税評価額は次のとおりになります。

① 奥行価格補正後の価格

200,000円×0.95=190,000円

② 側方路線影響加算

190,000円＋（150,000円×1.00×0.03）=194,500円

③ 規模格差補正率の算定（小数点以下第二位未満切捨て）

$$\frac{600㎡ \times 0.95 + 25}{600㎡} \times 0.8 = 0.79$$

④ 全体土地の評価額

②×③×600㎡＝92,193,000円

⑤ 甲の持分の評価額

$④ \times \frac{1}{2} = 46,096,500$円

⑥ 乙の持分の評価額

$④ \times \frac{1}{2} = 46,096,500$円

《分割案２》分割土地として取得する場合

設例の土地を分割協議によりA土地は甲が、B土地は乙がそれぞれ取得した場合は、評基通７－２《評価単位》の「⑴宅地」の（注）に定める「不合理分割」に該当しない限り、A土地とB土地は、それぞれを一画地の土地として評価します。

⑴ A土地の評価（甲が取得）

① 奥行価格補正後の価格

200,000円×1.00=200,000円

② 側方路線影響加算

200,000円＋（150,000円×1.00×0.03）=204,500円

③ 甲が取得するA土地の評価額

②×300㎡＝61,350,000円

⑵　B土地の評価（乙が取得）

①　奥行価格補正後の価格

150,000円×1.00=150,000円

②　乙が取得するB土地の評価額

①×300㎡＝45,000,000円

⑶　A土地とB土地の評価額の合計

⑴③＋⑵②＝106,350,000円

《分割案１》と《分割案２》の比較検討

《分割案１》と《分割案２》の評価額を比較すると次のようになります。

（単位：円）

区　分	①　分割案１	②　分割案２	③　評価減（①－②）
甲の財産評価額	46,096,500	61,350,000	▲15,253,500
乙の財産評価額	46,096,500	45,000,000	＋1,096,500
合計評価額	92,193,000	106,350,000	▲14,157,000

上の表のとおり、設例の場合は甲と乙が共有取得すると相続税評価の合計額が1,415.7万円低くなります。「地積規模の大きな宅地」の評価における規模格差補正率の影響です。相続税の税率は総遺産の価額に応じて10％～55％の範囲内ですから、この範囲内で相続税の負担が軽減されることになります。つまり、約141万円から約779万円の範囲内で税負担が軽減される可能性があります。ただし、甲乙個別にみると、共有取得した場合、角地の効用があるB土地（乙が取得）の財産評価額が109.65万円増加するため、税負担も増えることになります。

税務解説　正面路線の判定と側方路線影響加算

正面と側方に路線がある宅地（角地）の価値は、一方のみが路線に面している宅地より利用価値が高いと考えられるので、次の①の価額に②の価額を加算した合計額にその宅地の地積を乗じて計算した価額によって評価します。

①　正面路線の路線価に基づき計算した１㎡当たりの価額

②　側方路線の路線価を正面路線の路線価とみなし、その路線価に基づき計算した価額に「側方路線影響加算率」を乗じて計算した価額

1 正面路線の判定

複数の路線に面する宅地の正面路線は、各路線価にその路線の地区区分に応じた奥行価格補正率を乗じて計算した１㎡当たりの価額の高い方の路線とします（評基通15）。

これによる路線価が同額となる場合は、宅地に接する距離（間口距離）の長い方の路線を正面路線とします。

2 側方路線加算

角地の評価額を求めるための算式を示せば、次のとおりです。

（正面路線価 × 奥行価格補正率 ＋ 側方路線価 × 奥行価格補正率 × 側方路線影響加算率）× 地積

（注）奥行価格補正率は、調整率表①「**奥行価格補正率表**」により、地区区分と奥行距離に応じて求めた奥行価格補正率によります（56ページ参照）。また、側方路線影響加算率は、調整率表②「**側方路線影響加算率表**」により、地区区分と角地か準角地かの違いに応じて求めた側方路線影響加算率によります。

表②　側方路線影響加算率表

地区区分	加算率	
	角地の場合	準角地の場合
ビル街地区	0.07	0.03
高度商業地区 繁華街地区	0.10	0.05
普通商業・併用住宅地区	0.08	0.04
普通住宅地区 中小工場地区	0.03	0.02
大工場地区	0.02	0.01

（注）準角地とは、下図のように一系統の路線の屈折部の内側に位置する土地をいいます。

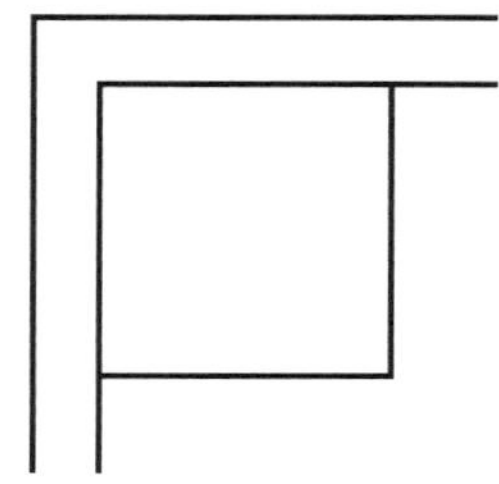

〈計算例〉前面路線価の高い方が正面路線価にならない場合

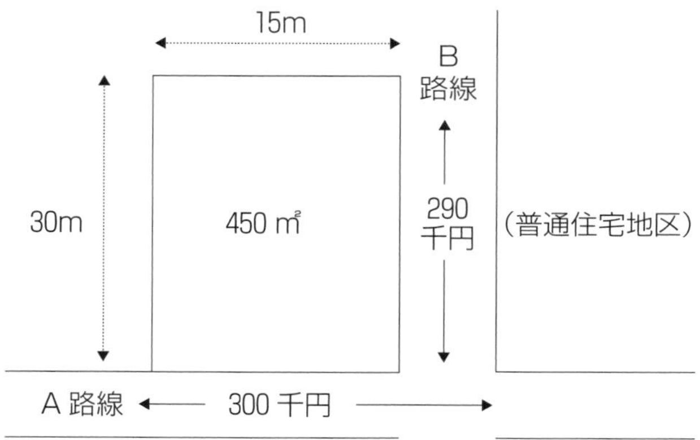

【前提】

・30mに応ずる奥行価格補正率→0.95

・15mに応じる奥行価格補正率→1.00

側方路線価影響加算率→0.03

Ａ路線：300,000円×0.95=285,000円

Ｂ路線：290,000円×1.00＝290,000円

285,000円＜290,000円　→Ｂ路線を正面路線と判定します。

【計算】

① 正面路線価　290,000円×1.00=290,000円

② 側方路線影響加算　300,000円×0.95×0.03=8,550円

③ 評価額　（①＋②）×450㎡＝134,347,500円

事例解説 2－(3) 画地が二方路線に面するケース(2)

〈設例１〉「地積規模の大きな宅地」に該当しない場合

遺産分割において下の左図のように一画地の土地（A+B）を甲と乙が共有取得した場合《分割案１》と、右図のように分割取得した場合《分割案２》とでは、相続税財産評価にどのような違いが生じるでしょうか。

《分割案１》共有

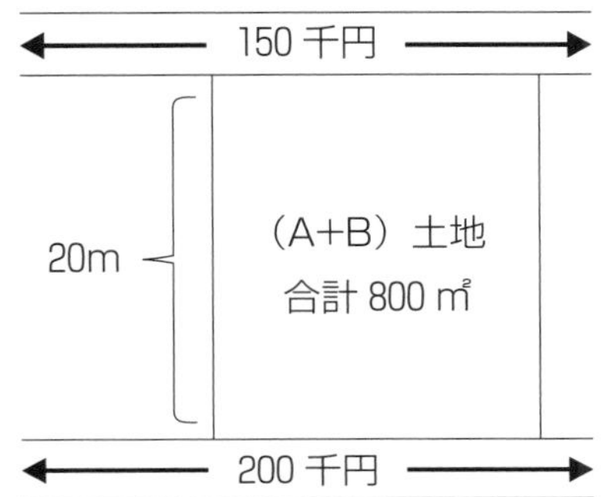

《分割案２》分割取得

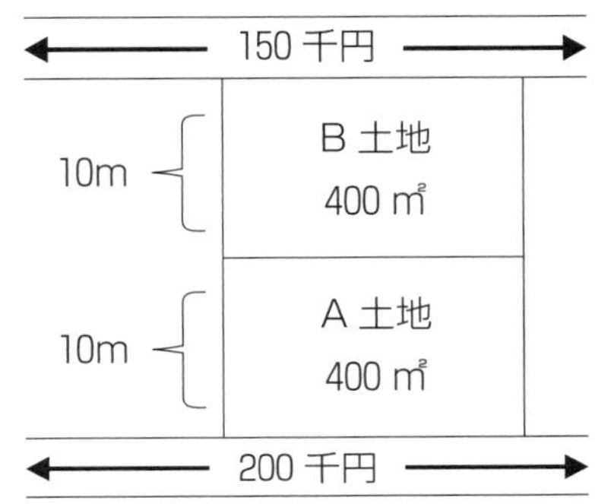

【前提】

相続人：甲・乙

地区区分：中小工場地区

奥行価格補正率：20m→1.00、10m→0.96

二方路線影響加算率→0.02

不整形地補正率などの各種画地補正率：なし

地積規模の大きな宅地の評価は適用できない。

小規模宅地等の特例等、他の条件は考慮外とする。

《分割案１》共有土地として取得する場合

評価しようとする土地が共有となっている場合には、共有地全体の価額に共有持分の割合を乗じて各人の持分の価額を算出します（評基通２）。したがって、被相続人が所有していた上の左図のように自用のA土地及びB土地を遺産分割し、相続人甲と乙が各２分の１ずつの共有持分で相続した場合は、A土地とB土地を合わせて一画地として評価します。

① 奥行価格補正後の価格

200,000円×1.00=200,000円

② 二方路線影響加算

200,000円＋（150,000円×1.00×0.02）=203,000円

③　全体土地の評価額

②×800㎡＝162,400,000円

④　甲の持分の評価額

$162,400,000円 \times \frac{1}{2} = 81,200,000円$

⑤　乙の持分の評価額

$162,400,000円 \times \frac{1}{2} = 81,200,000円$

《分割案２》分割土地として取得する場合

設例の土地を遺産分割によりA土地は甲が、B土地は乙がそれぞれ取得した場合は、評基通７－２の「(1)宅地」の（注）に定める「不合理分割」に該当しない限りは、A土地とB土地はそれぞれを一画地の土地として評価します。

(1)　A土地の評価（甲が取得）

①　奥行価格補正後の価格

200,000×0.96=192,000円

②　甲が取得するA土地の評価額

①×400㎡＝76,800,000円

(2)　B土地の評価（乙が取得）

①　奥行価格補正後の価格

150,000×0.96=144,000円

②　乙が取得するB土地の評価額

①×400㎡＝57,600,000円

(3)　A土地とB土地の評価額の合計

(1)②＋(2)②＝134,400,000円

《分割案１》と《分割案２》の比較検討

《分割案１》と《分割案２》の評価額を比較すると次のようになります。

（単位：円）

区　分	①　分割案１	②　分割案２	③　評価減（①－②）
甲の財産評価額	81,200,000	76,800,000	＋4,400,000
乙の財産評価額	81,200,000	57,600,000	＋23,600,000
合計評価額	162,400,000	134,400,000	＋28,000,000円

上の表のとおり、設例の場合は甲と乙が土地を分割取得すると相続税評価の合計額が2,800万円低くなります。A土地・B土地のいずれも二方路線の効用増がなくなり、B土地は路線価150千円の路線にしか接面することができなくなってしまうからです。相続税の税率は総遺産の価額に応じて10%～55%の範囲内ですから、分割取得するとこの範囲内で相続税の負担が少なくなることになります。つまり、280万円から1,540万円の範囲内で税負担が減少する可能性があります。

〈設例2〉「地積規模の大きな宅地」に該当する場合

遺産分割において、下の左図のように一画地の土地（A+B）を甲と乙が共有取得する場合《**分割案1**》と右図のように分割取得する場合《**分割案2**》とでは、相続税財産評価にどのような違いが生じるでしょうか。

《分割案1》共有

150千円

20m

（A+B）土地
合計800㎡

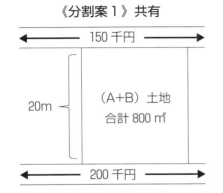

200千円

《分割案2》分割取得

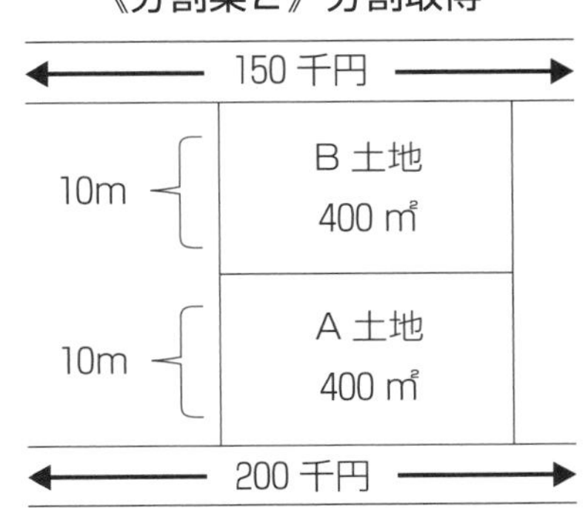

【前提】

相続人：甲・乙

地区区分：普通住宅地区（三大都市圏に所在）

奥行価格補正率：20m→1.00、10m→1.00

不整形地補正率などの各種画地補正率：なし

地積規模の大きな宅地の評価が適用できるものとする。

小規模宅地等の特例等、他の条件は考慮外とする。

《分割案1》共有土地として取得する場合

評価しようとする土地が共有となっている場合には、共有地全体の価額に共有持分の割合を乗じて各人の持分の価額を算出します（評基通2）。したがって、被相続人が所有していた上の左図のような自用のA土地及びB土地を遺産分割し、相続人甲と乙が各2分の1の共有持分で相続した場合は、A土地とB土地を合わせて一画地として評価します。設例の場合、相続人甲と乙がそれぞれ持分2分の1ずつで取得したとすると、相続税評価額は次のとおりになります。

① 奥行価格補正後の価格

200,000円×1.00=200,000円

② 二方路線影響加算額

200,000円＋（150,000円×1.00×0.02）=203,000円

③ 規模格差補正率の算定（小数点第二位未満切捨て）

$$\frac{800㎡ \times 0.95 + 25}{800㎡} \times 0.8 = 0.78$$

④ 全体土地の評価額

②×③×800㎡＝126,672,000円

⑤ 甲の持分の評価額

$$126{,}672{,}000円 \times \frac{1}{2} = 63{,}336{,}000円$$

⑥ 乙の持分の評価額

$$126{,}672{,}000円 \times \frac{1}{2} = 63{,}336{,}000円$$

《分割案２》分割土地として取得する場合

設例の土地を分割協議によりA土地は甲が、B土地は乙がそれぞれ取得した場合は、評基通７－２の「⑴宅地」の（注）に定める「不合理分割」に該当しない限りは、A土地とB土地は、それぞれを一画地の土地として評価します。

⑴ A土地の評価（甲が取得）

① 奥行格補正後の価格

200,000円×1.00=200,000円

② 甲が取得するA土地の評価額

①×400㎡＝80,000,000円

⑵ B土地の評価（乙が取得）

① 奥行価格補正後の価格

150,000円×1.00=150,000円

② 乙が取得するB土地の評価額

①×400㎡＝60,000,000円

⑶ A土地とB土地の評価額の合計

⑴③＋⑵③＝140,000,000円

《分割案１》と《分割案２》の比較検討

《分割案１》と《分割案２》の評価額を比較すると次のようになります。

（単位：円）

区　分	①　分割案1	②　分割案2	③　評価減（①－②）
甲の財産評価額	63,336,000	80,000,000	▲16,664,000
乙の財産評価額	63,336,000	60,000,000	＋3,336,000
合計評価額	126,672,000	140,000,000	▲13,328,000

地積規模の大きな宅地の評価が適用できるとすると、規模格差補正率が影響するため、甲と乙が共有で取得する場合の相続税評価の合計額が1,332.8万円低くなります。相続税の税率は総遺産の価額に応じて10％～55％の範囲内ですから、共有取得するとこの範囲内で相続税の負担が少なくなることになります。つまり、約133万円から約733万円の範囲で税負担が減少する可能性があります。ただし、甲乙個別に見ると、乙の相続税の負担額は増加することになります。事例の場合は規模格差補正率の影響よりも200千円の路線に接面しなくなった影響の方が大きいからです。

税務解説　二方路線影響加算

正面と裏面の二方に路線のある宅地の価額は、一方のみが路線に面している宅地より利用価値が高いので、次の①の価額に②の価額を加算した合計額にその宅地の地積を乗じた価額によって評価します。

①　正面路線の路線価に基づき計算した1㎡当たりの価額

②　裏面路線の路線価を正面路線の路線価とみなし、その路線価に基づき計算した価額に「二方路線影響加算率」を乗じて計算した価額

（注1）正面路線は70ページ参照。

（注2）奥行価格補正は56ページ参照。

二方路線地の評価額を求める算式を示せば、次のとおりです。

（正面路線価 × 奥行価格補正率 ＋ 裏面路線価 × 奥行価格補正率 × 二方路線影響加算率）× 地積

表③　二方路線影響加算率表

地区区分	加算率
ビル街地区	0.03
高度商業地区 繁華街地区	0.07
普通商業・併用住宅地区	0.05
普通住宅地区 中小工場地区 大工場地区	0.02

〈計算例〉

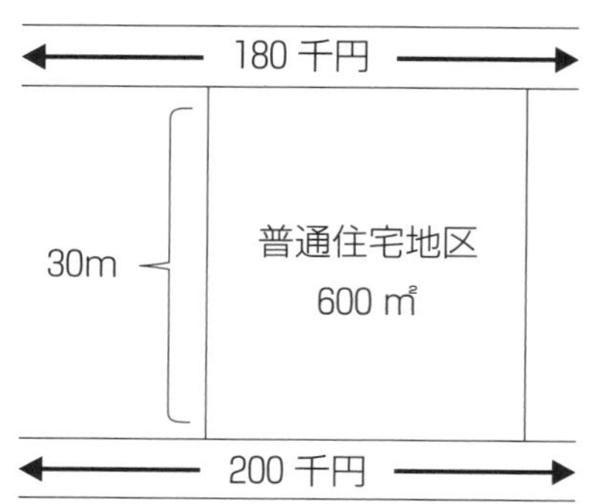

左図の二方路線影響加算率は、「二方路線影響加算率表」より、「普通住宅地区」の「0.02」になります。

① 正面路線価　200,000円×0.95=190,000円

② 二方路線影響加算　180,000円×0.95×0.02=3,420円

③ 評価額　(①+②) ×600㎡=116,052,000円

事例解説 2-(4) 画地が不整形地であるケース

〈設例1〉「地積規模の大きな宅地」に該当しない場合

遺産分割において下の左図のように一画地の土地（A+B）を甲と乙が共有取得した場合《**分割案1**》と、右図のように分割取得した場合《**分割案2**》とでは、相続税財産評価にどのような違いが生じるでしょうか。

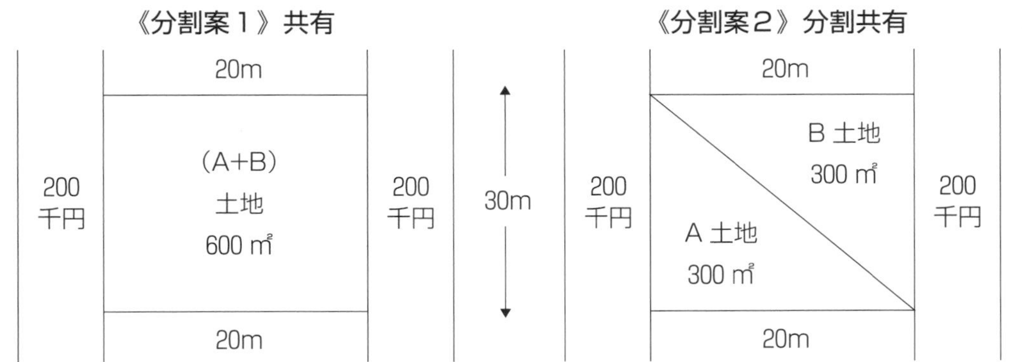

【前提】

相続人：甲・乙

（A＋B）土地の面積：600㎡

地区区分：中小工場地区

奥行価格補正率：20m→1.00

二方路線加算：0.02

不整形地補正率：0.84（地積区分A、かげ地割合50%）

地積規模の大きな宅地の評価は適用できない。

小規模宅地等の特例等、他の条件は考慮外とする。

《分割案１》共有土地として取得する場合

評価しようとする土地が共有となっている場合には、共有地全体の価額に共有持分の割合を乗じて各人の持分の価額を算出します（評基通２）。したがって、被相続人が所有していた上の左図のような自用のA土地及びB土地を一体として遺産分割し、相続人甲と乙が各２分の１の共有持分でそれぞれ取得した場合は、A土地とB土地を合わせて一画地として評価します。設例の場合、相続税評価額は次のとおりになります。

① 奥行価格補正後の価格

200,000円×1.00=200,000円

② 二方路線影響加算

200,000円＋（200,000円×1.00×0.02）=204,000円

③ 全体土地の評価額

②×600㎡＝122,400,000円

④ 甲の持分の評価額

122,400,000円×$\frac{1}{2}$＝61,200,000円

⑤　乙の持分の評価額

$122{,}400{,}000円 \times \frac{1}{2} = 61{,}200{,}000円$

《分割案２》分割土地として取得する場合

設例の土地を分割協議によりA土地は甲が、B土地は乙がそれぞれ取得した場合は、A土地とB土地は、それぞれを一画地の土地として評価します。

(1)　A土地の評価（甲が取得）

①　奥行価格補正後の価格

200,000円×1.00=200,000円

②　不整形地補正

200,000円×0.84=168,000円

③　甲が取得するA土地の評価額

②×300㎡＝50,400,000円

(2)　B土地の評価（乙が取得）

①　奥行価格補正後の価格

200,000円×1.00=200,000円

②　不整形地補正

200,000円×0.84=168,000円

③　乙が取得するB土地の評価額

②×300㎡＝50,400,000円

(3)　A土地とB土地の評価額の合計

(1)③＋(2)③＝100,800,000円

《分割案１》と《分割案２》の比較検討

《分割案１》と《分割案２》の評価額を比較すると次のようになります。

（単位：円）

区　分	①　分割案１	②　分割案２	③　評価減（①−②）
甲の財産評価額	61,200,000	50,400,000	+10,800,000
乙の財産評価額	61,200,000	50,400,000	+10,800,000
合計評価額	122,400,000	100,800,000	+21,600,000

上の表のとおり、甲と乙が分割して取得すると、相続税評価の合計額が2,160万円低く

なります。整形地を分割して不整形地を創出するからです。相続税の税率は総遺産の価額に応じて10%～55%の範囲内ですから、分割取得するとこの範囲で相続税の負担が軽減されることになります。つまり、216万円から1,180万円の範囲で税負担が減少する可能性がありそうです。

このように分割する土地が不整形になればなるほど相続税の負担は少なくなります。しかし留意すべき点は、通常、経済合理性を考えれば二方路に面する長方形の地形のいい土地を、一路線しか面せず使い勝手の悪い三角地に分割するようなことはありえないことでしょう。したがってこのような分割をしたとしても、次項で解説するように税務上は「不合理分割」として分割前の価額で評価されることになります（88ページ参照）。

（注）分割すること自体に制限が課されている訳ではありませんが、このような分割は土地の価値そのものを下落させるに過ぎないものとなりかねません。「やってはいけない」遺産分割です。

〈設例2〉「地積規模の大きな宅地」に該当する場合

遺産分割において下の左図のような一画地の土地（A+B）を甲と乙が共有取得する場合《分割案1》と、右図のように分割取得する場合《分割案2》とでは、相続税財産評価にどのような違いが生じるでしょうか。

《分割案1》共有

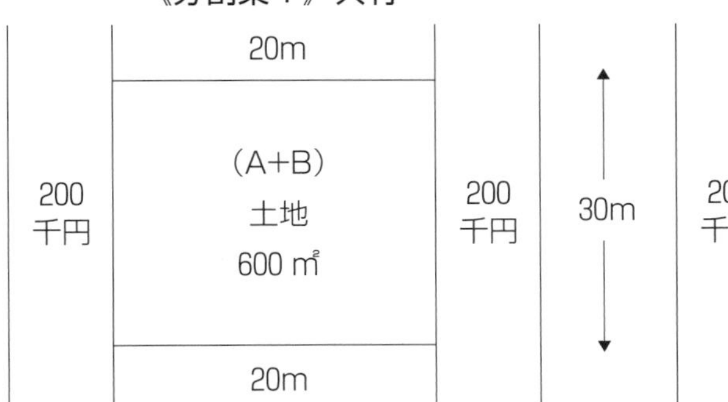

《分割案2》分割取得

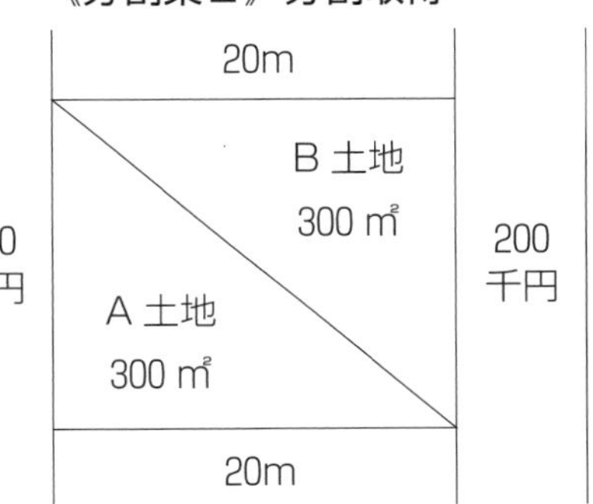

【前提】

相続人：甲・乙

地区区分：普通住宅地区（三大都市圏）

奥行価格補正率：20m→1.00

二方路線加算：0.02

不整形地補正率表：0.82（地積区分B、かげ地割合50%）

地積規模の大きな宅地の評価が適用できる。

小規模宅地等の特例等、他の条件は考慮外とする。

《分割案1》共有土地として取得する場合

評価対象土地が共有となっている場合には、共有地全体の価額に共有持分の割合を乗じて各人の持分の価額を算出します（評基通2）。したがって、被相続人が所有していた上の左図のような自用のA土地及びB土地を一体として遺産分割し、相続人甲と乙が各2分の1の共有持分でそれぞれ取得した場合は、A土地とB土地を合わせて一画地として評価します。設例の場合、相続人甲と乙がそれぞれ持分2分の1ずつで取得するため、相続税評価額は次のとおりになります。

① 奥行価格補正後の価格

200,000円×1.00=200,000円

② 二方路線影響加算

200,000円＋（200,000円×1.00×0.02）=204,000円

③ 規模格差補正率の算定

$$\frac{600㎡\times 0.95+25}{600㎡}\times 0.8 \fallingdotseq 0.79$$

④ 全体土地の評価額

②×③×600㎡＝96,696,000円

⑤ 甲の持分の評価額

$$96{,}696{,}000円\times\frac{1}{2}=48{,}348{,}000円$$

⑥ 乙の持分の評価額

$$96{,}696{,}000円\times\frac{1}{2}=48{,}348{,}000円$$

《分割案2》分割土地として取得する場合

設例の土地を遺産分割によりA土地は甲が、B土地は乙がそれぞれ相続した場合は、A土地とB土地はそれぞれを一画地の土地として評価することになります。

⑴ A土地の評価（甲が取得）

① 奥行価格補正後の価格

200,000円×1.00=200,000円

② 不整形地補正

200,000円×0.82=164,000円

③ 甲が取得するA土地の評価額

②×300㎡＝49,200,000円

⑵ B土地の評価（乙が取得）

① 奥行価格補正後の価格

200,000円×1.00=200,000円

② 不整形地補正

200,000円×0.82=164,000円

③ 乙が取得するB土地の評価額

②×300㎡＝49,200,000円

(3) A土地とB土地の評価額の合計

(1)③＋(2)③＝98,400,000円

《分割案１》と《分割案２》の比較検討

《分割案１》と《分割案２》の評価額を比較すると次のようになります。

（単位：円）

区　分	①　分割案１	②　分割案２	③　評価減（①－②）
甲の財産評価額	48,348,000	49,200,000	▲852,000
乙の財産評価額	48,348,000	49,200,000	▲852,000
合計評価額	96,696,000	98,400,000	▲1,704,000

上の表のとおり、甲と乙が共有で取得し、地積規模の大きな宅地の評価を適用できるとすると、《分割案１》の相続税評価の総額が約170万円低くなります。相続税の税率は総遺産の価額に応じて10％～55％の範囲内ですから、分割で取得するとこの範囲で相続税の負担が少なくなることになります。つまり約17万円から約94万円の範囲内で税負担が減少する可能性がありそうです。

《分割案１》と《分割案２》の違いは、規模格差補正率と不整形地補正率の大小によるものです。《分割案１》の規模格差補正率は0.79、《分割案２》の不整形地補正率は0.82です。したがって、規模格差補正率よりも不整形地補正率の方が大きい場合には、分割取得する方が相続税の負担が少なくなる可能性もあります。

しかし、《分割案２》のような分割は税務上「不合理分割」と認定されることも考えられる上、そもそもそのような不整形地を創り出して、土地の価値を下げるようなことはすべきではないでしょう。「やってはいけない」遺産分割です。

税務解説① 不整形地の評価

不整形地は宅地の機能を充分に発揮できないため、一般的には整形地に比べてその利用価値が低くなります。そのため標準的な整形地としての価値である路線価を、不整形の程度に応じて補正した上で評価することが必要になります。

不整形地の価額は、奥行価格補正、側方路線影響加算及び二方路線影響加算を適用した後の価額に、その不整形の程度、位置及び地積の大小に応じ、下記の「**地積区分表**」に掲げる地区区分及び地積区分に応じた「**不整形地補正率表**」に定める補正率（不整形地補正率）を乗じて計算した価額により評価します。

不整形地補正率を求めるオーソドックスな手順は次のとおりです。

（注）不整形地に係る奥行価格補正の方法並びに側方路線及び二方路線加算の方法については割愛します。

1　地積区分の判定

評価する不整形地の地区及び地積の別により調整率表④「**地積区分表**」に当てはめて、「Ａ」「Ｂ」「Ｃ」のいずれの地積区分に該当するかを判定します。

表④　不整形地補正率を算定する際の地積区分表

地積区分 / 地区区分	A	B	C
高度商業	1,000㎡未満	1,000㎡以上 1,500㎡未満	1,500㎡以上
繁華街	450㎡未満	450㎡以上 700㎡未満	700㎡以上
普通商業・併用住宅	650㎡未満	650㎡以上 1,000㎡未満	1,000㎡以上
普通住宅	500㎡未満	500㎡以上 750㎡未満	750㎡以上
中小工場	3,500㎡未満	3,500㎡以上 5,000㎡未満	5,000㎡以上

2 想定整形地の作図

かげ地割合を算定するために想定整形地を作図します。想定整形地とは、正面路線からの垂線により、評価する不整形地全体を囲む正方形又は矩形（長方形）の土地をいいます。

〈想定整形地の取り方の具体例〉

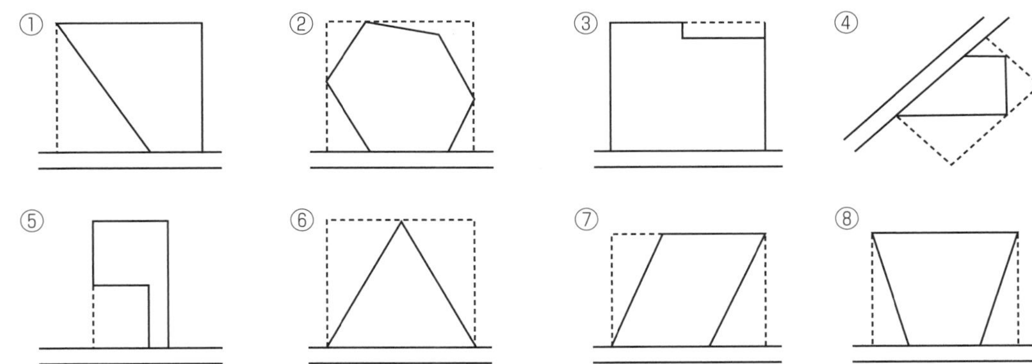

3 かげ地割合の判定

想定整形地の地積を算出し、評価対象地の地積を用いて、次の算式により「かげ地割合」を算出します。

$$\frac{\text{想定整形地の地積} - \text{評価対象地の地積}}{\text{想定整形地の地積}}$$

4 不整形地補正率の判定

上記で求めた地区区分及び「かげ地割合」を調整率表⑤**「不整形地補正率表」**に当てはめ、不整形地補正率を求めます。

なお、間口狭小補正率の適用がある場合については、表の不整形地補正率に間口狭小補正率を乗じて計算した数値（小数点第２位未満切捨て）が不整形地補正率となります。

ただし、この場合の不整形地補正率の下限は60％となることに注意してください。

表⑤　不整形地補正率表

地区区分／地積区分／かげ地割合	高度商業、繁華街、普通商業・併用住宅、中小工場			普通住宅		
	A	B	C	A	B	C
10%以上	0.99	0.99	1.00	0.98	0.99	0.99
15% 〃	0.98	0.99	0.99	0.96	0.98	0.99
20% 〃	0.97	0.98	0.99	0.94	0.97	0.98
25% 〃	0.96	0.98	0.99	0.92	0.95	0.97
30% 〃	0.94	0.97	0.98	0.90	0.93	0.96
35% 〃	0.92	0.95	0.98	0.88	0.91	0.94
40% 〃	0.90	0.93	0.97	0.85	0.88	0.92
45% 〃	0.87	0.91	0.95	0.82	0.85	0.90
50% 〃	0.84	0.89	0.93	0.79	0.82	0.87
55% 〃	0.80	0.87	0.90	0.75	0.78	0.83
60% 〃	0.76	0.84	0.86	0.70	0.73	0.78
65% 〃	0.70	0.75	0.80	0.60	0.65	0.70

表⑥　間口狭小補正率表

地区区分／間口距離m	ビル街	高度商業	繁華街	普通商業・併用住宅	普通住宅	中小工場	大工場
４未満	—	0.85	0.90	0.90	0.90	0.80	0.80
４以上６未満	—	0.94	1.00	0.97	0.94	0.85	0.85
６〃　８〃	—	0.97		1.00	0.97	0.90	0.90
８〃　10〃	0.95	1.00			1.00	0.95	0.95
10〃　16〃	0.97					1.00	0.97
16〃　22〃	0.98						0.98
22〃　28〃	0.99						0.99
28〃	1.00						1.00

5　選択適用

次の図のような不整形地については、上記**4**により判定した不整形地補正率を適用して評価する方法と、調整率表⑥「**間口狭小補正率表**」に間口狭小補正率を乗じて得た数値（小数点第２位未満切捨て）により評価する方法のいずれかを選択することができます。

また、調整率表⑦「**奥行長大補正率表**」に定める奥行長大補正率の適用がある場合においては、選択により、不整形地補正率を適用せず、間口狭小補正率に奥行長大補正率を乗じて得た数値によっても差し支えありません（評基通付表の５(注)３）。

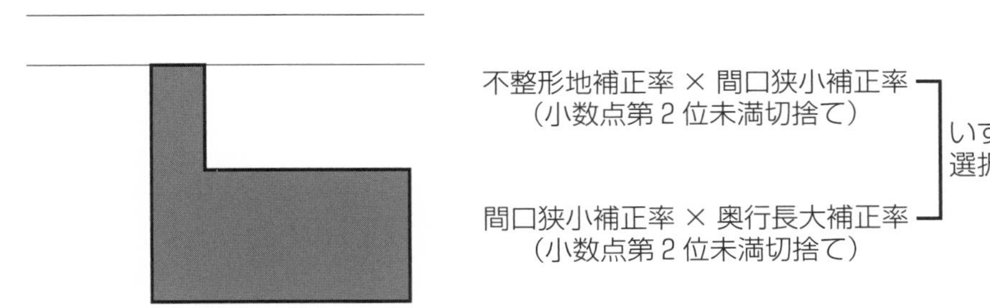

表⑦　奥行長大補正率表

<table>
<tr><th>地区区分
奥行距離
間口距離</th><th>ビル街</th><th>高度商業</th><th>繁華街</th><th>普通商業・併用住宅</th><th>普通住宅</th><th>中小工場</th><th>大工場</th></tr>
<tr><td>２以上３未満</td><td rowspan="7">1.00</td><td colspan="3">1.00</td><td>0.98</td><td>1.00</td><td rowspan="7">1.00</td></tr>
<tr><td>３〃　４〃</td><td colspan="3">0.99</td><td>0.96</td><td>0.99</td></tr>
<tr><td>４〃　５〃</td><td colspan="3">0.98</td><td>0.94</td><td>0.98</td></tr>
<tr><td>５〃　６〃</td><td colspan="3">0.96</td><td>0.92</td><td>0.96</td></tr>
<tr><td>６〃　７〃</td><td colspan="3">0.94</td><td rowspan="3">0.90</td><td>0.94</td></tr>
<tr><td>７〃　８〃</td><td colspan="3">0.92</td><td>0.92</td></tr>
<tr><td>８〃</td><td colspan="3">0.90</td><td>0.90</td></tr>
</table>

6　大工場地区の例外

大工場地区にある不整形地については、原則として不整形地補正を行いません。しかし、地積がおおむね9,000㎡程度までのものについては、調整率表④「**地積区分表**」及び調整率表⑤「**不整形地補正率表**」に掲げる中小工場地区の区分により不整形地として補正を行って差し支えありません（評基通付表５(注)４）。

税務解説② 不合理分割

贈与、遺産分割等による宅地の分割が親族間等で行われた場合において、分割後の画地が宅地として通常の用途に供することができないなど、その分割が著しく不合理であると認められるときは、その分割前の宅地を「一画地の宅地」として評価します（評基通7－2(1)乃至(4)、及び(7)の（注））。

遺産の分割により現実の利用状況を無視した不合理な分割が行われた場合において、仮に相続人等のそれぞれが取得した部分ごとに宅地の評価を行うとすると、無道路地としての補正や奥行が短小であることによる補正を行うことになるなど、実態に即した評価がなされないことになります。

そのため著しく不合理な分割が行われた場合は、実態に即した評価を行うため、その分割前の画地を「一画地の宅地」として評価することとされています。実態が不合理分割だというのであれば「やってはいけない」不動産の価値を棄損する遺産分割の典型例になります。

この通達の定めは、たとえば、①贈与、遺産分割等による宅地の分割が親族間等で行われ、かつ、②当該分割等が経済合理性に反するものである場合には、「贈与、遺産分割等による宅地の分割前の利用状況等」に基づき「一画地の宅地」を判定するという趣旨と考えられるので、評価単位は「贈与、遺産分割（相続）による取得者単位課税」を前提としていることが判ります。なお、分割等の時期は問いません。遺産分割において、不合理分割に当たるか否かについては、次の例示を参考にしてください。

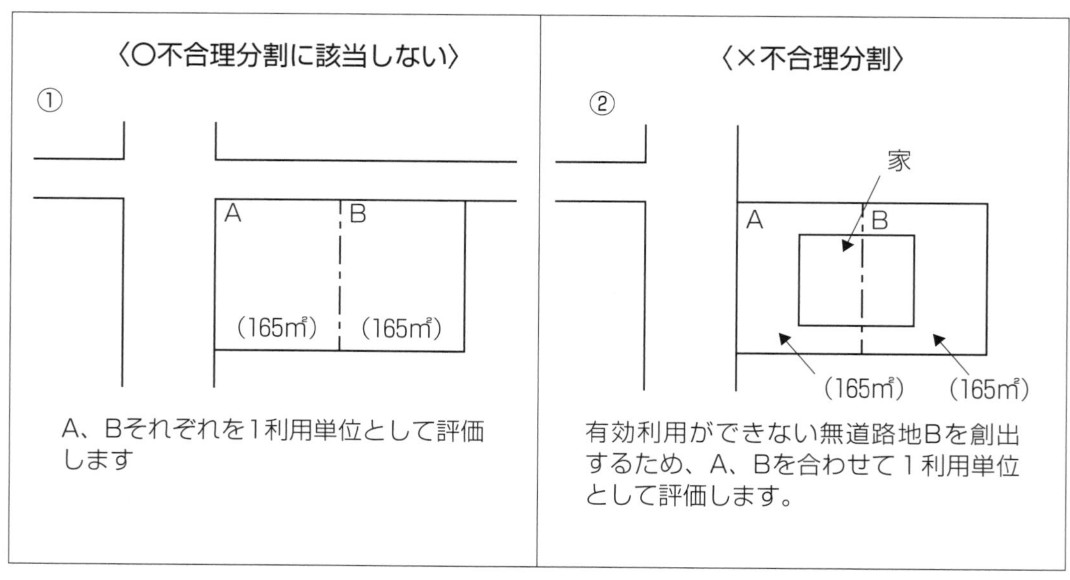

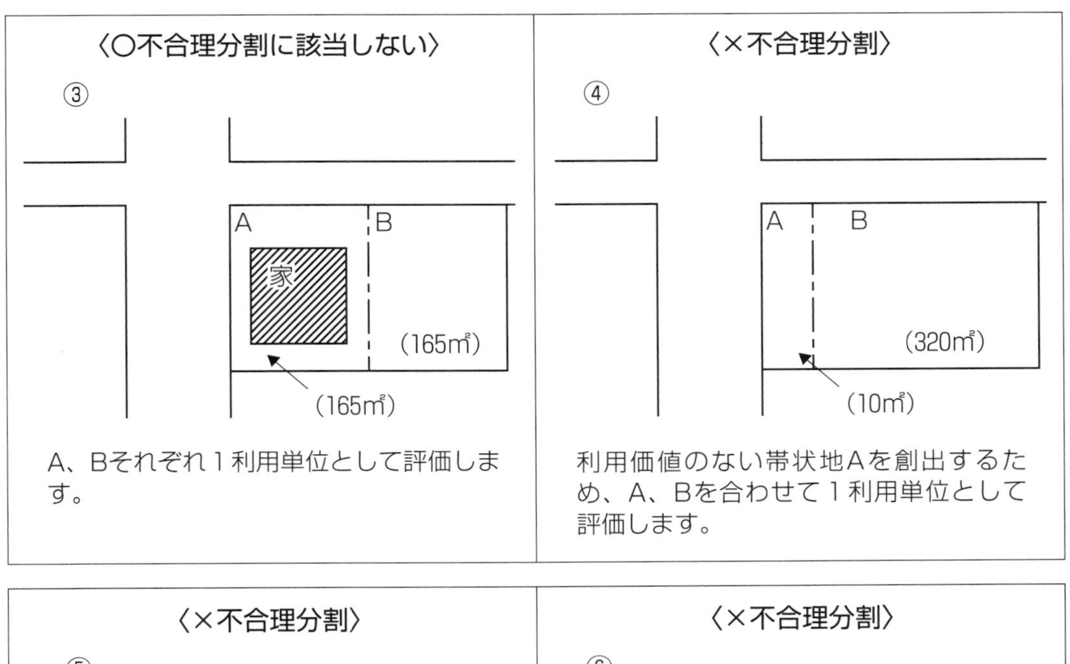
〈○不合理分割に該当しない〉
③
A
B
家
(165㎡)
(165㎡)
A、Bそれぞれ1利用単位として評価します。
〈×不合理分割〉
④
A
B
(320㎡)
(10㎡)
利用価値のない帯状地Aを創出するため、A、Bを合わせて1利用単位として評価します。

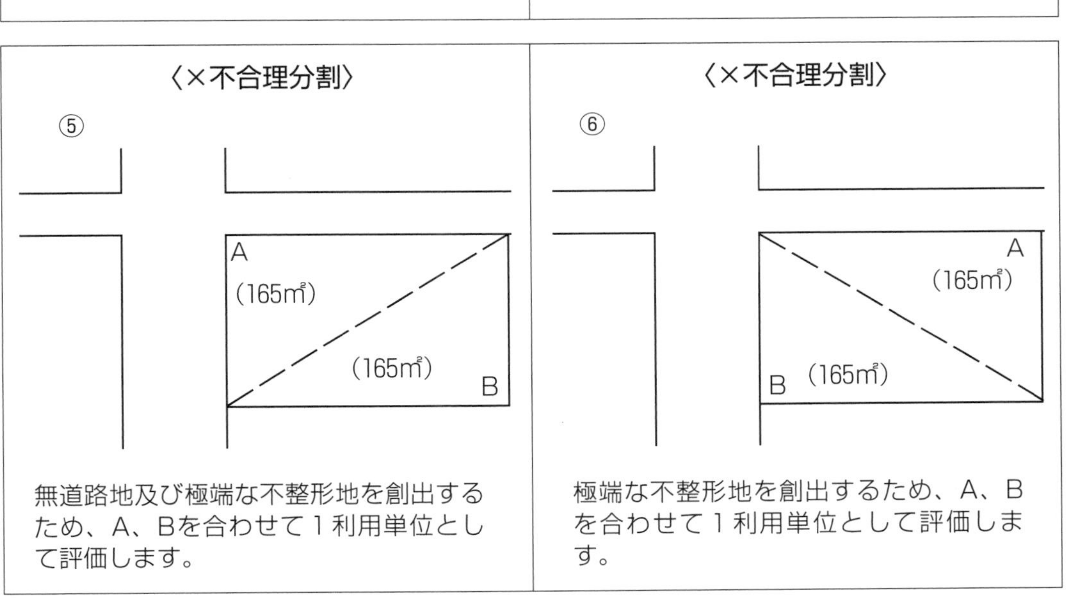
〈×不合理分割〉
⑤
A
(165㎡)
(165㎡)
B
無道路地及び極端な不整形地を創出するため、A、Bを合わせて1利用単位として評価します。
〈×不合理分割〉
⑥
A
(165㎡)
B
(165㎡)
極端な不整形地を創出するため、A、Bを合わせて1利用単位として評価します。

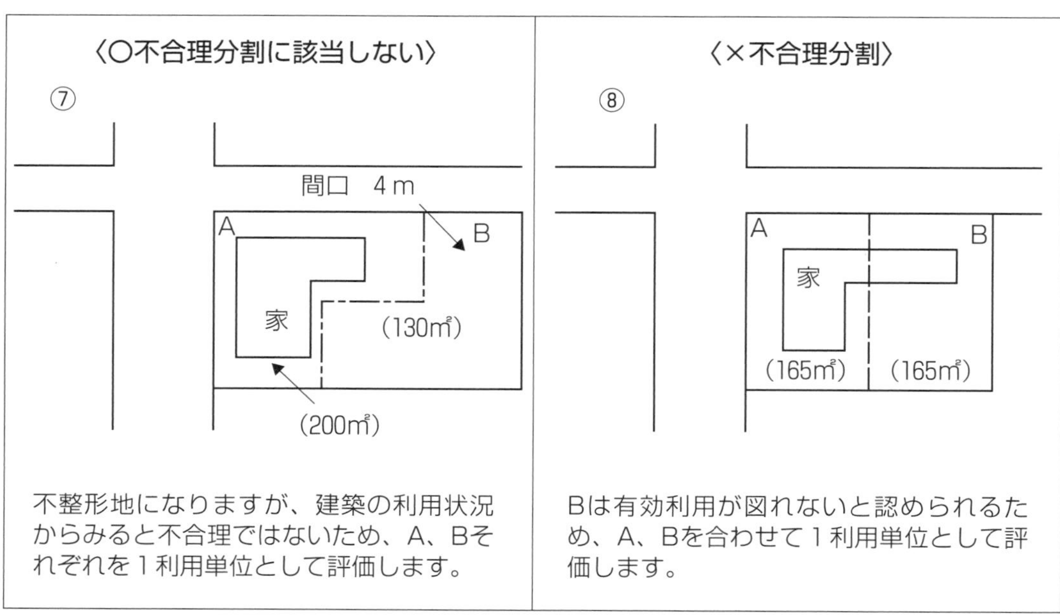

〈○不合理分割に該当しない〉

不整形地になりますが、建築の利用状況からみると不合理ではないため、A、Bそれぞれを１利用単位として評価します。

〈×不合理分割〉

Bは有効利用が図れないと認められるため、A、Bを合わせて１利用単位として評価します。

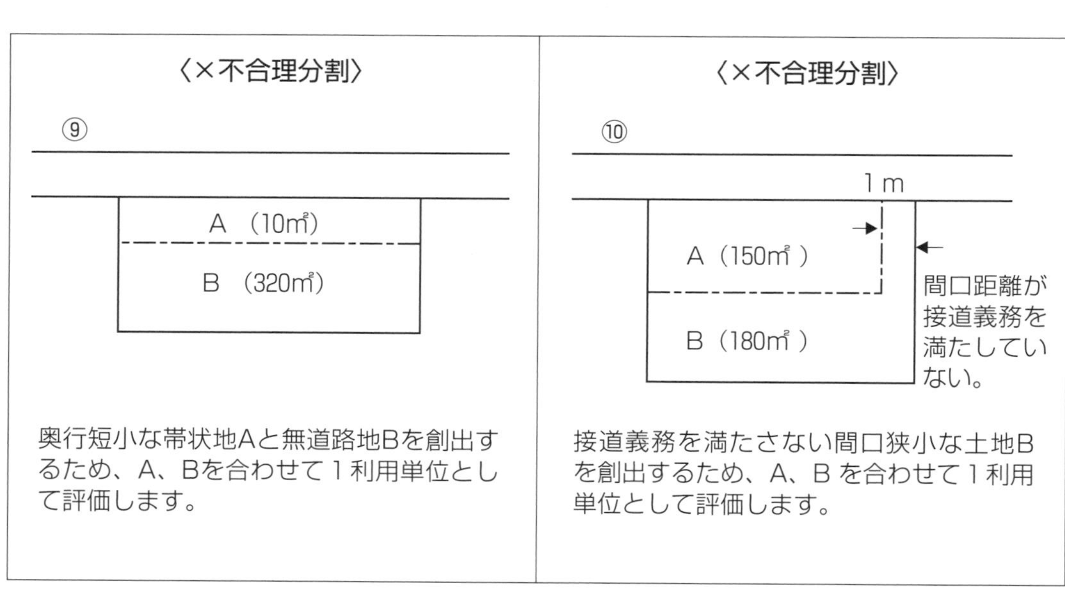

〈×不合理分割〉

奥行短小な帯状地Aと無道路地Bを創出するため、A、Bを合わせて１利用単位として評価します。

〈×不合理分割〉

接道義務を満たさない間口狭小な土地Bを創出するため、A、Bを合わせて１利用単位として評価します。

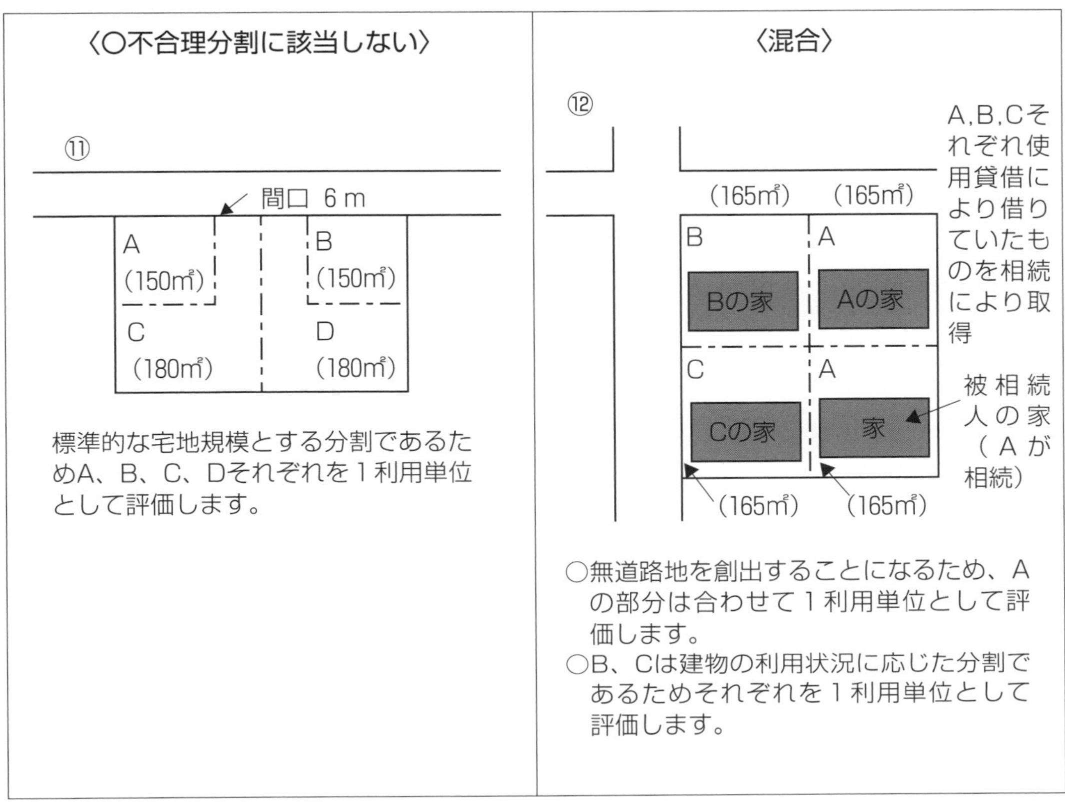

標準的な宅地規模とする分割であるためA、B、C、Dそれぞれを1利用単位として評価します。

○無道路地を創出することになるため、Aの部分は合わせて1利用単位として評価します。
○B、Cは建物の利用状況に応じた分割であるためそれぞれを1利用単位として評価します。

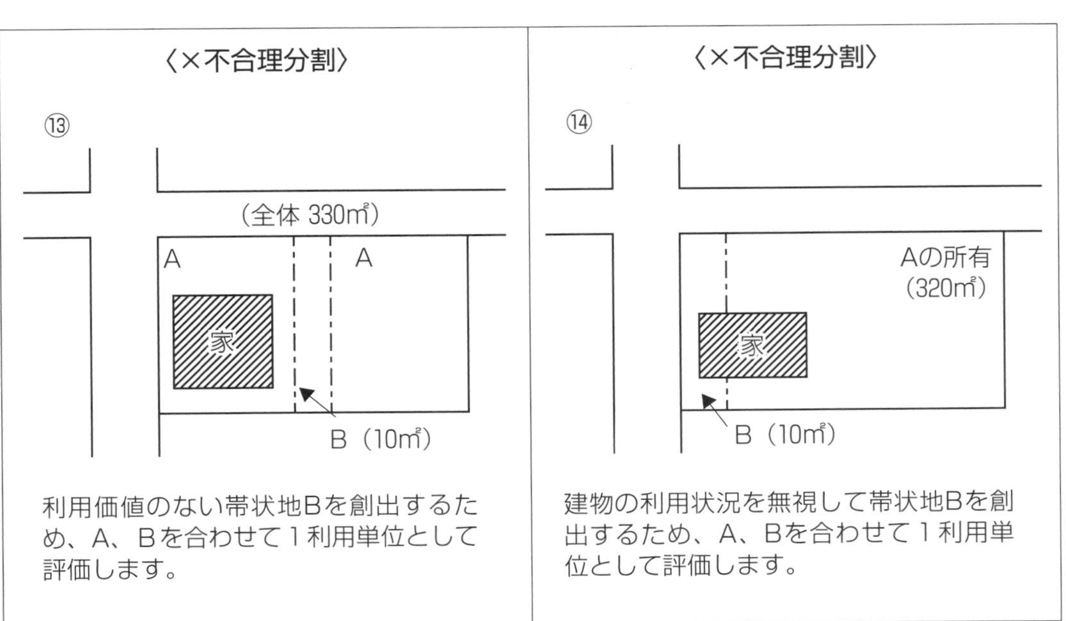

利用価値のない帯状地Bを創出するため、A、Bを合わせて1利用単位として評価します。

建物の利用状況を無視して帯状地Bを創出するため、A、Bを合わせて1利用単位として評価します。

なお、不合理分割については、次に掲げる国税庁の質疑応答事例も参考になります。贈与の場合です。

【国税庁質疑応答事例】

宅地の評価単位－不合理分割（2）

【照会要旨】

乙は、亡父甲から次の図のような宅地のうち、A土地を生前に贈与を受けていました。今回、甲の相続開始により、乙はB土地を相続により取得することとなりましたが、この場合のB土地はどのように評価するのでしょうか。

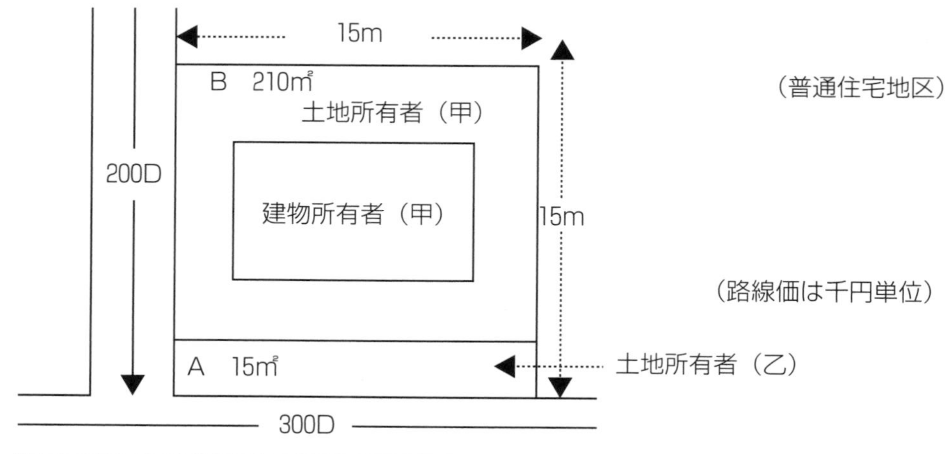

【回答要旨】

A土地は単独では通常の宅地として利用できない宅地であり、生前の贈与における土地の分割は不合理なものと認められます。したがって、分割前の画地（A、B土地全体）を「一画地の宅地」とし、その価額を評価した上で個々の宅地を評価するのが相当ですから、原則として、A、B土地全体を一画地の宅地として評価した価額に、A、B土地を別個に評価した価額の合計額に占めるB土地の価額の比を乗じて評価します。

（計算例）

A、B土地全体を一画地として評価した価額

正面路線価		奥行価格補正率		側方路線価		奥行価格補正率		側方路線影響加算率		地積
（300,000円	×	1.00	＋	200,000円	×	1.00	×	0.03）	×	225㎡＝68,850,000円

Aを単独で評価した価額

正面路線価		奥行価格補正率		側方路線価		奥行価格補正率		側方路線影響加算率		地積
(300,000円	×	0.90	＋	200,000円	×	1.00	×	0.03)	×	15㎡＝4,140,000円

Bを単独で評価した価額

正面路線価		奥行価格補正率		地積
200,000円	×	1.00	×	210㎡＝42,000,000円

Bの評価額

（価額の比）

$$68{,}850{,}000円\times\frac{42{,}000{,}000円}{4{,}140{,}000円+42{,}000{,}000円}=62{,}672{,}301円$$

なお、贈与税の申告におけるA土地の評価額も、原則として、A、B土地全体を評価した価額にA土地の価額の比を乗じて算出することに留意してください。

【関係法令通達】

評基通７－２

2　債務の承継

遺産分割の実務においては、相続債務について法定相続分と異なる債務の分割が合意されることがあります。このような合意は、共同相続人間においては債務引受け契約として有効です。

しかし一方で、被相続人が借入金等の金銭債務（可分債務）を負っていた場合には、相続開始時に共同相続人の各相続分に応じて当然に分割承継され、遺産分割の対象とはならないこととされています（最判昭34年６月19日）。つまり相続債権者は、各相続人に対し相続分に応じた額について権利を行使することができます。

したがって、遺産分割協議において特定の相続人が債務を承継することに合意しても、その合意を以て金融機関などの相続債権者に対抗することはできません。そのため遺産分割協議の内容を実効性のあるものにするためには、債務の引受けについて債権者の同意を得る必要があることに留意しなければなりません。

なお、遺言による相続分の指定があった場合でも、その遺言については相続債権者の関知するところではないため、債権者保護の観点から、相続債権者は各相続人に対して法定相続分による権利行使を行うことができます。

ただし、「その債権者が共同相続人の一人に対してその指定された相続分に応じた債務の承継を承認したときは、この限りではない」とされ、相続債権者の承認を得ることによって、その指定分に応じた債務を負担することになります（民法902の２）。

（注）民法902の２は共同相続人と相続債権者との関係について規定されたものですから、共同相続人の内部関係においては遺言による指定相続分に従うことになり、指定相続分を超えて相続債務を負担した相続人は求償権を取得することになります。

事例解説 2－(5) 債務の承継による相続税への影響

〈設例〉

次のような財産構成の場合において、長男が賃貸マンション、二男がその他財産を取得するとき、債務の引受け方法によって相続税にどのような影響がありますか。

【前提】

相続人：長男・二男

相続財産：賃貸マンションの建物と敷地　15,000万円

その他財産　15,000万円

賃貸マンション建築に係る借入金残高　20,000万円

《分割案１》債務を法定相続分に応じて負担する場合

《分割案２》債務を長男が引き受ける場合

《分割案１》

債務を法定相続分に応じて負担する場合の相続税は次のようになります。

（単位：万円）

相続人	長　男	二　男	合　計
取得財産	15,000	15,000	30,000
債務控除	▲10,000	▲10,000	20,000
課税価格	5,000	5,000	10,000
基礎控除	3,000＋600×２人		4,200
各人の相続税額	385	385	770

《分割案２》

遺産分割協議によって、２億円の債務は賃貸マンションを取得する長男が引き受けるとした場合、相続税は次のようになります。

（単位：万円）

相続人	長　男	二　男	合　計
取得財産	15,000	15,000	30,000
債務控除	（▲20,000のうち） ▲15,000	−	15,000
課税価格	0	15,000	15,000
基礎控除	3,000＋600×２人		4,200
各人の相続税額	0	1,840	1,840

《分割案１》と《分割案２》の比較検討

試算結果を見ると、《分割案２》の方が1,070万円（1,840万円－770万円）相続税の負担が増加しています。これは、相続税の総額は、各相続人の課税価格の合計額を基に算定されるところ、相続財産を上回る債務を承継した長男については、課税価格は▲5,000万円のようにマイナスにはならず０円とされるためです。

遺産分割において相続によって取得した積極財産の価額を上回る債務を承継した相続人がいたとしても、その積極財産を上回る部分の債務は、他の相続人の取得財産から控除することはできず、切り捨てられるのです。このため、設例の場合は債務を法定相続分で負担した方が「手取り」が増えるため、相続財産の価値を高めるといってもいいでしょう。

しかし、遺産分割は相続税額の有利不利だけで判断するものではありません。《分割案２》の場合、長男の取得財産はマイナスの財産の方が大きくなりますが、賃貸マンションを取得するのですから、そこから発生する家賃収入によって借入金を返済していくことが可能ですし、支払利息についても全額所得税の必要経費に算入することができます。遺産分割は、このような爾後のことについても総合的に検討して行う必要があります。

税務解説 債務控除

相続税を計算するに際しては、被相続人が残した借入金などの債務を遺産総額から控除することができます。

1 遺産総額から控除することができる債務

(1) 債務控除

控除することができる債務は、被相続人が死亡した時に存在した債務で次の要件を満たすものです。

イ 債務控除の対象となる債務

① 相続人又は包括受遺者が承継した債務であること（相法13①）

② 被相続人の債務で相続開始の際現に存するもの（借入金、未払金及び租税公課（※1、2）など。）であること（相法13①）

③ 確実と認められるものであること（相法14①）

（※1）被相続人に課される税金で被相続人の死亡後相続人などが納付又は徴収されることになった所得税などの税金については、被相続人が死亡した時に確定していないものであっても、準確定申告などをすることによって債務として遺産総額から差し引くことができます。しかし、相続時精算課税適用者の死亡によりその相続人が承継した相続税の納税に係る義務は除きます。

なお、相続人などの責任に基づいて納付したり、徴収されることになった延滞税や加算税などは遺産総額から控除することはできません（相令3）。

（※2）被相続人に未納の国税があった場合には、その納税義務は相続人が承継するものとされ、相続人が複数あるときは民法の法定相続分にしたがって按分して負担することになります（税通5①、②）。したがって、被相続人の未納の国税について、遺産分割協議書によって特定の相続人がそれを引き受けたとしても、租税債権者（国）等は相続分に応じた額を各相続人から徴収することができます。

ロ 債務控除の対象とならない債務

被相続人が生前に購入したお墓の未払代金など非課税財産に紐付く債務は、遺産総額から控除することはできません（相法13③）。

(2) 葬儀費用

葬式費用は債務ではありませんが、相続税を計算するときは遺産総額から差し引くことができます（相法13①二）。

イ 債務控除の対象となる葬式費用

① 葬式若しくは葬送に際し、又はこれらの前において、埋葬、火葬、納骨又は遺がい若しくは遺骨の回送その他に要した費用

② 葬式に際し施与した金品で、被相続人の職業、財産その他の事情に照らして相当程度と認められるものに要した費用

③ ①又は②に掲げるもののほか、葬式の前後に生じた出費で通常葬式に伴うものと認められるもの

④ 死体の捜索又は死体若しくは遺骨の運搬に要した費用

ロ 債務控除の対象とならない葬式費用

① 香典返礼費用

② 墓碑、墓地の購入費及び墓地借入料

③ 初七日、その他法要のための費用

④ 医学上、裁判上など特別の処置に要した費用

2 債務控除ができる人

債務控除ができるのは、次の①又は②に掲げる者で、その債務などを負担することになる相続人や包括受遺者（7ページ参照）（相続時精算課税の適用を受ける贈与財産の受遺者を含みます）です。

① 相続や遺贈で財産を取得した時に日本国内に住所がある人

(注) 一時居住者で、かつ、被相続人が外国人被相続人又は非居住被相続人である場合を除きます。

② 相続や遺贈で財産を取得した時に日本国内に住所がない人で、次のいずれかに当てはまる人

（イ） 日本国籍を有しており、かつ、相続開始前10年以内に日本国内に住所を有していたことがある人

（ロ） 日本国籍を有しており、かつ、相続開始前10年以内に日本国内に住所を有していたことがない人

(注) 被相続人が、外国人被相続人又は非居住被相続人である場合を除きます。

（ハ） 日本国籍を有していない人

(注) 被相続人が、外国人被相続人、非居住被相続人又は非居住外国人である場合を除きます。

なお、相続人や包括受遺者であっても、上記の①又は②に該当しない人は、遺産総額から控除できる債務の範囲が限られ、葬式費用も控除することはできません。

また、平成27年7月1日以降に「国外転出時課税の納税猶予の特例」の適用を受けていたときは、上記と取扱いが異なる場合があります。

（相法1の3、13、14、21の15、21の16、平27改正法附則34、平29改正法附則31、令3改正法附則11、相令3、5の4、相基通13-6、13-9、14-5）

第２章　小規模宅地等の特例を活用した方法

地価の高い都市圏においては、自己の事業の用に供している土地や居住の用に供している土地についても相続税評価額は高額になるため、相当の相続税負担を強いられることになります。小規模宅地等についての相続税の課税価格の計算の特例（措法69－４、以下「小規模宅地等の特例」といいます。）は、このような相続人等の事業の用又は居住の用に供する小規模宅地等は、その生活基盤の維持などに不可欠なものであり、換金するわけにはいかないことに考慮して設けられた課税上の配慮規定です。減額割合も大きく、この特例を使うことによって土地の価値が減るものでもありませんから、遺産分割において最大限この特例を活用したいものです。相続税を相続財産を取得する対価であると考えると、少ない負担で価値の高い不動産を取得することにつながります。

１　特例の概要

個人が、相続又は遺贈により取得した財産のうちに、その相続の開始の直前において①被相続人等の事業の用に供されていた宅地等又は②被相続人等の居住の用に供されていた宅地等のうち、一定の選択をしたもので限度面積までの部分（以下「小規模宅地等」といいます。）については、相続税の課税価格に算入すべき価額の計算上、一定の割合を減額します。

平成27年１月１日以後に相続の開始があった被相続人に係る相続税について、小規模宅地等の特例の適用を受ける場合は、相続税の課税価格に算入すべき価額の計算上、次の表に掲げる区分ごとに50％又は80％を減額します。

【計算式】

特例適用後の相続税の課税価格
　＝ 特例適用前の宅地の評価額 －（相続する宅地の評価額 × 減額割合）

〈表1〉 相続の開始の日が「平成27年1月1日以後」の場合

<table>
<tr><th colspan="3">相続開始の直前における宅地等の利用区分</th><th colspan="2">要件</th><th>限度面積</th><th>減額される割合</th></tr>
<tr><td rowspan="5">被相続人等(※)の事業の用に供されていた宅地等</td><td colspan="2">貸付事業以外の事業用の宅地等</td><td>①</td><td>特定事業用宅地等に該当する宅地等</td><td>400㎡</td><td>80%</td></tr>
<tr><td rowspan="4">貸付事業用の宅地等</td><td rowspan="2">一定の法人に貸し付けられたその法人の事業（貸付事業を除く）用の宅地等</td><td>②</td><td>特定同族会社事業用宅地等に該当する宅地等</td><td>400㎡</td><td>80%</td></tr>
<tr><td>③</td><td>貸付事業用宅地等に該当する宅地等</td><td>200㎡</td><td>50%</td></tr>
<tr><td>一定の法人に貸し付けられたその法人の貸付事業用の宅地等</td><td>④</td><td>貸付事業用宅地等に該当する宅地等</td><td>200㎡</td><td>50%</td></tr>
<tr><td>被相続人等の貸付事業用の宅地等</td><td>⑤</td><td>貸付事業用宅地等に該当する宅地等</td><td>200㎡</td><td>50%</td></tr>
<tr><td colspan="3">被相続人等の居住の用に供されていた宅地等</td><td>⑥</td><td>特定居住用宅地等に該当する宅地等</td><td>330㎡</td><td>80%</td></tr>
</table>

(※)「被相続人等」とは、被相続人又は被相続人と生計を一にしていた被相続人の親族をいいます。

2 限度面積

特例の適用を選択する宅地等が、上記〈表1〉のいずれに該当するかに応じて特例を適用できる限度面積を判定します。このとき、次の〈表2〉のとおり、「特定事業用宅地等」と「特定居住用宅地等」は完全併用が認められますが、貸付事業用宅地等を選択する場合には、適用限度面積の調整が必要となります。

〈表２〉限度面積の調整計算

特例の適用を選択する宅地等	限度面積
〈貸付事業用宅地等がない場合〉 特定事業用等宅地等（①又は②）及び特定居住用宅地等（⑥）	（①＋②）≦400㎡、⑥≦330㎡ 両方を選択する場合は、それぞれの合計面積（730㎡）まで可
〈貸付事業用宅地等がある場合〉 貸付事業用宅地等（③、④又は⑤）及びそれ以外の宅地等（①、②又は⑥）	$(①+②) \times \frac{200}{400} + ⑥ \times \frac{200}{330} + (③+④+⑤) \leqq 200㎡$

（注）①～⑥は表１に対応しています。

①＋②＝「特定事業用宅地等」、「特定同族会社事業用宅地等」の面積の合計

⑥＝「特定居住用宅地等」の面積の合計

〈イメージ図〉

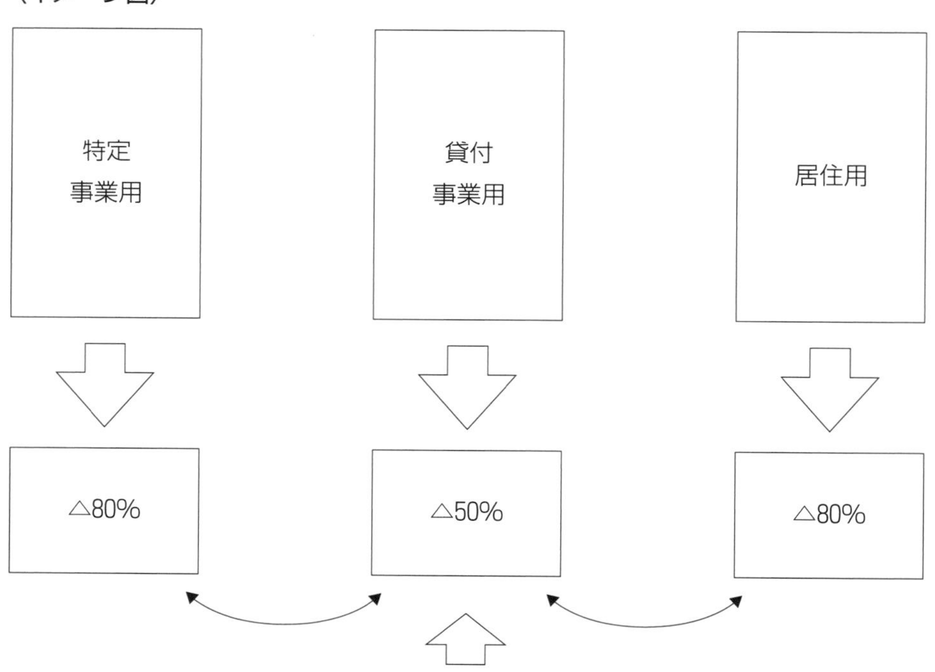

併用するときは限度面積調整（縮み計算）

【課税価格を求める計算式】

特例適用後の相続税の課税価格

＝ 特例適用前の宅地の評価額 －（相続する宅地の評価額 × 減額割合）× $\frac{限度面積}{実際の面積}$

事例解説 2－(6) 特定事業用宅地等と貸付事業用宅地等の活用例

〈設例〉

次のようなケースにおいて、A土地を選択して特定事業用宅地等の特例を適用した場合《選択肢１》と、B土地を選択して貸付事業用宅地等の特例を適用した場合《選択肢２》とではどのような違いが生じますか。

【前提】

相続人：長男、長女

相続財産

① A事業用宅地　400㎡・8,000万円（20万円/㎡）

② B駐車場　200㎡・6,000万円（30万円/㎡）

③ その他財産　30,000万円

④ 特例適用前の総資産　44,000万円（①＋②＋③）

（注）A事業用宅地とB駐車場はいずれも小規模宅地等の特例の適用要件を満たしているものとします。

《選択肢１》特定事業用宅地等としてA土地を選択

《選択肢２》貸付事業用宅地等としてB土地を選択

《選択肢１》A土地を特例選択した場合

A事業用宅地を長男、B駐車場を長女が取得し、その他の財産は長男と長女が総資産の法定相続分どおり２分の１ずつ取得するように調整して22,000万円ずつ分割取得するとします。この場合において、小規模宅地等の特例はA事業用宅地に選択適用したとすると相続税額は次のようになります。

（単位：万円）

区　分		相続人（取得者）		合　計
		長　男	長　女	
①	A事業用宅地	8,000	—	8,000
	小規模宅地等の特例	（▲80%）▲6,400	—	▲6,400
②	B駐車場	—	6,000	6,000
③	その他財産	14,000	16,000	30,000
課税価格		15,600	22,000	37,600
基礎控除額		3,000＋600×２人		4,200
各人の相続税額		4,132	5,828	9,960

上のケースの場合は、長男と長女が同額の遺産を相続したとしても、相続税の負担は長女の方が1,696万円（＝5,828万円－4,132万円）重くなりますから、この点も考慮して遺産分割を行う必要があります。

（注）小規模宅地等の特例を適用することによって、課税価格の合計額及び相続税の総額は減少しているため、長女が恩恵を受けていない訳ではありません。

《選択肢２》B駐車場を特例選択した場合

A事業用宅地を長男が取得し、B駐車場を長女が取得し、その他の財産は長男と長女が法定相続分どおり２分の１ずつ相続するように調整して22,000万円ずつ分割取得するとします。このとき、小規模宅地等の特例はB駐車場に選択適用したとすると相続税額は次のようになります。

（単位：万円）

区　分		相続人（取得者）		合　計
		長　男	長　女	
①	A事業用宅地	8,000	—	8,000
②	B駐車場	—	6,000	6,000
	小規模宅地等の特例	—	（▲50%）▲3,000	▲3,000
③	その他財産	14,000	16,000	30,000
課税価格		22,000	19,000	41,000
基礎控除額		3,000＋600×２人		4,200
各人の相続税額		6,074	5,246	11,320

上のケースの場合は、長男と長女が同額の遺産を相続したとしても、相続税の負担は長男の方が828万円(=6,074万円−5,246万円)重くなりますから、この点も考慮して遺産分割を行う必要があります。

(注)小規模宅地等の特例を適用することによって、課税価格の合計額及び相続税の総額は減少しているため、長男が恩恵を受けていない訳ではありません。

《選択案1》と《選択案2》の比較検討

小規模宅地等の特例による減額幅を決める要素は、次の3つです。

① 特例適用前の土地の単価

② 減額割合(80%又は50%)

③ 特例適用可能面積

〈設例1〉の場合は、①の減額となる土地の単価はB駐車場の方が大きいのですが(A20万円<B30万円)、②減額割合(A80%>B50%)及び③適用可能面積はA事業用宅地の方が大きいため(A400㎡ >B200㎡)、相続税の総額はA事業用宅地を選択した方が有利となります。

なお、特定事業用宅地等と貸付事業用宅地等を併用して適用する場合には、次の算式による面積制限があります。

$$\text{特定事業用宅地等の面積} \times \frac{200}{400} + \text{貸付事業用宅地等の面積} \leqq 200\text{㎡}$$

《選択肢1》についてこれをみると

$$400\text{㎡} \times \frac{200}{400} = 200\text{㎡} \leqq 200\text{㎡}$$

$$200\text{㎡} - 200\text{㎡} = 0\ \text{㎡}$$

《選択肢2》

$$200\text{㎡} - 200\text{㎡} = 0$$

したがって、設例のように小規模宅地等の特例を適用する土地を選択すれば、他の一方の土地は特例適用をすることができません。

税務解説① 特定事業用宅地等に係る小規模宅地等の特例

「特定事業用宅地等」とは、被相続人や被相続人と生計を一にする親族の事業の用に供されていた宅地等のことです。たとえば、被相続人やその家族が自営業の店舗敷地として宅地を使用していた場合、他の要件を満たせば特定事業用宅地等として小規模宅地等の特例の適用を受けることができます。

特定事業用宅地等の限度面積は400㎡、減額割合は80％となります。

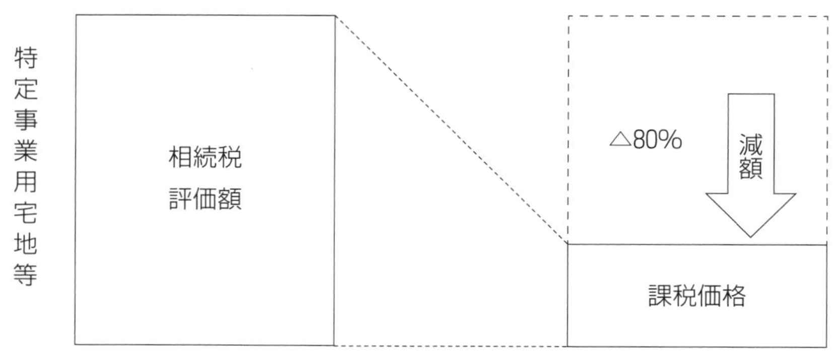

特定事業用宅地等とは相続開始の直前において被相続人等の事業（貸付事業を除きます。以下同じです。）の用に供されていた宅地等で、次の表の区分に応じ、それぞれに掲げる要件のすべてに該当する被相続人の親族が相続又は遺贈により取得したものをいいます。

ただし、次の表の区分に応じ、それぞれに掲げる要件のすべてに該当する部分で、それぞれの要件に該当する被相続人の親族が相続又は遺贈により取得した持分の割合に応ずる部分に限られます。つまり、共有の場合はその持分に応じた部分ということです。

〈特定事業用宅地等の要件〉

区　分	特例の適用要件	
被相続人の事業の用に供されていた宅地等	事業承継要件	その宅地等の上で営まれていた被相続人の事業を相続税の申告期限までに引き継ぎ、かつ、その申告期限までその事業を営んでいること
	保有継続要件	その宅地等を相続税の申告期限まで有していること
被相続人と生計を一にしていた被相続人の親族の事業の用に供されていた宅地等	事業継続要件	相続開始の直前から相続税の申告期限まで、その宅地等の上で事業を営んでいること
	保有継続要件	その宅地等を相続税の申告期限まで有していること

税務解説② 貸付事業用宅地等に係る小規模宅地等の特例

「貸付事業用宅地等」とは、被相続人やその家族が、賃料を得るために他に貸し付けていた宅地等のことをいいます。たとえば、賃貸マンションの敷地や駐車場、駐輪場などの事業の用に供していた土地です。

貸付事業用宅地等の限度面積は200㎡、減額割合は50%となります。

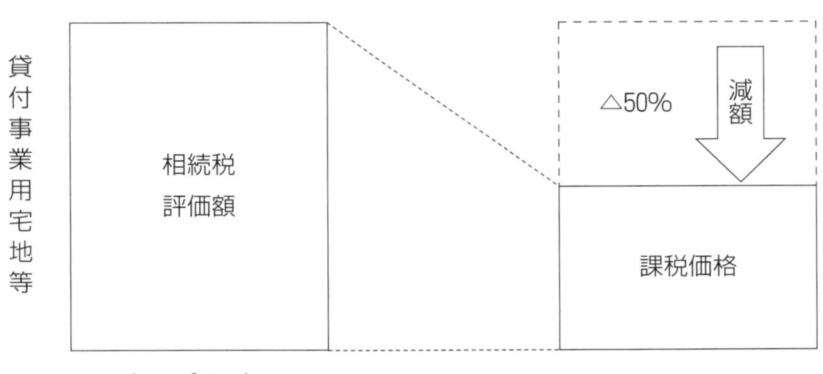

貸付事業用宅地等とは、相続開始の直前において被相続人等の貸付事業の用に供されていた宅地等で、次表の区分に応じ、それぞれに掲げる要件のすべてに該当する被相続人の親族が相続又は遺贈により取得したものをいいます。

ただし、それぞれの要件に該当する被相続人の親族が相続又は遺贈により取得した持分の割合に応ずる部分に限られます。つまり、共有の場合は共有持分が対象になるということです。

〈貸付事業用宅地等の要件〉

区　分	特例の適用要件	
被相続人の貸付事業の用に供されていた宅地等	事業承継要件	その宅地等に係る被相続人の貸付事業を相続税の申告期限までに引き継ぎ、かつ、その申告期限までその貸付事業を行っていること
	保有継続要件	その宅地等を相続税の申告期限まで有していること
被相続人と生計を一にしていた被相続人の親族の貸付事業の用に供されていた宅地等	事業継続要件	相続開始前から相続税の申告期限まで、その宅地等に係る貸付事業を行っていること
	保有継続要件	その宅地等を相続税の申告期限まで有していること

事例解説 2－(7) 特例対象宅地等が複数ある場合

〈設例〉

次のようなケースにおいて、A事業用宅地とB自宅敷地を選択して特例適用した場合**《選択肢１》**と、A事業用宅地とC駐車場を選択して特例適用した場合**《選択肢２》**、B自宅敷地とC駐車場を選択して特例適用した場合**《選択肢３》**とでは、どのような違いが生じますか。

【前提】

相続人：長男

相続財産

A　事業用宅地　250㎡・7,500万円（30万円/㎡）

B　自宅敷地　165㎡・3,300万円（20万円/㎡）

C　駐車場　160㎡・9,600万円（60万円/㎡）

その他財産　5,000万円

A事業用宅地とB駐車場、C自宅敷地はいずれも小規模宅地等の特例の適用要件を満たすものとします。

《選択肢１》A事業用宅地とB自宅敷地を選択

《選択肢２》A事業用宅地とC駐車場を選択

《選択肢３》B自宅敷地とC駐車場を選択

（注）複数の小規模宅地等の選択にあたっては、限度面積調整後の１㎡当たりの減額金額が指標となります。

A事業用宅地　@30万円×400㎡÷200㎡×80%=480,000円

B自宅敷地　@20万円×330㎡÷200㎡×80%＝264,000円

C駐車場　@60万円×50%=300,000円

《選択肢１》A事業用宅地及びB自宅敷地を選択した場合

(1) 選択適用による限度面積の計算

Cの貸付事業用宅地を選択しておらず、AとBは完全併用することができます。完全併用した場合、C宅地については次の算式によって特例選択する余地がありません。

$$200㎡-\left(250㎡\times\frac{200㎡}{400㎡}+165㎡\times\frac{200㎡}{330㎡}\right)\leqq 0$$

(2) 課税価格の減額計算

A事業用宅地：250㎡×30万円×▲80%＝▲6,000万円

B自宅敷地：165㎡×20万円×▲80%＝▲2,640万円

(3) 相続税額の計算

《選択肢１》の場合は事業用宅地についても居住用宅地についてもいずれも限度面積以下ですから、相続税を試算すると次の表のようになります。

（単位：万円）

区　分	特例適用前	小規模宅地等の特例適用後	
	評価額	減　額	効　果
A事業用宅地	7,500	（▲80%）6,000	1,500
B自宅敷地	3,300	（▲80%）2,640	660
C駐車場	9,600	—	9,600
その他財産	5,000	—	5,000
課税価格の合計	25,400		16,760
基礎控除	3,000×600×１人		3,600
相続税	7,110		3,564

《選択肢２》A事業用宅地及びC駐車場を選択した場合

１　１㎡当たりの減額金額が大きい土地から選択する場合

限度面積調整後の１㎡当たりの減額金額が大きい土地から選択すると、A事業用宅地（480,000円）→C駐車場（300,000円）の順になります。この場合の特例対象地の課税価格は次のように算定されます。

(1)　C駐車場に適用できる限度面積

A事業用宅地の特例適用可能面積は250㎡ですから、C駐車場については、次の算式のように75㎡で限度面積に達します。このとき、B自宅敷地には特例を適用することはできなくなります。

$$200㎡-250㎡\times\frac{200㎡}{400㎡}=75㎡$$

(2)　課税価格の減額計算

A事業用宅地：250㎡×30万×▲80％＝▲6,000万円

C駐車場：75㎡×60万円×▲50％＝▲2,250万円

(3)　相続税額の試算

《選択肢２》の１の限度面積を基に相続税を試算すると次の表のようになります。

（単位：万円）

区　分	特例適用前	小規模宅地等の特例適用後	
	評価額	減　額	効　果
A事業用宅地	7,500	（▲80%）6,000	1,500
B自宅敷地	3,300	—	3,300
C駐車場	9,600	（▲50%）2,250	7,350
その他財産	5,000	—	5,000
課税価格の合計	25,400		17,150
基礎控除（※）	3,000×600×１人		3,600
相続税	7,110		3,720

２　１㎡当たりの減額金額が小さい土地から選択する場合

次に、限度面積調整後の１㎡当たりの減額金額が小さい土地から選択したとすると、C駐車場（300,000円）→A 事業用宅地（480,000円）の順になります。この場合の特例対象地の課税価格は次のように算定されます。

(1)　A事業用宅地に適用できる限度面積

C駐車場の適用面積は160㎡ですから、A事業用宅地については次の算式のように80㎡で限度面積に達します。このとき、B自宅敷地に特例適用することはできなくなります。

$$(200㎡-160㎡) \times \frac{400㎡}{200㎡} = 80㎡$$

(2) 課税価格の減額金額

A事業用宅地：80㎡×30万円×▲80%＝▲1,920万円

C駐車場：160㎡×60万円×▲50%＝▲4,800万円

(3) 相続税額の試算

《選択肢2》の2の限度面積を基に相続税を試算すると次の表のようになります。

（単位：万円）

区 分	特例適用前	小規模宅地等の特例適用後	
	評価額	減 額	効 果
A事業用宅地	7,500	（▲80%）1,920	5,580
B自宅敷地	3,300	—	3,300
C駐車場	9,600	（▲50%）4,800	4,800
その他財産	5,000	—	5,000
課税価格の合計	25,400		18,680
基礎控除	3,000×600×１人		3,600
相続税	7,110		4,332

《選択肢3》B自宅敷地及びC駐車場を選択した場合

1　1㎡当たりの金額が大きい土地から選択する場合

最後にB自宅敷地とC駐車場に特例適用する場合を検討します。限度面積調整後の１㎡当たりの減額金額が大きい土地から選択すると、C駐車場（300,000円）→B自宅敷地（264,000円）の順になります。

この場合の特例対象地の課税価格は次のように算定されます。

(1) B自宅敷地に適用できる限度面積

C駐車場の特例適用可能面積は160㎡ですから、B自宅敷地については次の算式のように66㎡で限度面積に達します。このとき、B自宅敷地に特例適用できる面積は66㎡になり、A事業用宅地に特例適用することはできなくなります。

$$(200㎡-160㎡) \times \frac{330㎡}{200㎡} = 66㎡$$

(2) 課税価格の減額金額

B自宅敷地：66㎡×20万円×▲80％＝1,056万円

C駐車場：160㎡×60万円×▲50％＝4,800万円

(3) 相続税額の試算

《選択肢3》の1の限度面積を基に相続税を試算すると次の表のようになります。

（単位：万円）

区　分	特例適用前	小規模宅地等の特例適用後	
	評価額	減　額	効　果
A事業用宅地	7,500	—	7,500
B自宅敷地	3,300	（▲80%）1,056	2,244
C駐車場	9,600	（▲50%）4,800	4,800
その他財産	5,000	—	5,000
課税価格の合計	25,400		19,544
基礎控除	3,000万円×600万円×１人		3,600
相続税（※）	7,110		4,677

（※）簡略化のため小数点未満は切捨て。

2　1㎡当たりの金額が小さい土地から選択する場合

次に、限度面積調整後の1㎡当たりの減額金額が小さい土地から選択したとすると、B自宅敷地（264,000円）→C駐車場（300,000円）の順になります。この場合の特例対象地の課税価格は次のように算定されます。

(1) C駐車場に適用できる限度面積

B自宅敷地の特例適用可能面積は165㎡ですから、C駐車場については次の算式のように100㎡で限度面積に達します。このとき、A事業用宅地に特例適用することはできなくなります。

$$200㎡ - 165㎡ \times \frac{200㎡}{330㎡} = 100㎡$$

(2) C駐車場の課税価格の減額金額

B自宅敷地：165㎡×20万円×▲80％＝▲2,640万円

C駐車場：100㎡×60万円×▲50％＝▲3,000万円

(3) 相続税額の試算

《選択肢3》の2の限度面積を基に相続税を試算すると次の表のようになります。

(単位：万円)

区　分	特例適用前	小規模宅地等の特例適用後	
	評価額	減　額	効　果
A事業用宅地	7,500	—	7,500
B自宅敷地	3,300	(▲80%) 2,640	660
C駐車場	9,600	(▲50%) 3,000	6,600
その他財産	5,000	—	5,000
課税価格の合計	25,400		19,760
基礎控除	3,000万円×600万円×１人		3,600
相続税	7,110		4,764

《各選択肢の比較検討》

選択肢１～３の相続税額を比較すると次の表のようになります。

(単位：万円)

順位	選択肢	適用対象宅地	限度面積調整後の減額金額	① 特例適用後の相続税額	② 特例適用前の相続税額	③ (①－②) 相続税の負担減	減額幅
①	《選択肢１》	A事業用宅地 B自宅敷地	480,000円 264,000円	3,564	7,110	▲3,546	大
②	《選択肢２》の１	A事業用宅地 C駐車場	480,000円 300,000円	3,720	7,110	▲3,390	↑
③	《選択肢２》の２	C駐車場 A事業用宅地	300,000円 480,000円	4,332	7,110	▲2,778	↕
④	《選択肢３》の１	C駐車場 B自宅敷地	300,000円 264,000円	4,677	7,110	▲2,433	↓
⑤	《選択肢３》の２	B自宅敷地 C駐車場	264,000円 300,000円	4,764	7,110	▲2,346	小

表を見て明らかなように小規模宅地等の特例を選択する順序は、一般的には減額割合が大きく限度面積の調整をする必要がない特定事業用宅地等と特定居住用宅地等を選択すると最も有利になり、貸付業用宅地等と選択適用する場合には、限度面積調整後の1㎡当たりの減額金額が大きなものから選択していくと税負担が少なくなります。

しかし、相続人が複数いるような遺産分割の場面では、各人ごとの相続税額がどのようになるかについても検討してみる必要があります。各人の相続税額の合計額が一番小さくなったとしても、どのような遺産分割が望ましいかについては、必ずしも税負担だけで判定すればいいというものでもないでしょう。

また、後述するように配偶者の税額軽減の規定などと併用すると、1㎡当たりの減額金額が大きなものから選択することが、必ずしも最も大きな税負担の減少に繋がらないこともあります（117ページ参照）。

税務解説　特定居住用宅地等に係る小規模宅地等の特例

特定居住用宅地等に係る小規模宅地等の特例は、被相続人やその家族が居住していた宅地等を相続した場合に、330㎡を上限として課税価格を相続税評価額から80%減額する特例です。

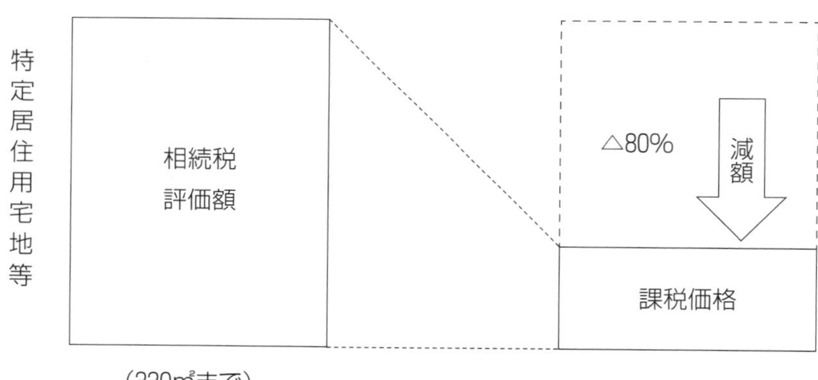

特定居住用宅地等とは、相続開始の直前において被相続人等の居住の用に供されていた宅地等で、次の区分に応じ、それぞれの要件に該当する被相続人の親族が相続又は遺贈により取得したものをいいます。共有の場合はその持分が対象になります。

（注）その宅地等が2以上ある場合には、主としてその居住の用に供していた一つの宅地等に限ります。

〈特定居住用宅地等の取得者の要件（平成30年４月１日以降の相続又は遺贈）〉

<table>
<tr><th colspan="2" rowspan="2">区　分</th><th colspan="3">特例の適用要件</th></tr>
<tr><th colspan="2">取得者</th><th>取得者等ごとの要件</th></tr>
<tr><td rowspan="3">①</td><td rowspan="3">被相続人の居住の用に供されていた宅地等</td><td>1</td><td>被相続人の配偶者</td><td>「取得者ごとの要件」はなく、無条件で本特例の適用が可能</td></tr>
<tr><td>2</td><td>被相続人の居住の用に供されていた一棟の建物に居住していた親族（同居親族）</td><td>次の２つの要件をいずれも満たすこと
(1)　居住継続要件
相続開始の直前から相続税の申告期限まで引き続きその建物に居住していること
(2)　所有継続要件
その宅地等を相続開始の時から相続税の申告期限まで所有していること</td></tr>
<tr><td>3</td><td>上記１及び２以外の親族（家なき子）</td><td>次の(1)から(6)の要件をすべて満たすこと
(1)　居住制限納税義務者又は非居住制限納税義務者のうち日本国籍を有しない者ではないこと
(2)　被相続人に配偶者がいないこと
(3)　相続開始の直前において被相続人の居住の用に供されていた家屋に居住していた被相続人の相続人
この場合の相続人は、相続の放棄があったときには、その放棄がなかったものとした場合の相続人をいう
(4)　相続開始前３年以内に日本国内にある取得者、取得者の配偶者、取得者の三親等内の親族又は取得者と特別の関係がある一定の法人が所有する家屋に居住したことがないこと
ただし、相続開始の直前において被相続人の居住の用に供されていた家屋を除く
(5)　相続開始時に、取得者が居住している家屋を相続開始前のいずれの時においても所有していたことがないこと
(6)　その宅地等を相続開始時から相続税の申告期限まで有していること</td></tr>
</table>

②	被相続人と生計を一にしていた親族の居住の用に供されていた宅地等	1	被相続人の配偶者	「取得者ごとの要件」はなく、無条件で本特例の適用が可能
		2	被相続人と生計を一にしていた親族	次の２つの要件をいずれも満たすこと (1)　居住継続要件 相続開始の直前から相続税の申告期限まで引き続きその建物に居住していること (2)　所有継続要件 その宅地等を相続開始時から相続税の申告期限まで所有していること

事例解説 2－(8) 二次相続まで考慮した小規模宅地等の特例の活用

〈設例〉一次相続と二次相続で取得順序が異なる場合の有利選択

次のようなケースの一次相続において、妻・子ともに特定居住用宅地等の特例を適用することができるとすると、二次相続への影響まで考えたときにはどのような違いが生じますか。

【前提】

相続人：妻、子

相続財産

自宅の敷地２筆（A330㎡、B330㎡　合計660㎡）

@20万円×660㎡＝13,200万円

配偶者の税額軽減の適用によって、妻に相続税の納税はないものとする。

地価の変動については考慮しないものとする。

《選択肢１》妻が特定居住用宅地等の特例を適用する場合

《選択肢２》子が特定居住用宅地等の特例を適用する場合

配偶者がいるケースでは、一次相続の場合だけではなく、二次相続への影響も考慮する必要があります。一次相続及び二次相続のいずれにおいても特例の適用を受けることができる小規模宅地等が存在する場合、一次相続で適用を受けようとする宅地等は、なるべく子が取得することとし、二次相続で適用を受けようとする宅地等は配偶者が取得するようにすることが有利選択となります。

《選択肢１》一次相続において配偶者が小規模宅地等の特例を適用する場合

一次相続において自宅の敷地の（A）部分を子が330㎡、（B）部分を妻が330㎡取得するに際し、小規模宅地等の特例は配偶者が適用することとします。そうすると妻は課税価格1,320万円の土地を取得し、子は課税価格6,600万円の土地を取得します。また、妻は配偶者の税額軽減を受けることができます。

次に、二次相続において更に小規模宅地等の特例が適用できるとすると、(B) 土地の評価額は6,600万円のままですから、子は課税価格1,320万円の（B）土地を取得します。ここで二次相続まで考慮して子の取得する財産について着目すると、子は一次二次を通算して合計7,920万円（(A) 6,600万円＋ (B) 1,320万円）に対して課税されることになります。

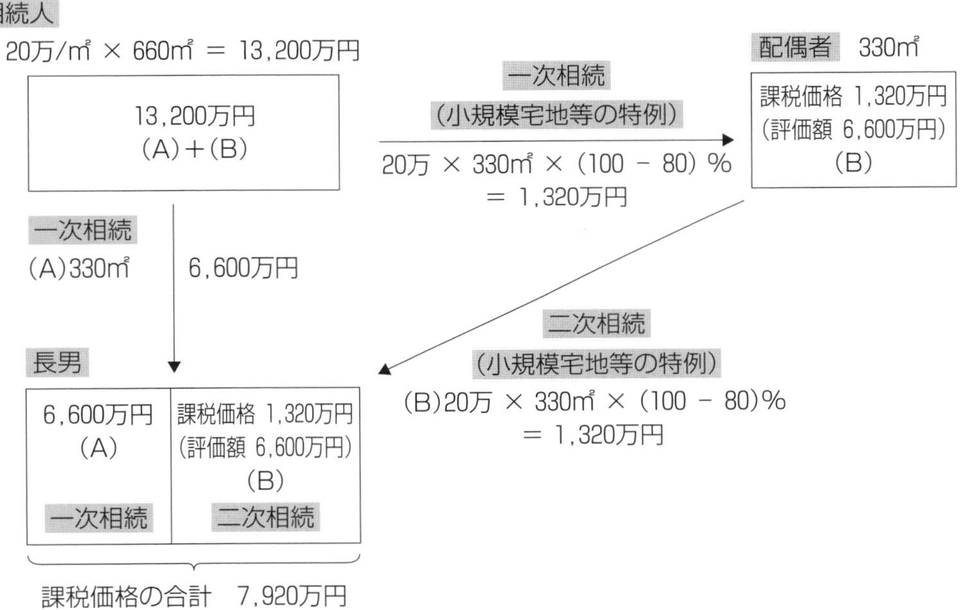

《選択肢２》一次相続において子が小規模宅地等の特例を適用する場合

一次相続において自宅の敷地の（A）部分を子が330㎡、（B）部分を妻が330㎡取得するに際し、小規模宅地等の特例は子が適用することとします。そうすると、妻は課税価格6,600万円の土地を取得し、子は課税価格1,320万円の土地を取得します。妻は配偶者の税額軽減をより大きく受けることができます。

次に、二次相続において更に小規模宅地等の特例が適用できるとすると、子は課税価格1,320万円の（B）土地を取得します。ここで二次相続まで考慮するのですから、子の取得する財産について着目して考えます。そうすると、子は一次二次を通算して合計2,640万円（(A) 1,320万円＋ (B) 1,320万円）に対して課税されることになります。

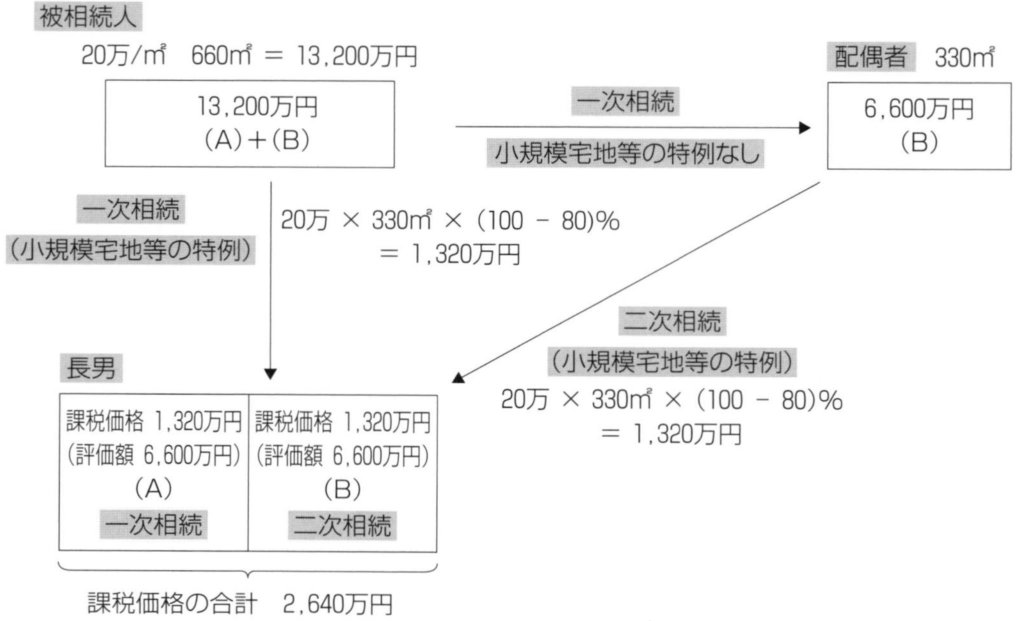

《選択肢１》と《選択肢２》の比較検討

上の二つの選択肢に違いが生じるのは、《選択肢１》については、一次相続及び二次相続を通算して（B）土地のみが小規模宅地等の特例を適用しているのに対し、《選択肢２》については、（A）土地及び（B）土地いずれについても特例を適用することができているということです。配偶者の税額軽減（117ページ参照）と合わせて検討してみる必要はありますが、《選択肢２》を選択した方が一般的には有利になると思われます。

なお、上記の設例は（A）土地と（B）土地が別々の筆であることを想定していますが、これが１筆の土地であって、共有持分２分の１ずつ取得したとしても同じことになります。

このように、一次相続で小規模宅地等の特例の適用を受けようとする土地は子が取得し、二次相続で小規模宅地等の特例の適用を受けようとする土地は、一次相続の時に配偶者が取得すると有利になります。しかし、小規模宅地等の特例は適用要件が厳しく、利用状況等によっては必ずしも子が適用要件を満たすとは限りません。二次相続での適用も考慮した有利な遺産分割協議は難しい場面もあります。また、居住用宅地等の地積が330㎡より小さい場合に、一次相続で子が特例適用すると、二次相続では特例適用できる宅地等がなくなってしまいます。

そこで一旦、子が小規模宅地等の特例を適用した土地について、たとえば交換の特例（所法58）を活用して配偶者が自宅の宅地等を取得することにより、第二次相続でも同居する子が特定居住用の特例の適用を受ける方法も考えることができるでしょう（274ページ参照）。

第3章　配偶者の税額軽減を活用する方法

相続は、人の死亡によってその人の遺産が次世代へと承継されることだということができます。しかし、たとえば父が死亡した場合、その財産をすべて子が引き継ぐのではなく、配偶者である同世代の母に財産の一部を一旦承継させ、その後、母の遺産を子に承継させるということが一般的に行われています。このように、財産の次世代への承継は数次相続を経て行われることが多くあるため、相続税の負担は、一次相続と二次相続を通算して検討してみる必要があります。

配偶者が相続人である場合には、①その配偶者がどのような財産を相続するのか、②相続税の配偶者の税額軽減をどのように適用するのかといったことを検討することによって、一次・二次を通した相続税負担を少なくすることができます。

1　配偶者の税額軽減の概要

配偶者の税額軽減とは、被相続人の配偶者が遺産分割や遺贈により取得した財産について、その課税価格が配偶者の法定相続分相当額までである場合、又はその課税価格が1億6,000万円以下である場合には、その配偶者に相続税は課税されないという制度です。

この軽減措置は、①配偶者による財産の取得は同一世代間の財産移転であり、遠からず次の相続が発生して相続税が課税されることになるのが通常であること、②長年共同生活を営んできた配偶者に対する配慮、③遺産の維持形成に対する配偶者の貢献等を考慮して設けられたものとされています。

（注）この制度の対象となる財産には、仮装又は隠蔽によって申告されていなかった財産は含まれません。

図で示すと次により求めた金額（B）が、配偶者に対する相続税額の軽減額となります。

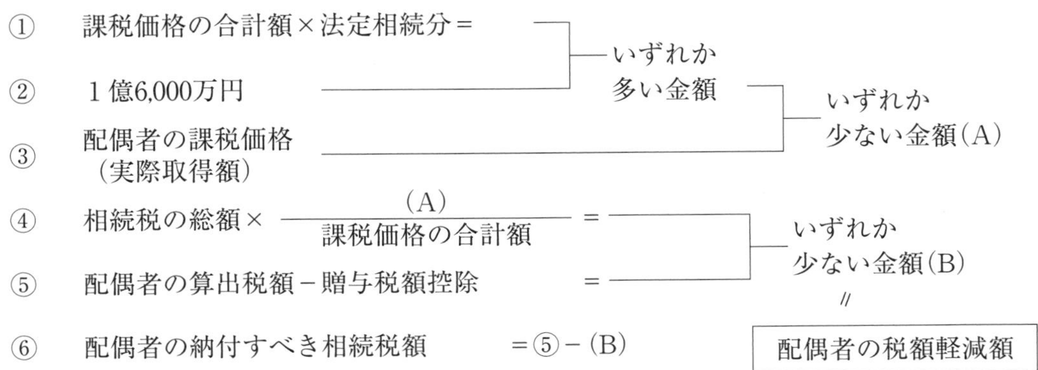

（出典：税務大学校講本「相続税法（基礎編）令和3年版」）

2　適用対象となる配偶者

軽減措置の適用を受けられるのは被相続人の配偶者であり、無制限納税義務者、制限納税義務者の別を問いません。すなわち、配偶者の国籍や住所による制限はありません。また、配偶者が相続を放棄しても適用があります。

たとえば、配偶者が相続放棄をして生命保険金（みなし相続財産）を受け取ったときは相続税が課税されますが、この場合にも税額軽減の対象となります。

なお、この場合の配偶者は法律上の婚姻の届出をした者に限られるので、いわゆる内縁の妻には適用がありません。

事例解説 2－(9)　二次相続まで考慮した配偶者の税額軽減の活用

〈設例〉

次のような前提を置いたとき、配偶者の税額軽減の適用と遺産分割方法によって通算相続税額にどのような違いが生じるでしょうか。

【前提】

〈一次相続〉

被相続人：夫（令和３年５月死亡）

相続人：妻、長男、長女

夫の相続財産（遺産）：10億円

〈二次相続〉

被相続人：妻（令和３年７月死亡）

相続人：長男、長女

妻の相続財産（遺産）：５億円（亡夫からの相続財産を除く固有財産）

《分割案１》一次相続、二次相続とも法定相続分で分割取得し、配偶者の税額軽減の適用を受ける場合

《分割案２》一次相続では母は相続財産を取得せず、長男と長女が２分の１ずつ相続し、二次相続においても長男と長女が２分の１ずつ相続する場合

《分割案３》一次相続、二次相続とも法定相続分で相続し、配偶者の税額軽減の適用を受けず、相次相続控除を利用する場合

《分割案1》

一次相続、二次相続とも法定相続分で分割取得し、配偶者の税額軽減の適用を受ける場合

（単位：万円）

区　分	一次相続（夫）			二次相続（妻）		合計税額
	妻	長　男	長　女	長　男	長　女	
課税価格	100,000			100,000（※１）		
基礎控除	4,800（※２）			4,200（※３）		
課税遺産総額	95,200			95,800		
相続税の総額	35,620			39,500		75,120
各人の取得財産	50,000	25,000	25,000	50,000	50,000	
各人の算出税額	17,810	8,905	8,905	19,750	19,750	75,120
配偶者の税額軽減	▲17,810	−	−	−	−	▲17,810
各人の納付税額	0	8,905	8,905	19,750	19,750	57,310

（※１）配偶者の遺した相続財産は

（固有の財産）50,000万円 ＋ （一次相続財産）50,000万円 ＝ 100,000万円

（※２）3,000万円 ＋ 600万円 × ３人 ＝ 4,800万円

（※３）3,000万円 ＋ 600万円 × ２人 ＝ 4,200万円

《分割案2》

一次相続では母は相続財産を取得せず、長男と長女が２分の１ずつ相続し、二次相続においても長男と長女が２分の１ずつ相続する場合

（単位：万円）

区　分	一次相続（夫）			二次相続（妻）		合計税額
	妻	長　男	長　女	長　男	長　女	
課税価格	100,000			50,000（※１）		
基礎控除	4,800（※２）			4,200（※３）		
課税遺産総額	95,200			45,800		
相続税の総額	35,620			15,210		50,830
各人の取得財産	0	50,000	50,000	25,000	25,000	
各人の算出税額	0	17,810	17,810	7,605	7,605	50,830

（※１）母の固有財産

（※２）3,000万円 ＋ 600万円 × ３人 ＝ 4,800万円

（※３）3,000万円 ＋ 600万円 × ２人 ＝ 4,200万円

《分割案３》

一次相続、二次相続とも法定相続分で相続し、配偶者の税額軽減の適用を受けず、相次相続控除を利用する場合

（単位：万円、小数点未満切捨て）

区 分	一次相続（夫）			二次相続（妻）		合計税額
	妻	長 男	長 女	長 男	長 女	
課税価格	100,000			C 82,190（※１）		
基礎控除	4,800（※２）			4,200（※３）		
課税遺産総額	95,200			77,990		
相続税の総額	35,620			30,594		66,214
各人の取得財産	B 50,000	25,000	25,000	D 41,095	D 41,095	
各人の算出税額	17,810	8,905	8,905	15,297	15,297	66,214
配偶者の税額軽減	―	―	―	―	―	―
相次相続控除（※４）	―	―	―	▲8,905	▲8,905	▲17,810
各人の納付税額	A 17,810	8,905	8,905	6,392	6,392	48,404

（※１）配偶者の遺した相続財産は

固有の財産＋一次相続財産－一次相続の相続税額

＝ 50,000万円 ＋ 50,000万円 － （A）17,810万円

＝ 82,190万円

（※２）3,000万円 ＋ 600万円 × ３人 ＝ 4,800万円

（※３）3,000万円 ＋ 600万円 × ２人 ＝ 4,200万円

（※４）長男及び長女の相次相続控除（122ページ参照）は

$$A \times \frac{C}{(B-A)} \times \frac{D}{C} \times \frac{10-E}{10}$$

$$= 17{,}810万円 \times \frac{82{,}190}{(50{,}000-17{,}810)} \times \frac{41{,}095}{82{,}190} \times \frac{10}{10} \fallingdotseq 8{,}905万円$$

↑ 100を超えるので $\frac{100}{100}$　　↑ 経過年数0

《各分割案の比較検討》

一次相続直後に二次相続が発生し、配偶者が高額な自己の固有財産を所有する場合には、配偶者の税額軽減の適用を受けると、一次、二次を通算した相続税額の負担はかえって大きくなることがあります。設例のケースは、同一年中に連続して相続が発生した場合を取り上げたもので、相次相続控除（122ページ税務解説参照）を考慮した通算相続税額について検討するものです。

設例の場合のように、二次相続においては一次相続の時より相続人の数が一名減少し、相続財産にはその配偶者の固有財産が加わるため、固有財産の額が多ければ多いほど相続税の負担は増加します。このような場合には、配偶者の税額軽減を受けない方が有利なことがあります。

双方ともに多額の財産を有する夫婦が相次いで死亡する場合には、配偶者に対する相続税額の軽減を利用したとしても、かえって税負担が増加することになることもあるのです。

設例のケースは一次相続と二次相続が相次いで発生し、配偶者の税額軽減を受けない方が税負担が少なくなる事例です。

相続税負担の合計額をまとめると次のとおりです。

分割案	分割方法	一次・二次を通算した相続税額
《分割案１》	法定相続分による相続で配偶者軽減を受ける	57,310万円
《分割案２》	一次相続で配偶者が財産を取得しない	50,830万円
《分割案３》	法定相続分による相続で配偶者の税額軽減を受けない	48,404万円

税務解説 相次相続控除

1 相次相続控除

相続税は、相続又は遺贈により財産を取得することによって課税されることから、同一の財産についてその都度相続税が課税されるため、短期間に続けて相続の開始があった場合には、長期間にわたり相続の開始がなかった場合に比べ、著しい税負担の差異が生じます。

このため、一次相続発生後10年以内に２回以上相次相続が開始し相続税が課せられる場合には、一次相続で課せられた税額の一定割合相当額を、後の相続の際に課せられる相続税額から控除し、その負担の軽減が図られています。

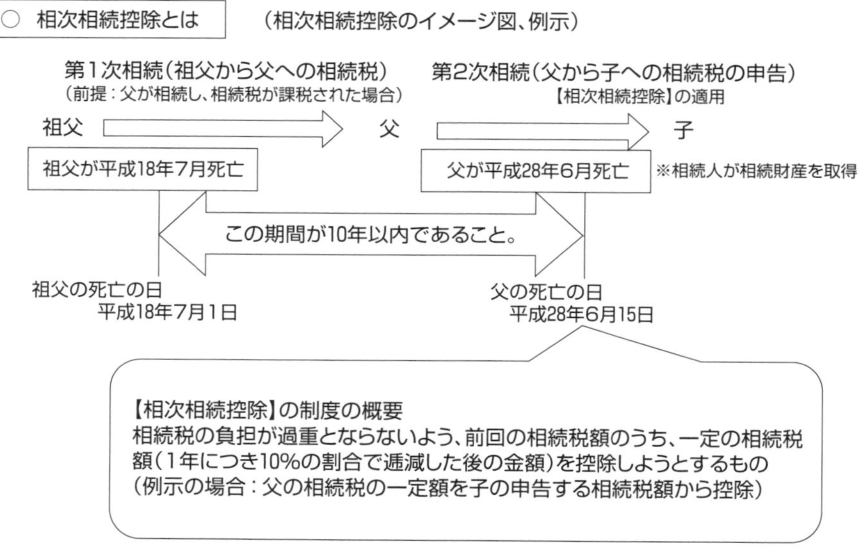

（出典：国税庁ホームページ）

2 相次相続控除が受けられる人

相次相続控除が受けられるのは次のすべてに当てはまる人です。

(1) 被相続人の相続人であること

この制度の適用対象者は相続人に限定されていますので、相続の放棄をした人及び相続権を失った人がたとえ遺贈により財産を取得しても、この制度は適用されません。

(2) その相続の開始前10年以内に開始した相続により被相続人が財産を取得していること

(3) その相続の開始前10年以内に開始した相続により取得した財産について、被相続人に対し相続税が課税されたこと

3 相次相続控除の額

相次相続控除は、一次相続において課税された相続税額のうち、１年につき10％の割合で逓減した後の金額を相次相続に係る相続税額から控除しようというものです。

各相続人の相次相続控除額は、次の算式により計算した金額です。

【算式】

$$A \times \frac{C}{(B-A)^{※}} \times \frac{D}{C} \times \frac{10-E}{10} = \text{各相続人の相次相続控除額}$$

※ 求めた割合が$\frac{100}{100}$を超えるときは$\frac{100}{100}$とする

A：二次相続における被相続人が一次相続の際に課せられた相続税額

この相続税額は、相続時精算課税分の贈与税額控除後の金額をいい、その被相続人が納税猶予の適用を受けていた場合の免除された相続税額並びに延滞税、利子税及び加算税の額は含まれません。

B：被相続人が一次相続の時に取得した純資産価額

取得財産の価額＋相続時精算課税適用財産の価額－債務及び葬式費用の金額

C：二次相続、遺贈や相続時精算課税に係る贈与によって財産を取得したすべての人の純資産価額の合計額

D：二次相続の相続人の純資産価額

E：一次相続から今回の相続までの期間

１年未満の期間は切り捨てます。

（相法20、相基通20－１）

国税庁ホームページに具体的な計算例が掲げられていますので、次に示します。

【国税庁タックスアンサー No.4168】

相次相続控除の計算

Q１

このたび父が死亡しました。４年６か月前には祖父が死亡しており、父は1,000万円の相続税を納めています。この場合、今回の私が納めるべき相続税額から控除できる相次相続控除はいくらになりますか。ちなみに、父が祖父から相続した純資産価額（相続財産から債務等を引いた後の額）は１億5,000万円で、今回の父から相続する全

体の純資産価額は１億8,000万円で、私の今回の相続する純資産価額は9,000万円で相続税額は950万円です。

A１

前回の祖父の相続においてあなたの父が納めた1,000万円の税額のうち、次の算式で計算した金額（300万円）が相次相続控除となります。

〈前提〉

「純資産価額」とは、相続した財産から債務・葬式費用を控除した額をいいます。

・　前回の祖父から父が相続した純資産価額　１億5,000万円（左の父の相続税額1,000万円）
・　今回の父の全体の相続税の純資産価額　１億8,000万円
・　今回のあなたの相続する純資産価額9,000万円（左のあなたの相続税額950万円）
・　前回の祖父の死亡から今回の父の死亡までの経過年数　４年６か月（※２）

相次相続控除の計算（前回の父の相続税額1,000万円のうち次の算式で求めた額）

$$1{,}000\text{万円}\times\frac{1\text{億}8{,}000\text{万円}}{1\text{億}5{,}000\text{万円}-1{,}000\text{万円}}(\text{※}1)\times\frac{9{,}000\text{万円}}{1\text{億}8{,}000\text{万円}}\times\frac{10\text{年}-4\text{年}(\text{※}2)}{10\text{年}}=300\text{万円}$$

（※１）　部分の計算が$\frac{100}{100}$を超えるため、この場合は$\frac{100}{100}$で計算します。

（※２）経過年数は、４年６か月ですが、この場合は、１年未満を切り捨て４年で計算します。

相次相続控除が算出されない場合
（２年前に父が死亡し、本年母が死亡した場合）

Q２

このたび母が死亡しました。２年前には父が死亡しており私は相続税を納めています。母も相続していますが、配偶者の税額の軽減により母の相続税額はありませんでした。私が納めた相続税額は、母の相続税の申告において相次相続控除が受けられますか。

A２

相次相続控除は、前回の相続において被相続人が納めた相続税がある場合に、その相続税額を基に計算する制度です。したがって今回の被相続人（母）は、前回の父の相続において配偶者の税額の軽減により納めた相続税がないため、今回の母の相続税の申告において相次相続控除額は算出されませんので、相次相続控除を受けることはできません。

事例解説 2－⑽ 配偶者の税額軽減と小規模宅地等の選択

〈設例〉

次のような事例の場合、小規模宅地等の特例の適用によって、《選択肢１》と《選択肢２》とでは相続税の負担はどのように異なりますか。

相続人：妻・長男

取得財産

妻→自宅（甲土地330㎡）：評価額１億6,000万円
　　その他財産：4,000万円
　　合計：２億円

長男→貸家建付地（土地200㎡）：評価額１億6,000万円
　　その他財産：4,000万円
　　合計：２億円

《選択肢１》妻が特定居住用宅地等の特例を適用する

《選択肢２》長男が貸付事業用宅地等の特例等を適用する

前項で解説した小規模宅地等の特例をどの宅地等で適用するかによって、相続税額にどのような影響を及ぼすのか試算してみる必要がありますが、このときには配偶者の税額軽減も併せて考える必要があります。

〈限度面積要件の確認〉

特定事業用宅地等又は特定同族会社事業用宅地等＝A（㎡）

特定居住用宅地等＝B（㎡）

貸付事業用宅地等＝C（㎡）

⑴　選択した対象宅地にCがない場合

$A \leqq 400㎡$、$B \leqq 330㎡$（合計730㎡まで可能）

⑵　選択した対象地にCがある場合

$$A \times \frac{200}{400} + B \times \frac{200}{330} + C \leqq 200㎡$$

《選択肢１》

妻と長男が相続財産を２分の１ずつ取得し、配偶者が取得する甲土地に特定居住用宅地等の特例を適用した場合

設例の相続税を試算すると次の表のようになります。

（単位：万円）

相続人	妻	長男	合　計
取得財産	20,000	20,000	40,000
小規模宅地等の特例	(▲80%)▲12,800(※)	—	▲12,800
課税価格	7,200	20,000	27,200
基礎控除	3,000＋600×２人		4,200
各人の相続税額	1,535	4,265	5,800
配偶者の税額軽減	▲1,535	—	▲1,535
納税額	0	4,265	4,265

（※）160,000万円×▲80％＝▲12,800万円

《選択肢２》

妻と子が相続財産を２分の１ずつ取得し、子が取得する乙土地に貸付事業用宅地等の特例を適用した場合の相続税を試算すると次の表のようになります。

（単位：万円）

相続人	妻	長男	合　計
取得財産	20,000	20,000	40,000
小規模宅地等の特例		(▲50%)▲8,000(※1)	▲8,000
課税価格	20,000	12,000	32,000
基礎控除	3,000＋600×２人		4,200
各人の相続税額	4,825	2,895	7,720
配偶者軽減	▲3,860(※2)	—	▲3,860
納税額	965	2,895	3,860

（※１）160,000万円×▲50％＝▲8,000万円

（※２）$7{,}720\text{万円}\times\frac{160{,}000\text{万円}}{320{,}000\text{万円}}=3{,}860\text{万円}$

《選択肢１》と《選択肢２》の比較検討

小規模宅地等の特例の適用による課税価格の減額を比較すると、《選択肢１》は▲12,800万円で、《選択肢２》は▲8,000万円です。一見すると《選択肢１》の方が税負担が少なくなるように見えますが、配偶者の税額軽減の特例が利用できる場合には、納税額においては《選択肢２》の方が有利選択となります。つまり、小規模宅地等の特例を適用できる宅地等が複数ある場合、一次相続においては配偶者よりも子の取得する財産から優先適用する方が有利になっています。なお、事例の場合は第二次相続においては同じ結果になりますので、有利不利に影響はありません。

事例解説 2－⑾ 配偶者の税額軽減の活用と代償分割

〈設例〉

遺産分割で代償分割の方法を選択する場合、相続税額の計算において《選択肢１》と《選択肢２》とではどのような違いが生じますか。
相続人：妻、長女
相続財産：土地（相続税評価額４億円、取引時価５億円）
《選択肢１》支払った代償金の支払金額を基準に相続税申告する
《選択肢２》支払った代償金を相続税評価額に引き直して申告する
（代償分割の税務については129ページ参照。）

《選択肢１》支払った代償金を基準に相続税申告する方法

妻が相続財産である土地を取得し、その代償として長女に金銭を支払う方法を採ります。支払う金銭は土地の取引時価50,000万円を基準に、その２分の１である25,000万円とします。このときの相続税の原則的な方法による計算例は次のとおりです。

（単位：万円）

相続人		妻	長 女	合 計
相続財産	土地	40,000	－	40,000
	代償債務	▲25,000	－	▲25,000
	代償債権	－	25,000	25,000
課税価格		15,000	25,000	40,000
基礎控除額		3,000＋600×２人		4,200
各人の相続税額		4,095	6,825	10,920
配偶者軽減		▲4,095	－	▲4,095
納税額		0	6,825	6,825

《選択肢２》支払った代償金を相続税評価額に引き直して申告する方法

妻が相続財産である土地を取得し、《選択肢１》と同様にその代償として長女に25,000万円支払います。しかし相続税の計算については、代償債権の額を次のように相続税評価額に引き直して計算します。

代償債権の額

$$= \text{実際の支払額} \times \frac{\text{妻の相続財産の相続税評価額}}{\text{妻の相続財産の取引時価}}$$

$$= 25{,}000\text{万円} \times \frac{40{,}000\text{万円}}{50{,}000\text{万円}}$$

$$= 20{,}000\text{万円}$$

（単位：万円）

相続人		妻	長　女	合　計
相続財産	土地	40,000	－	40,000
	代償債務	▲20,000	－	▲20,000
	代償債権	－	20,000	20,000
課税価格		20,000	20,000	40,000
基礎控除額		3,000＋600×２人		4,200
相続税額		5,460	5,460	10,920
配偶者軽減		▲5,460	－	▲5,460
納税額		0	5,460	5,460

《選択肢１》と《選択肢２》の比較検討

上記いずれの選択肢においても妻は配偶者の税額軽減の規定が適用され、相続税は発生しません。一方長女の税額は、《選択肢１》の場合は6,825万円、《選択肢２》の場合は5,460万円となり、《選択肢２》の方が有利になっています。

この理由は、長女に支払う代償金の額が少なく評価されることによって妻の取得財産が大きく計算されるので、配偶者の税額軽減の規定がより大きく活用できるようになるからです。

なお、配偶者の税額軽減を利用して相続税の負担を不当に減少させることを目的として、不合理な方法によって代償債務を計算していると認められるような場合には、《選択肢２》の方法は認められず原則的な方法である《選択肢１》によることとなります。

税務解説　代償分割の税務

相基通19の２－８によると、代償分割の意義は「共同相続人又は包括受遺者のうちの１人又は数人が相続又は包括遺贈により取得した財産の現物を取得し、その現物を取得した者が他の共同相続人又は包括受遺者に対して債務を負担する分割の方法」と定められています。

1　相続税の課税価格

相続財産の分割が代償分割の方法により行われた場合、①代償財産の交付を受けた者及び②代償財産の交付をした者の相続税の課税価格は次のように取り扱われます（相基通11の２－９）。

①　代償財産の交付を受けた者	相続又は遺贈により取得した現物の財産の価額 ＋　交付を受けた代償財産の価額
②　代償財産の交付をした者	相続又は遺贈により取得した現物の財産の価額 －　交付を受けた代償財産の価額

2　代償財産の価額

⑴　原則

代償財産の価額は、代償分割の対象となった財産を現物で取得した人が他の共同相続人などに対して負担した債務（＝代償債務）の額の相続開始の時における金額とされます（相基通11の２－10本文原則）。

⑵　原則以外の方法

ただし、次の場合には、それぞれ次のとおりとなります（相基通11の２－10ただし書き）。

イ　共同相続人及び包括受遺者の全員の協議に基づいて、ロで説明する方法に準じた方法又は他の合理的と認められる方法により代償財産の額を計算して申告する場合には、その申告した額によることが認められます。

ロ　代償分割の対象となった財産が特定され、かつ、代償債務の額がその財産の代償分割の時における通常の取引価額を基として決定されている場合には、その代償債務の額に、代償分割の対象となった財産の相続開始の時における相続税評価額が、代償分割の対象となった財産の代償分割の時において通常取引されると認められる価額に占める割合を掛けて求めた価額となります。すなわち、次の算式により計算した金額になります。

$$代償財産の価額 = A \times \frac{C}{B}$$

Ａ：代償債務の額

Ｂ：代償債務の額の決定の基となった代償分割の対象となった財産の代償分割の時における価額＝取引時価

Ｃ：代償分割の対象となった財産の相続開始の時における価額＝相続税評価額

3 国税庁による事例解説

国税庁のタックスアンサーNo.4173において、代償分割に係る次のような計算例が掲げられています。

> 相続人甲が、相続により土地（相続税評価額4,000万円、代償分割時の時価5,000万円）を取得する代わりに、相続人乙に対し現金2,000万円を支払った場合。
>
> (1) 甲の課税価格
>
> 4,000万円 － 2,000万円 ＝ 2,000万円
>
> (2) 乙の課税価格
>
> 2,000万円
>
> ただし、代償財産（現金2,000万円）の額が、相続財産である土地の代償分割時の時価5,000万円を基に決定された場合には、甲及び乙の課税価格はそれぞれ以下のように計算します。
>
> (1) 甲の課税価格
>
> 4,000万円 － {2,000万円 × （4,000万円 ÷ 5,000万円)} ＝ 2,400万円
>
> (2) 乙の課税価格
>
> 2,000万円 × （4,000万円 ÷ 5,000万円） ＝ 1,600万円

上記の評価方法は、上段が相基通11の２－10に定める原則的な方法、下段が同通達ただし書きによる方法です。

上段の方法は、相続により取得する土地について相続税評価額4,000万円を基準に、その２分の１である2,000万円を支払うケースのように見受けられます。

一方、下段の方法によって支払われる2,000万円は時価5,000万円を基に算定されたというのですから、土地の価値のうち、甲が実質的に取得するのは土地の価格の５分の３（＝$1 - \frac{2{,}000万円}{5{,}000万円}$）ということになるのでしょう。

そうすると、仮に甲と乙の法定相続分がそれぞれ２分の１ずつとした場合、実質的には甲が法定分よりも多くの遺産を取得したことになります。公平を期するためには、代償金の額についても取引時価を基にする必要があると考えます。

一歩先へ　代償分割の二次相続への影響

次のような例において、二次相続における税務上の有利不利について検討してみます。

【一次相続】

被相続人：夫

相続人：妻、長男

相続財産：土地（相続税評価額4,000万円、取引時価5,000万円）

妻の固有財産：現預金3,000万円

《分割案１》：土地を法定相続分に応じて２分の１ずつ共有取得する。

妻の相続分（相続税評価）$=4{,}000$万円$\times\frac{1}{2}=2{,}000$万円

《分割案２》：土地を妻が取得し、取引時価を基準として代償金を支払う。

代償金$=$取引時価5,000万円$\times\frac{1}{2}=2{,}500$万円

妻の相続分（相続税評価）$=4{,}000$万円

【二次相続への影響】

《分割案１》によっても**《分割案２》**によっても、取引時価を基準にして考えた場合は同じ効果を得ることになります。しかし相続税の評価ベースで考えると、**《分割案２》**を採用した場合の妻の手元に残る価格は次のとおりになりますから、二次相続の対象となる妻の固有財産の課税価格が500万円小さくなることになります。取引時価が相続税評価額より高額であることが理由です。

《分割案１》

土地2,000万円（相続税評価額）

現預金3,000万円

合計5,000万円

《分割案２》

土地4,000万円（相続税評価額）

現預金3,000万円－2,500万円（一次相続代償金）＝500万円

合計4,500万円

一歩先へ 代償財産が金銭ではなく不動産である場合の譲渡所得関係

1 代償債務者の課税関係

代償財産として交付する財産が相続人固有の不動産の場合には、遺産の代償分割により負担した債務を履行するために自己の資産を移転したことになりますので、その履行の時における時価によりその資産を譲渡したものとして、譲渡所得税が課税されます。

代償分割により負担した債務の履行としての資産の譲渡は、その履行によって消滅する債務の額に相当する経済的利益を対価とする有償譲渡に該当すると考えるのです。

たとえば代償債務の価値（＝代償財産の取引時価）が5,000万円であった場合に、取得価額1,000万円の不動産を譲渡すると、差引き4,000万円相当の利益が実現するということです。

このとき、5,000万円の代償債務を履行したからといって5,000万円が譲渡資産の取得費になるわけではないことに注意が必要です。

なお、「履行の時における時価」ですから、相続開始時期や遺産分割協議の時点とは異なることにも留意しなければなりません。

2 代償債権者の課税関係

一方、代償財産として不動産を取得した人については、その履行があった時の時価によりその資産を取得したことになります。たとえば、上の例の土地を代償債権5,000万円の履行として交付を受けた場合には5,000万円の債権が消滅するのですから、その不動産を取得する対価は5,000万円で、将来この資産を譲渡した時の取得費は5,000万円になります。

（所基通33－１の５、38－７）

第４章　配偶者居住権を活用する方法

1　配偶者居住権を評価する場面

第１章において解説したように、配偶者居住権は財産的価値がある権利だとされているため、その評価が問題となります。

具体的には、次の場面を考えることができます。

①　民法上の相続の場面

→遺産分割の前提や、遺留分算定の基礎財産の算定のため

②　相続税の課税

①と②の場面はそれぞれ目的を異にするため、その評価額も同じである必要はありません。

①の場合、遺産分割か遺留分侵害額の算定の場面において、利害関係人である共同相続人間において配偶者居住権の評価額を合意すれば、民法上はそれを否定する理由はありません。遺産分割調停や遺産分割審判においても、共同相続人間で配偶者居住権の評価額の合意があった場合にはそれが前提となるでしょう。相続税法上の評価額を目安とすることあれば、不動産鑑定士による鑑定評価などが採用されることもあると思われます。

しかし、②の相続税の課税のための評価方法については、相続税法に明文化されたため（相法23の２）、必ずこれに従わなくてはなりません。

なお、配偶者短期居住権については、財産価値が認められず、評価の必要はありません。

2　配偶者居住権の相続税評価

相続税の対象となる不動産等は多種多様であり、これら各種の財産の時価を的確に把握することは必ずしも容易ではないため、国税庁において、財産評価基本通達が定められ公開されています。ただし、同通達は相続税法22条の「時価」の公的な解釈に過ぎず、法律そのものではありません。本来、相続税は申告納税制度がとられていることから、取得財産の価額又は所有する土地等の時価を納税者が評価し申告納税を行うのが建前です。

しかし、配偶者居住権とその敷地利用権、配偶者居住権が付着する居住建物とその敷地については、財産評価基本通達に定められるのではなく相続税法23条の２に法定されました。

具体的な評価方法については後に詳述しますが、本項においては、このような配偶者居住権の評価と遺産分割との関係について事例解説を試みることにします。

事例解説 2－⑿ 二次相続まで見据えた配偶者居住権の活用

〈設例〉

次のような事例の場合、妻が居住を確保するため一次相続で居住建物を取得した場合《分割案１》と、配偶者居住権を設定して遺産分割を行った場合《分割案２》とでは、どのような違いがあるでしょうか。

【前提】

相続人：妻・子

相続財産：

自宅建物　2,000万円
自宅建物の敷地　4,000万円
} 合計6,000万円

配偶者居住権及び敷地利用権の評価3,000万円

配偶者居住権の付着した土地及び建物の評価3,000万円

（注）二次相続まで不動産評価額に変動がないものと仮定する。

小規模宅地等の特例については考慮しない。

《分割案１》配偶者居住権を設定しない場合

《分割案２》配偶者居住権を設定する場合

《分割案１》配偶者居住権を設定しない場合

妻の居住を確保するため、居住建物とその敷地を妻が取得し、配偶者の税額軽減を適用した場合の二次相続まで想定したイメージは次の図のようになります。

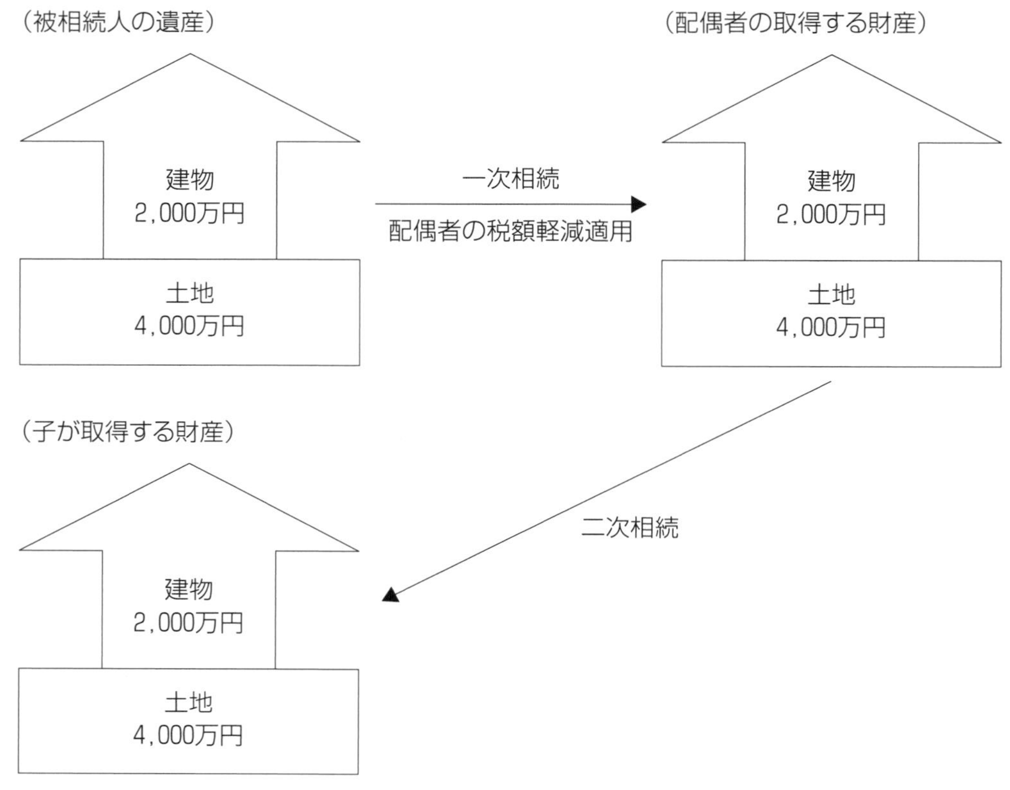

《分割案２》配偶者居住権を設定する場合

妻の居住を確保するためには配偶者居住権を設定することでその目的を果たすことができるため、居住建物とその敷地の所有権（配偶者居住権の負担付所有権）は子が取得し、妻は配偶者居住権を取得して税額軽減を適用します。このとき、一次相続においては、子は配偶者居住権の負担のついた土地･建物の負担付所有権の合計3,000万円が、相続税の課税対象になります。

二次相続においては、配偶者居住権が消滅するので子に相続税課税の対象となることはありません。しかし、子が一次相続で取得した土地建物は完全所有権に復帰します。この場合の二次相続まで想定したイメージは次の図のようになります。

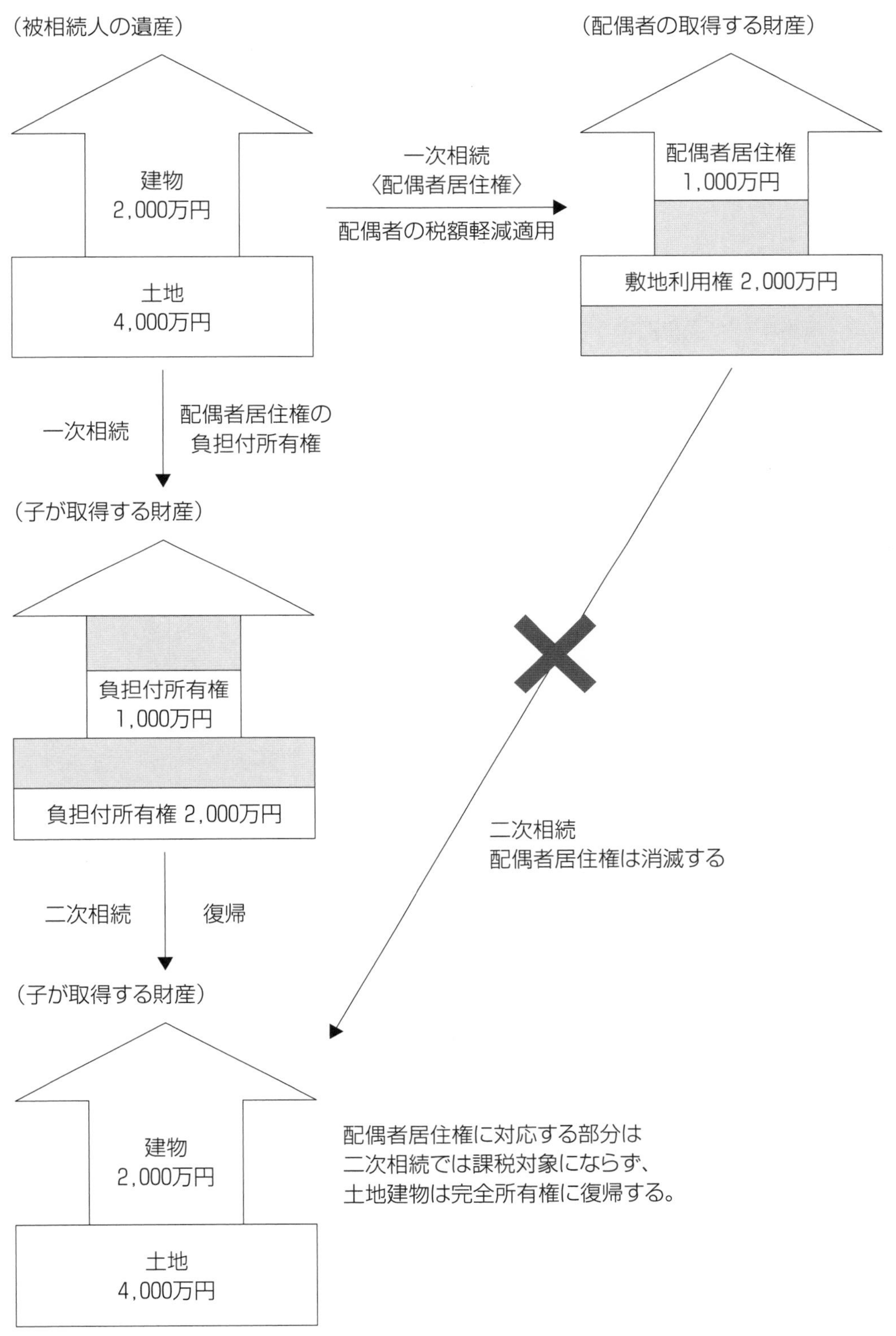
（被相続人の遺産）
建物
2,000万円
土地
4,000万円
一次相続
〈配偶者居住権〉
配偶者の税額軽減適用
（配偶者の取得する財産）
配偶者居住権
1,000万円
敷地利用権 2,000万円
一次相続
配偶者居住権の
負担付所有権
（子が取得する財産）
負担付所有権
1,000万円
負担付所有権 2,000万円
二次相続
配偶者居住権は消滅する
二次相続
復帰
（子が取得する財産）
建物
2,000万円
土地
4,000万円
配偶者居住権に対応する部分は
二次相続では課税対象にならず、
土地建物は完全所有権に復帰する。

《分割案１》と《分割案２》の比較検討

配偶者居住権の存続期間は、原則として配偶者の終身の間とされているため、二次相続まで考慮した遺産分割を行うと相続税の税負担が減少することが見込まれます。

《分割案１》と《分割案２》は、いずれも配偶者が税額軽減の適用を受けて相続税は課税されず、いずれの案においても二次相続後における子の相続財産は同じ結果になるケースを想定しています。ところが子に対する課税について見てみると、《分割案１》においては二次相続における課税価格は6,000万円（建物2,000万円、土地4,000万円）ですが、《分割案２》においては一次相続における課税価格3,000万円（建物1,000万円、土地2,000万円の負担付所有権）で課税関係が終了しています。このように、土地建物の価格が将来消滅する配偶者居住権と分割されることによって、通算相続税の負担が少なくなることが考えられます。

税務解説　配偶者居住権の評価

配偶者居住権は、取得した相続財産の分割行為である遺産分割等により成立し、具体的相続分を構成するとして相続税の課税対象になります。その場合の財産評価については、評基通ではなく相法23の２に規定されました（法定評価）。

被相続人及びその配偶者が居住していた建物及びその敷地についての配偶者居住権の評価額は、次のように計算します。

1　基本的な考え方

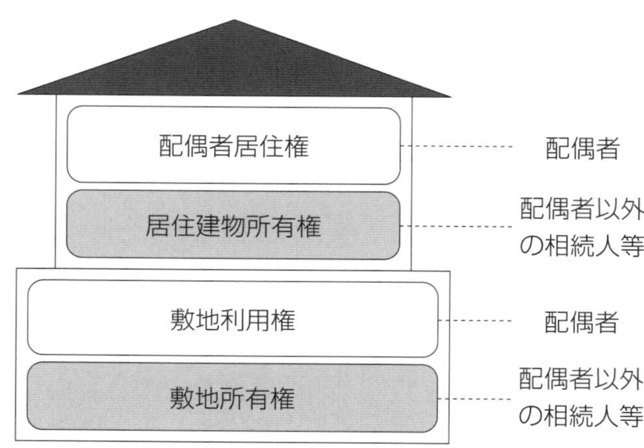

配偶者居住権を取得した配偶者は、その存続期間中、従前から居住していた建物を無償で使用・収益することができます。これをその建物の所有権を取得した相続人の側から見

れば、配偶者居住権が存続する期間中は配偶者による無償の使用・収益を受忍する負担を負い、存続期間満了時点でその負担が消滅し、その建物の自由な使用・収益が可能な完全所有権に復帰することになります。

この点に着目して、まず、存続期間満了時点における建物所有権の価額を算定し、これを一定の割引率により現在価値に割り戻すことにより、相続開始時点における（配偶者居住権付の）建物所有権の評価額を算定します。

そして、この価額を配偶者居住権が設定されなかったものとした場合の相続開始時点における建物所有権の評価額から控除することにより、間接的に配偶者居住権を評価することとされました。配偶者居住権に基づく敷地の使用権についても同様です。

2 具体的な評価方法

具体的には、⑴配偶者居住権、⑵配偶者居住権の負担付居住建物の所有権、⑶配偶者居住権に基づき居住建物の敷地を使用する権利及び⑷居住建物の敷地の用に供される土地等の４つに分割して評価します（相法23の２）。

なお、本項においては、居住建物の一部が賃貸の用に供されている場合や共有の場合は考慮外として解説します。

⑴ 配偶者居住権の価額

配偶者居住権の価額は次の算式により評価します。

【算式】

$$\text{居住建物の相続税評価額} - \text{居住建物の相続税評価額} \times \frac{\text{耐用年数(※1)} - \text{経過年数} - \text{存続年数(※2)}}{\text{耐用年数(※1)} - \text{経過年数}} \times \text{存続年数に応じた法定利率による複利現価率(※3)}$$

（※１）耐用年数とは、居住建物の全部が住宅用であるものとした場合におけるその居住用建物に係る法定耐用年数（住宅用）×1.5倍の年数（６か月以上の端数は１年とし、６か月に満たない年数は切捨て）です。

なお、具体的な耐用年数は「配偶者居住権等の評価明細書」の裏面「記載方法」の《参考１》に掲げられています。

（※２）存続年数は、配偶者居住権の存続期間が配偶者の終身の間である場合には、配偶者の平均余命年数です。

算式中、（耐用年数－経過年数－存続年数）≦０の場合は、

「$\frac{\text{耐用年数}-\text{経過年数}-\text{存続年数}}{\text{耐用年数}-\text{経過年数}}$」はゼロとします。

なお、具体的な平均余命は「配偶者居住権等の評価明細書」の裏面「記載方法」の《参考２》に掲げられています。

（※３）「存続年数に応じた法定利率による複利原価率」は次の算式により計算します（小数点以下３位未満四

捨五入)。民法の法定利率は令和２年４月１日から令和５年３月31日までは３％です。

$$\frac{1}{(1+r)^N}$$

r：民法の法定利率

N：配偶者居住権の存続年数(上記(4))

なお、具体的な複利年金現価率は「配偶者居住権等の評価明細書」の裏面「記載方法」の《参考３》に掲げられています。

(2) 配偶者居住権の負担付居住建物の価額

配偶者居住権の負担付建物所有権の価額は次の算式により評価します。

【算式】

居住建物の相続税評価額 － 配偶者居住権の評価額（※）

（※）上記(1)で求めた配偶者居住権の価額です。

(3) 配偶者居住権に基づき居住建物の敷地を使用する権利の価額

配偶者居住権に基づく敷地利用権の価額は次の算式により評価します。

【算式】

居住建物の敷地の用に供される土地の相続税評価額 － 居住建物の敷地の用に供される土地の相続税評価額 × 存続年数に応じた法定利率による複利現価率

(4) 居住建物の敷地の用に供される土地等の価額

居住建物の敷地の用に供される土地等の価額は次の算式により評価します。

【算式】

居住建物の敷地の用に供される土地の相続税評価額 － 敷地利用権の価額(※)

(※）上記(3)で求めた「配偶者居住権に基づき居住建物の敷地を使用する権利の価額」です。

〈配偶者居住権の価額等の計算例〉

【前提】

◆ 建物：木造、築10年、相続税評価額2,000万円

◆ 敷地：相続税評価額5,000万円

◆ 配偶者：女性、70歳

◆ 配偶者居住権：存続期間を配偶者の「終身」として設定

◆ 建物・敷地の所有権：被相続人の子が取得

◆ 法定利率３％

◆ 第22回生命表（完全生命表）に基づく平均余命

（平成29年３月１日公表（厚生労働省））

《配偶者居住権等の評価で用いる建物の構造別の耐用年数》

構造	耐用年数
鉄骨鉄筋コンクリート造又は鉄筋コンクリート造	71
れんが造、石造又はブロック造	57
金属造（骨格材の肉厚４mm超）	51
金属造（骨格材の肉厚３mm超～４mm以下）	41

構造	耐用年数
金属造（骨格材の肉厚３mm以下）	29
木造又は合成樹脂造	33
木骨モルタル造	30

《第22回生命表（完全生命表）に基づく平均余命表》

満年齢	平均余命	
	男	女
16	－	71
17	－	70
18	63	69
19	62	68
20	61	67
21	60	66
22	59	65
23	58	64
24	57	63
25	56	62
26	55	61
27	54	60
28	53	59
29	52	58
30	51	57
31	50	56
32	49	55
33	49	55
34	48	54
35	47	53

満年齢	平均余命	
	男	女
36	46	52
37	45	51
38	44	50
39	43	49
40	42	48
41	41	47
42	40	46
43	39	45
44	38	44
45	37	43
46	36	42
47	35	41
48	34	40
49	33	39
50	32	38
51	31	37
52	31	36
53	30	35
54	29	34
55	28	33

満年齢	平均余命	
	男	女
56	27	32
57	26	32
58	25	31
59	24	30
60	24	29
61	23	28
62	22	27
63	21	26
64	20	25
65	19	24
66	19	23
67	18	22
68	17	22
69	16	21
70	16	20
71	15	19
72	14	18
73	13	17
74	13	16
75	12	16

満年齢	平均余命	
	男	女
76	11	15
77	11	14
78	10	13
79	9	12
80	9	12
81	8	11
82	8	10
83	7	10
84	7	9
85	6	8
86	6	8
87	5	7
88	5	7
89	5	6
90	4	6
91	4	5
92	4	5
93	3	4
94	3	4
95	3	4

満年齢	平均余命	
	男	女
96	3	3
97	3	3
98	2	3
99	2	3
100	2	3
101	2	2
102	2	2
103	2	2
104	2	2
105	2	2
106	2	2
107	1	2
108	1	1
109	1	1
110	1	1
111	1	1
112	1	1
113	－	1
114	－	1
115	－	1

◆複利現価表（法定利率３％）

存続年数	複利現価率	存続年数	複利現価率	存続年数	複利現価率	存続年数	複利現価率	存続年数	複利現価率	存続年数	複利現価率	存続年数	複利現価率
1	0.971	11	0.722	21	0.538	31	0.400	41	0.298	51	0.221	61	0.165
2	0.943	12	0.701	22	0.522	32	0.388	42	0.289	52	0.215	62	0.160
3	0.915	13	0.681	23	0.507	33	0.377	43	0.281	53	0.209	63	0.155
4	0.888	14	0.661	24	0.492	34	0.366	44	0.272	54	0.203	64	0.151
5	0.863	15	0.642	25	0.478	35	0.355	45	0.264	55	0.197	65	0.146
6	0.837	16	0.623	26	0.464	36	0.345	46	0.257	56	0.191	66	0.142
7	0.813	17	0.605	27	0.450	37	0.335	47	0.249	57	0.185	67	0.138
8	0.789	18	0.587	28	0.437	38	0.325	48	0.242	58	0.180	68	0.134
9	0.766	19	0.570	29	0.424	39	0.316	49	0.235	59	0.175	69	0.130
10	0.744	20	0.554	30	0.412	40	0.307	50	0.228	60	0.170	70	0.126

具体的な手順は次のとおりです。

(1) 配偶者居住権の価額

$$\text{居住建物の相続税評価額} - \text{居住建物の相続税評価額} \times \frac{\text{耐用年数} - \text{経過年数} - \text{存続年数}}{\text{耐用年数} - \text{経過年数}} \times \text{存続年数に応じた法定利率による複利現価率}$$

$$= 2{,}000\text{ 万円} - 2{,}000\text{ 万円} \times \frac{33\text{年} - 10\text{年} - 20\text{年}}{33\text{年} - 10\text{年}} \times 0.554$$

＝1,855万4,783円

(2) 配偶者居住権の負担付居住建物の価額

居住建物の相続税評価額 － 配偶者居住権の評価額

＝2,000 万円－1,855万4,783円

＝144万5,217円

(3) 配偶者居住権に基づき居住建物の敷地を使用する権利の価額

居住建物の敷地の用に供される土地の相続税評価額 － 居住建物の敷地の用に供される土地の相続税評価額 × 存続年数に応じた法定利率による複利現価率

＝5,000 万円－5,000 万円×0.554

＝2,230 万円

(4) 居住建物の敷地の用に供される土地等の価額

居住建物の敷地の用に供される土地の相続税評価額 － 敷地利用権の価額

＝5,000 万円－2,230 万円
＝2,770 万円

〈参考〉建物賃借権の評価

配偶者居住権は賃借権類似の法定の債権であるとされていますが、建物の賃借権そのものも財産的な権利であり相続財産性があります。

そのため相続税の取扱いにおいても、借家権及び借家人の有する宅地等に対する権利の価額は、それぞれ次の算式によって評価することになっています。

ただし、両通達のただし書きの定めによって、現行実務で借家権が課税対象になる例はほとんどありません。

① 借家権の価格（評基通94）。

借家権の価格＝借家権の目的となっている家屋の価格
×借家権割合（※１）×賃借割合（※２）

（※１）30%

（※２）共同住宅などで、次の算式によります。

$$\frac{\text{賃借している各独立部分の床面積の合計}}{\text{家屋の各独立部分の床面積の合計}}$$

ただし、この権利が権利金等の名称をもって取引される慣行のない地域にあるものについては、評価しません（評基通94ただし書き）。

② 借家人の有する宅地等に対する権利の価額（評基通31）

借家人の有する宅地等に対する権利の価額
=その借家の敷地である宅地にかかる借地権の価額
×借家権割合×賃借割合

ただし、これらの権利が権利金等の名称をもって取引される慣行のない地域にあるものについては、評価しません（評基通31ただし書き）。

第3編　不動産の価値の把握とやってはいけない遺産分割

第1章　不動産の価値（時価）

本書の目的は、資産防衛の見地から、不動産の価値を棄損しない遺産分割に資することにありますが、公平な遺産分割をするにあたっては、不動産そのものの価値（時価・価格）がどのようなものなのか、相続人間で価値観を共有する必要があります。しかし一般的に、不動産の価格を適正に把握することは困難です。

不動産の価格の把握にあたっては、我が国では、不動産の適正な価格形成の指標とするため、或いは適正な課税を行うために、公的な土地評価制度が用意されており、遺産分割にあたってもこれを利用することができます。

1　公的土地評価

公的土地評価とは、①地価公示価格（標準価格、評価時点＝1月1日）及び都道府県地価調査価格（基準価格、評価時点＝7月1日）、②相続税評価の路線価等、並びに③固定資産税評価額をいいますが、これらの基本となるものは①の公示価格の制度で、不動産鑑定士による不動産鑑定評価においても規準となる価格です。

⑴　公示価格

公示価格は、一般の土地の取引価格に対して指標を与えることなどを目的として、毎年1月1日時点の更地価格を国土交通省土地鑑定委員会が公表するものです。令和3年公示価格は全国で26,000地点が設定されており、土地収用や公共事業用地取得の補償額の算定の指標としても利用されています。根拠法は地価公示法です。

⑵　都道府県地価調査価格

地価調査は国土利用計画法（昭和49年法律第92号）に基づき、土地取引規制のために都道府県が行う土地価格調査で、毎年7月1日時点の更地価格を都道府県が調査し公表するものです。昨今においては土地取引の規制に利用されるというよりも、価格時点が7月1日であることから地価公示を補完するものとして利用価値が高いものです。特に地価公示との共通地点においては、半年ごとの価格動向が示されることになります。

⑶　相続税路線価

相続税路線価とは、相続税や贈与税の申告のための財産評価を行う際の便宜及び課税の公平を図る観点から、土地の価格がおおむね同一と認められる一連の土地が面している路線（不特定多数の者が通行する道路）ごとに評価した１㎡当たりの価額をいいます。原則として、市街地的形態を形成する地域の路線に付され、毎年１月１日時点の価格を国税局長が公表するものです。根拠法は相続税法22条で、国税庁長官が定める財産評価基本通達により運用されています。

相続税路線価は、相続税の評価に使われる価格ですが、遺産分割協議においても、簡便的にこの価格が使われることが多いようです。ただし、この価格は公示価格の80％を目安に定められるものですから、一般に市場における土地の取引価格よりは低めに算定されていることに注意が必要です。

⑷　固定資産税評価額

全国の市町村長が固定資産税を課税するための価格で、３年に一度、１月１日時点の価格が定められます。固定資産税評価額は、不動産取得税や登録免許税など他の不動産関連の税を課税する際にも利用されるものです。根拠法は地方税法で、総務省の定める固定資産税評価基準によって運用されています。

なお、宅地の固定資産税評価額は公示価格の70％を目安に定められます。

⑸　公的土地評価の調査方法

公示価格及び都道府県地価調査価格は、国土交通省のＷＥＢページ「土地総合情報システム」で調査することができます。住宅地、商業地、工業地等の用途別に、評価したい地域のポイントごとの公示価格等を確認することができます。特に、公示価格のポイントの詳細を見ていくと、その地点の不動産鑑定評価書も開示されています。

なお「土地総合情報システム」では、場所の特定はできませんが、地域の実際の取引価格情報も掲載されていますので参考になります。

また、相続税路線価は国税庁ホームページ、固定資産税路線価は各市町村のホームページなど（市町村ごとに異なります）で確認することができます。

なお、一般財団法人資産評価システム研究センターのＷＥＢサイト「全国地価マップ」によれば、これらの公的評価を並べて確認することができます。

表　公的土地評価の比較

区　分	地価公示	都道府県地価調査	相続税評価	固定資産税評価
評価機関	国土交通省土地鑑定委員会	都道府県知事	国税局長	市町村長
目　的	適正な時価の形成	土地取引の規制	相続税・贈与税課税	固定資産税課税
地目 (土地の種類)	宅地、宅地見込地 (山林等)	宅地、宅地見込地 (山林等)	宅地、田、畑、山林、その他	宅地、田、畑、山林、その他
求めるべき価格	正常な価格 (地価公示法第2条第1項)	標準価格 (国土利用計画法施行令第9条第1項)	時価 (相続税法第22条)	適正な時価 (地方税法第341条第5号)
価格時点 (調査時点)	毎年1月1日	毎年7月1日	毎年1月1日	基準年度の前年の1月1日 (3年に1度評価替) ※地価動向により価額を修正することができる(毎年)。
宅地の評価方法	標準地について2人以上の不動産鑑定士等の鑑定評価を求め、国土交通省に設置された土地鑑定委員会がその結果を審査し、必要な調整を行って正常な価格を判定し公示。	基準地について1人以上の不動産鑑定士の鑑定評価を求め、都道府県知事がその結果を審査し、必要な調整を行って、標準価格を判定。	公示価格、売買実例価額、鑑定評価額、精通者意見価格等を基に時価(仲値)を評定し、これを基として路線価等を評定。	売買実例価額から求める正常売買価格を基として標準宅地の適正な時価を求め、これに基づき各筆の評価額を算定。
			地価公示価格水準の8割を目途	地価公示価格の7割を目途
標準宅地等の数	R3年 26,000地点	R2年 21,519地点	R2年 約33万地点	R3年度評価替時 約44万地点(見込み)

(出典:一般財団法人資産評価システム研究センター「令和3年度固定資産税関係資料集Ⅱ－不動産鑑定評価編－」)

コラム　コロナ禍と公的土地評価の役割

相続税路線価は、毎年１月１日を評価時点として１年間の地価変動などを考慮し、地価公示価格等を基にした価格（時価）の80％程度を目途に評価され、毎年７月１日に国税庁より公表されます。

ところが令和２年は、１月１日時点の評価時点後において新型コロナウイルス感染症の蔓延により緊急事態宣言が発出され、その解除後も外出自粛要請などが続き、景気動向にも大きな影響を及ぼしました。そのため国税庁は路線価等の公開に際して、「今後、国土交通省が発表する都道府県地価調査（７月１日時点の地価を例年９月頃に公開）の状況などにより、広範な地域で大幅な地価下落が確認された場合などには、納税者の皆様の申告の便宜を図る方法を幅広く検討いたします。」との考えを公表していました。

1　コロナ禍における地価変動率

国土交通省より発表された都道府県地価調査によると、令和元年７月以降１年間の地価について、全国平均では全用途平均は0.6％の下落、また、令和２年１月以降の半年間（地価公示との共通地点）の全国平均の地価変動率は、住宅地は0.4％の下落、商業地は1.4％の下落とされています。

〈参考〉 地価公示との共通地点における半年ごとの地価変動率の推移 （単位：%）

		住宅地			商業地		
		R2調査			R2調査		
		前半	後半	年間	前半	後半	年間
全国		0.8	▲0.4	0.4	2.5	▲1.4	1.0
三大都市圏		0.7	▲0.7	0.0	3.3	▲1.9	1.3
	東京圏	0.8	▲0.7	0.2	3.1	▲1.6	1.4
	大阪圏	0.4	▲0.4	0.0	4.7	▲2.2	2.3
	名古屋圏	0.9	▲1.2	▲0.3	2.0	▲2.7	▲0.8
地方圏		1.0	▲0.1	0.9	1.5	▲0.7	0.8
	地方四市	3.5	1.0	4.5	7.4	0.7	8.2
	その他	0.7	▲0.2	0.5	0.8	▲0.9	▲0.1

※ 地価公示（毎年1月1日時点実施）との共通地点（1,605地点。うち住宅地1,109地点、商業地496地点。）での集計である。

R2 調査前半：令和元年7月1日～令和2年1月1日の変動率

R2 調査後半：令和2年1月1日～令和2年7月1日の変動率

※ 三大都市圏とは、東京圏、大阪圏、名古屋圏をいう。

「東京圏」とは、首都圏整備法による既成市街地及び近郊整備地帯を含む市区町の区域をいう。

「大阪圏」とは、近畿圏整備法による既成都市区域及び近郊整備区域を含む市町村の区域をいう。

「名古屋圏」とは、中部圏開発整備法による都市整備区域を含む市町村の区域をいう。

「地方圏」とは、三大都市圏を除く地域をいう。「地方四市」とは、札幌市、仙台市、広島市及び福岡市の4市をいう。

「その他」とは、地方圏の地方四市を除いた市町村の区域をいう。

（国土交通省　令和2年都道府県地価調査より）

2 令和2年1月から6月までの間に相続等により取得した土地等に係る路線価等の補正

国税庁の発表では、上記の調査結果に加えて、国税庁が外部専門家に委託して行った調査でも、1月から6月までの間に相続等により取得した土地等の路線価等が時価を上回る（大幅な地価下落）状況は確認できなかったとしています。全国約1900か所の地価を調べた結果、１月からの半年間で地価が15％以上下落したのは６か所にとどまり、最も下落したのは名古屋市中区錦３丁目や大阪市中央区宗右衛門町の19％であったとのことです。路線価は時価の80％程度で設定されていることから、下落がこの範囲に収まっているため補正は必要ないと判断し、１月から６月までの相続、遺贈又は贈与については、路線価等の補正は行わないこととしました。

しかしながら、納税者の方が不動産鑑定士による鑑定評価額などに基づき、相続等により土地等を取得した時の時価により評価することもできることも改めて説明されており、インバウンドによる需要の落込みなどで、時価が路線価を下回るような現象が見られる場所などは鑑定評価による時価の算定も認められるとされています。

3　令和２年７月から９月までの間に相続等により取得した土地等に係る路線価等の補正

令和２年７月から９月までの間に、以下の地域に所在する土地等を相続等により取得した方については、路線価に地価変動補正率0.96を乗じた価額に基づき土地等の評価額を算出することとされました。

都道府県名	市区町村名	町丁名
大阪府	大阪市中央区	心斎橋筋２丁目
		宗右衛門町
		道頓堀１丁目

4　令和２年10月から12月までの間に相続等により取得した土地等に係る路線価等の補正について

令和３年４月23日に国税庁から公表された情報によると、令和２年１月以降10～12月までの間に、大阪市中央区の一部地域において、土地又は土地の上に存する権利（以下「土地等」といいます。）の時価が路線価を下回る（大幅な地価下落）状況が確認されたため、これらの地域については、路線価の補正を行うこととされました。令和２年10～12月に相続、遺贈又は贈与（以下「相続等」といいます。）により、これらの地域において土地等を取得した場合には、路線価に下記の「地価変動補正率」を乗じた価額に基づき評価額を算出することとされました。

令和２年10～12月分の路線価 ＝ 路線価（R２.１.１ 時点の価額）× 地価変動補正率

〈地価変動補正率〉

都道府県名	市区町村名	町丁名	地価変動補正率（10 ～ 12月）
大阪府	大阪市中央区	心斎橋筋１丁目	0.98
		心斎橋筋２丁目	0.91
		千日前１丁目	0.92
		千日前２丁目	0.93
		宗右衛門町	0.91
		道頓堀１丁目	0.90
		道頓堀２丁目	0.95
		難波１丁目	0.92
		難波３丁目	0.93
		難波千日前	0.93
		日本橋１丁目	0.96
		日本橋２丁目	0.96
		南船場３丁目	0.97

なお、地価変動補正率は、国土交通省が発表した令和２年第４四半期「地価ＬＯＯＫレポート」及び令和３年地価公示を参考にするとともに、外部専門家にも委託して地価動向調査を行って求められたものです。

2　不動産の価格の種類

(1)　正常価格

通常、不動産の価格といえば、その不動産の取引価格を想定するのではないでしょうか。それではこのとき、取引の当事者はどのような人が想定されるでしょうか。また、取引を想定しない価格もあるでしょう。

不動産鑑定評価基準においては、このような価格の種類を４種類定めています。その中心となるのは「正常価格」というもので、前項で解説した公的評価においてそれぞれ次の表のように定義されており、ほぼ同義のものとなっています。経済学でいう完全競争市場そのものではありませんが、「現実」を所与としたうえで一定条件を満たす市場を想定しています。この価格は、表の③の定義にもあるように、不特定多数の当事者間を前提とした取引市場における価格であり、第三者間で成立する価格であるということができるでしょう。

たとえば一般的な一戸建住宅を想定した場合、平均的な給与所得者がその住宅を購入するにあたり、十分な情報と知識を持ち、買い進みや売り急ぎなどの特段の事情がない場合において成立するであろうと見込まれる価格です。

しかし本書のテーマとする遺産分割は、いわば相続人間という特定の当事者間における一種の取引と考えることができます。この点については後に解説します。

	根拠法令等	価格の種類	定　義
①	・不動産鑑定評価基準	正常価格	市場性を有する不動産について、現実の社会経済情勢の下で合理的と考えられる条件を満たす市場で形成されるであろう市場価値を表示する適正な価格
②	・地価公示法２条	正常な価格	土地について、自由な取引が行なわれるとした場合におけるその取引において通常成立すると認められる価格
③	・相続税法22条 ・財産評価基本通達１項	時価	それぞれの財産の現況に応じ、不特定多数の当事者間で自由な取引が行われる場合に通常成立すると認められる価額
④	・地方税法341 ・固定資産税評価基準	価格（＝適正な時価）	標準宅地について、売買実例価額から評定する適正な時価

⑵　限定価格と遺産分割

不動産鑑定の用語に「限定価格」という価格の種類がありますが、遺産分割にあたってはこの言葉の意義を理解しておくことが有用です。

不動産鑑定評価基準によれば、限定価格とは「市場性を有する不動産について、不動産と取得する他の不動産との併合又は不動産の一部を取得する際の分割等に基づき正常価格と同一の市場概念の下において形成されるであろう市場価値と乖離することにより、市場が相対的に限定される場合における取得部分の当該市場限定に基づく市場価値を適正に表示する価格」をいいます。

わかりにくい表現ですが、要するに限定価格は、特定の当事者間の取引に限定して成立する価格であり、その特定の当事者にとっては、市場価格よりも高い対価を支払ってでもその不動産を取得することができる場面を想定したものです。俗に「隣の土地は倍額支払ってでも買え」といわれるような場面です。この場面においては、前項で述べた正常価格との比較において「増分価値」が発生することになり、この「増分価値」の配分が問題となってきます。

限定価格を求める場合を例示すれば、次のとおりです。

① 借地権者が底地の併合を目的とする売買に関連する場合

② 隣接不動産の併合を目的とする売買に関連する場合

③ 経済合理性に反する不動産の分割を前提とする売買に関連する場合

遺産分割により不動産を取得する場合においても、①及び②のようなケースは遺産分割後の不動産の価値を高めることになります。一方③に類似するケースは、遺産分割後の不動産の価値を棄損することになりますから、「やってはいけない遺産分割」の典型例になります。

3 限定価格の例(1) 〜借地権と底地（貸宅地）〜

前項の限定価格を求める場合の例示に「①借地権者が底地の併合を目的とする売買に関連する場合」があります。

ここで借地権とは、「借地借家法に規定する建物の所有を目的とする地上権又は土地の賃借権」をいいます。借地権は普通借地権と定期借地権に区分されますが、本章においては、法定更新制度等によりその権利が強固に保護されている普通借地権について解説します。なお、建物以外の工作物等の所有を目的とするものは、ここでいう借地権には該当しませんので注意が必要です。

一方、借地権の付着している土地の所有権について、相続税財産評価基準では「貸宅地」と称し（評基通25）、不動産鑑定評価基準では「底地」と呼びます。

このような借地権の価格と底地の価格については、相続税の課税を目的とする相続税財産評価基準と、市場価値を指向する不動産鑑定評価基準とでは評価方法が異なっています。

(1) 借地権の価格

イ　財産評価基本通達27による借地権の評価

借地権の価額は、その借地権の目的となっている宅地の自用地としての価額に、「借地権割合」がおおむね同一と認められる地域ごとに国税局長の定める割合を乗じて計算した金額によって評価します。これを借地権割合法と呼びます。

「借地権割合」は、借地権の売買実例価額、精通者意見価格、地代の額等を基として定められ、路線価図に表示されています。

〈財産評価基本通達による計算例〉

①	宅地の面積（整形地）	120㎡
②	宅地の路線価	400,000円／㎡
③	宅地の取引時価	500,000円／㎡
④	自用地としての価額	400,000円／㎡×120㎡＝4,800万円
⑤	路線価図に表示された借地権割合	60%
⑥	借地権の評価額	④×⑤＝2,880万円

一般的に財産評価基本通達における割合法で求められる価額は、不動産鑑定評価によって求める価格や現実の取引時価に比して高額になっています。

ロ　不動産鑑定評価基準

借地権の価格は、借地借家法（旧借地法を含む）に基づき土地を使用収益することにより借地権者に帰属する経済的利益を貨幣額で表示したものとされ、個別的な事情が斟酌されるものです。

借地権者に帰属する経済的利益とは、土地を使用収益することによる広範な諸利益を基礎とするもので、特に次に掲げる法的利益と経済的利益が中心となります。

(イ)　法的利益

借地権の法的利益とは、借地人が土地を長期間占有し、独占的に使用収益し得る借地権者の安定的利益をいいます。すなわち、借地借家法（旧借地法を含みます）を根拠に、借地人の法的地位が安定的に保護されることに基づくもので、具体的には次のようにいわれます。

・借地権の存続期間が法定されていること。

・借地契約の期間が満了しても、借地人が申し出れば、原則として、借地契約は更新されること。また、地主が契約の更新を拒絶するためには、更新拒絶のための「正当事由」が求められるが、「正当事由」は極めて限定的にしか認められないこと。

・借地権の譲渡にあたっては、原則として地主の承諾を要するが、地主の承諾を得ることができない場合においても、「承諾に替わる許可の裁判」を求めることができること。

【参考：借地権の種類】

	最低存続期間	契約更新	建物買取請求権
旧法借地権（※）	堅固30年	可	有り
	非堅固20年		
新法普通借地権（※）	30年	可	有り
一般定期借地権	50年	不可	無し
建物譲渡特約付借地権	30年	不可	譲渡特約に定める
事業用借地権	10年以上30年未満	不可	無し
	30年以上50年未満	不可とできる	無しとできる

（※） 民法の原則によれば、賃借権の存続期間は当初の合意に縛られ、また、賃借権を貸主以外の第三者（たとえば貸主から所有権を買受けた者）に対抗することはできません。

しかし、この原則が借地関係にも適用されると借地人の立場が著しく弱くなり社会的見地から看過できないことから、旧借地法（大正10年制定）等により借地権の保護・安定化が図られることになりました。この結果、旧法借地権は半永久的に存続可能で、かつ譲渡可能性を有する権利となり、このことが借地権に価格の生ずる要因の一つとなっています。

旧借地法はその後も数度の改正を経て、強固な借地権へと変遷しましたが、強固な権利になりすぎた結果、借地の供給に支障をきたすことになりました。このためその借地権の権利関係を整備し、定期借地権制度の創設など、新たな借地方式により土地の供給を容易にする目的で制定されたのが現在の借地借家法（平成３年10月４日法律第90号）です。

(ロ) 経済的利益

借地権の経済的利益とは、借地権の付着している宅地（底地）の経済価値に即応した適正な賃料と実際に支払われている賃料との乖離（以下「賃料差額」という。）及びその乖離の持続する期間を基礎にして成り立つ経済的利益の現在価値のうち、慣行的に取引の対象となっている部分をいいます。たとえば古くからの借地契約が存続している場合において、更地（自用地）としての土地価格は上昇しており、適正な地代の額もそれにつれて上昇すべきであったところ、土地価格の上昇ほどには地代の値上げがなされず、実際に支払っている地代が適正地代を下回っているケースです。換言すれば、借地人に「借り得」部分が発生している場合の「借り得」部分の市場価値です。一般的に賃料は、土地の価格上昇に即応して値上げされにくく、このような賃料の性質を「遅行性」とか「粘着性」と呼ぶことがあります。

借地権の価格を求める手法は一つではなく(1)で述べた割合法もその一つですが、ここでは上記のような賃料差額に基づいた計算例を示します。このような評価方法を賃料差額還元法と呼び、当該借地権の設定契約に基づく賃料差額のうち取引の対象となっている部分を還元して得た価格を求める方法で、借地権の価格を求められる場合に使用される特徴的な評価方法です。

〈不動産鑑定評価理論に基づく簡易な計算例〉

①	宅地の面積（整形地）	120㎡
②	宅地の路線価	400,000円／㎡
③	宅地の取引時価	500,000円／㎡
④	期待利回り（※）	４％
⑤	適正地代（年額）	③×④＝20,000円／㎡
⑥	実際の現行地代（年額）	6,000円／㎡
⑦	賃料差額（１年間の借り得部分）	⑤－⑥＝14,000円／㎡
⑧	賃料差額のうち取引の対象となっている部分	60%
⑥	借地権の評価額	⑦×⑧÷④×①＝2,520万円

（※） 賃貸借等に供する不動産を取得するために要した資本に相当する額に対して期待される純利益のその資本相当額に対する割合

一歩先へ　借地権価格の成立ち　～自然発生借地権～

借地権の買手（新借地人）側の視点に立てば、市場の相場より安い地代で土地を使用でき、かつ、その状態が長期にわたり継続するとするならば、その権利に何らかの対価を払ってもよいと考えるでしょう。

不動産鑑定評価基準（各論第１章）では借地権の価格の成立ちについて次のように説明しています。

借地権の価格は、借地借家法又は旧借地法に基づき土地を使用収益することにより借地人に帰属する経済的利益（一時金の授受に基づくものを含む）を貨幣額で表示したものである。

「借地人に帰属する経済的利益」とは、土地を使用収益することによる広範な諸利益を基礎とするものであるが、特に次の2つが中心となる。

① 土地を長期間占有し、独占的に使用収益し得る借地人の安定的利益（法的側面から見た利益）

② 借地権の付着している宅地の正常実質賃料と実際支払賃料との乖離（以下「賃料差額」という）及びその乖離の持続する期間を基礎にして成り立つ経済的利益の現在価値のうち、慣行的に取引の対象となっている部分（経済的側面から見た利益）

すなわち、経済的側面から見た借地権価格の成立要件は①賃料差額の存すること、②その賃料差額が一定期間持続しえること、③借地権の取引慣行が存することの3つです。

1 賃料差額

賃料差額とは市場地代（正常実質賃料）から現行地代（実際支払賃料）を控除して求めた両者の差額のことをいいます。これは借地人にとっての「借り得」といえる部分ですが、このような賃料差額の発生理由として次の3つが挙げられます。

① 創設的なもの（権利金の授受と引換えに支払地代を低く設定したもの）
② 自然発生的なもの（地代の粘着性のため現行地代が市場地代より低くなったもの）
③ 前記二者が混在したもの

旧法借地権の賃料差額をみると②の「自然発生的なもの」が多くを占めます。たとえば、戦後間もなく当時の相場地代で借地契約を締結したが、その後の猛烈なインフレや経済成長に地代改定が追い付かず、いつの間にか市場地代が現行地代を大幅に上回ってしまった事例などが典型です。これを自然発生借地権と呼ぶことがあります。

自然発生借地権のイメージ

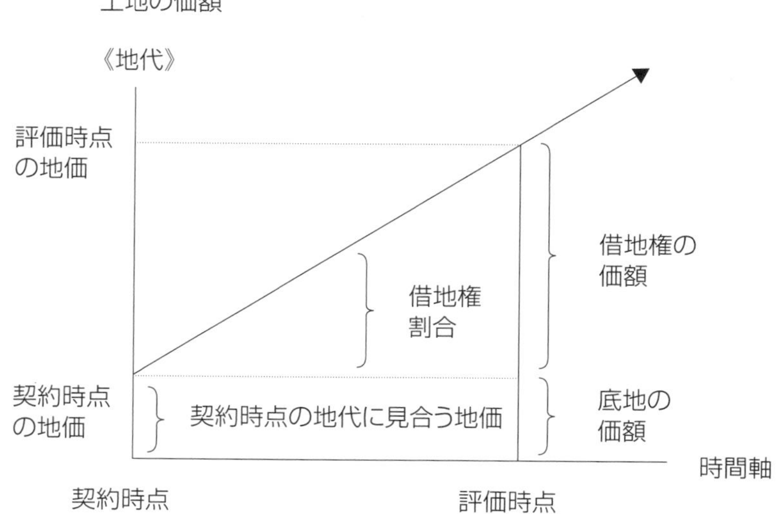

2　借地契約の持続性

地主に更新を拒絶するための「正当事由」がない限り、借地契約は原則として更新されることになります（旧借地法４条）。

この「正当事由は」判例の積重ねにより限定的に解釈されてきたため、旧法借地権の存続期間は事実上、半永久的なものとなっています。

3　借地権の取引慣行

借地権に価格が生ずるには「持続的な賃料差額」を財産権として取引する慣行の存在が必要です。

また、取引慣行の成熟により、慣行的な借地権割合（更地価格に対する借地権価格の割合）が形成され得るのです。借地権割合が先にあるのではありません。

⑵　底地（貸宅地）の価格

イ　財産評価基本通達25による貸宅地の評価

借地権の目的となっている宅地の価額は、自用地としての価額から財産評価基本通達27（(借地権の評価)）の定めにより評価したその借地権の価額を控除した金額によって評価します。

【算式】

貸宅地の価額 ＝ 自用地価額 － 借地権価額 ＝ 自用地価額 ×（１ － 借地権割合）

この場合、借地権の取引慣行がないと認められる地域にある借地権の目的となっている宅地の価額は、上の算式の借地権割合を20%として計算します。

ただし、借地権の目的となっている宅地の売買実例価額、精通者意見価格、地代の額等を基として評定した価額の宅地の自用地としての価額に対する割合（以下「貸宅地割合」という）がおおむね同一と認められる地域ごとに国税局長が貸宅地割合を定めている地域においては、その宅地の自用地としての価額にその貸宅地割合を乗じて計算した金額によって評価することとされています。

〈財産評価基本通達による計算例〉

①	宅地の面積（整形地）	120㎡
②	宅地の路線価	400,000円／㎡
③	宅地の取引時価	500,000円／㎡
④	自用地としての価額	400,000円／㎡×120㎡＝4,800万円
⑤	路線価図に表示された借地権割合	60%
⑥	借地権の評価額	④×⑤＝2,880万円
⑦	貸宅地の価額	④－⑥＝1,920万円

ロ　不動産鑑定評価基準

不動産鑑定評価基準によれば、底地の価格は「借地権の付着している宅地について、借地権の価格との相互関連において借地権設定者に帰属する経済的利益を貨幣額で表示したもの」であり、「借地権設定者に帰属する経済的利益」とは、「当該宅地の実際支払賃料から諸経費等を控除した部分の賃貸借等の期間に対応する経済的利益及びその期間の満了等によって復帰する経済的利益の現在価値をいう。」とされています。「借地権設定者」は底地の所有者のことです。

このような底地の鑑定評価額は、底地の取引事例によって価格にアプローチするほか、上に述べた実際支払賃料に基づく純収益等の現在価値の総和を求めることによる収益還元法によることになります。

〈計算例〉不動産鑑定評価理論に基づく簡易な計算例

①	宅地の面積（整形地）	120㎡
②	宅地の路線価	400,000円／㎡
③	宅地の取引時価	500,000円／㎡
④	総収益（実際の地代（年額））	6,000円／㎡
⑤	総費用（公租公課）	100,000円
⑥	純収益	④×①－⑤＝620,000円
⑦	底地の還元利回り（※）	4％
⑧	底地の評価額	⑥÷⑦＝1,550万円

（※） 還元利回りとは不動産の収益性を表し、収益価格を求めるために用いる利回りの一つで、「その不動産を所有することにより得られると予想される利益」を表すものです。

（注） 底地の価格は、将来において更新料、条件変更承諾料等の一時金の授受が見込まれるほか、借地権が消滅し完全所有権に復帰することとなる最有効使用の可能性、市場性及び担保価値の回復等の期待性を加味して形成されるものであり、単なる地代徴収権に相応する価格のみではありませんが、本章においては相続税評価との比較検討のため、これらの要因を考慮せずに試算しています。

(3) 借地権価格と底地価格の関係

遺産分割において、特段の事情がない限り避けなければならない分割として、土地と建物を別々の相続人に取得させるということがあります。借地権と底地の分割です。この項においては、その理由を解明するために、借地権価格と底地価格の関係について説明します。

イ 取引時価

不動産鑑定評価基準により求める価格は公示価格ベースの価格であり、相続税評価額は公示価格の80%にバランスがとられて算定されていますから、この点を考慮し、154ページ(1)のイ・ロ及び158ページ(2)のイ・ロで求めた相続税評価額と不動産鑑定評価額を同一の価格水準に合わせて整理すると次の表のようになります。

〈比較表〉 (単位：万円)

区 分	① 相続税評価額	②（※） 修正価額	③ 鑑定評価額	③－② 差引価額
借地権価格	2,880	3,600	2,520	▲1,080
底地（貸宅地）価格	1,920	2,400	1,550	▲850
(借地権＋底地)価格	4,800	6,000	4,070	▲1,930
更地（自用地）の価格	4,800	6,000	6,000	±0

（※） 相続税評価額を時価ベースに修正した価額

（算式）相続税評価額①÷0.8

表を見ると、相続税評価額においては、借地権価格と底地価格の合計額が更地価格と同じになる仕組みになっていることが確認できます。一方、取引時価ベースを指向する不動産鑑定評価額によると、借地権価格と底地価格の合計額は、更地価格よりも低くなっていることがわかります。

その理由としては次のようなことが考えられ、借地権の価格及び底地の価格は、分割によるこのような不利益をも反映して個別的に形成されるものだとされます。

借地権価格の減価要因	・借地条件等によって宅地の最有効使用が必ずしも期待できない場合がある ・流通性に制約がある ・直接に抵当権などの担保設定の目的とならない
底地価格の減価要因	・借地条件に基づく最有効使用の制約による経済的不利益を生ずる場合がある ・借地権が付着していることによる市場性の減退 ・借地権が付着していることによる担保価値の減退

相続税評価においては、上の表に掲げるような減価要因は考慮されないため、借地権・底地ともに一般的には取引時価よりも高額に算定されることになります。

しかし、底地を借地権者が買い取る場合、すなわち、借地権者が底地を併合する場合には、建物及びその敷地が同一所有者に帰属することによって上の表の減価要因が消滅し、市場性の回復等に即応する経済価値の増分が生ずることに留意する必要があります。つまり、この場合の借地権者は、自己の借地権価格2,520万円にプラスして3,480万円（更地価格6,000万円－借地権価格2,520万円）の価格を上限として、底地を購入しても採算が合うことになり、1,930万円（3,480万円－底地の取引時価1,550万円）減価していた価値が増加します（増分価値）。不特定多数の取引当事者にとっては底地の時価は1,550万円であっても、借地権者は3,480万円を上限として購入しても採算が合うということです。

このように借地権者と底地所有者の間で成立する価格が限定価格で、前記**2**の⑵の①借地権者が底地の併合を目的とする売買に関連する場合に該当するものです。

【ポイント整理～不動産鑑定評価～】

i　第三者が底地を買う場合は市場流通性が低く、

底地の正常価格＜自用地価額（更地価額）－借地権価額

ii　借地権者が底地を買う場合は完全所有権となることから

底地の正常価格＜底地の限定価格（※）≦自用地価額（更地価額）－借地権価額

※（自用地価額（更地価額）－借地権価額）が上限

このように、借地権者が底地を併合する場合については、借地権と底地が同一所有者に帰属することにより借地契約に基づく制約がなくなります。このため市場性の回復に伴う増分価値が生ずるとされます。一方、底地の所有者が借地権の併合を目的とする場合は、第三者取引の場合と価格が特に差異が見られないことも考えられるため、限定価格が成立しないこともあるとされています。

ロ　相続税評価

上記⑴に対して、財産評価基本通達の考え方によれば分割による価値の減少は考慮されていないのですから、限定価格を前提として評価されると考えてよいでしょう。

そうすると、財産評価基本通達１項に定める「不特定多数の当事者間で自由な取引が行われる場合に通常成立すると認められる価額」ではないことになります。

このため、取引時価を指向する不動産鑑定評価の考え方が相続税財産評価において認められるか否かが争われたのが、次に掲げる判決裁決です。

【参考判決・裁決1】借地権控除方式による妥当性

平成18年３月15日　裁決
「…借地権控除方式により評価する趣旨は、借地権の取引慣行のある地域では底地価格は単なる地代徴収権の価格にとどまらず、むしろ将来借地権を併合して完全所有権とする潜在的価値に着目して価額形成されているのが一般的であると認められるところ、このような場合には、底地価額を、借地権価額控除方式により評価するのが相当であると考えられることなどによるものであると解されており、この評価方法は、相続税法第22条の趣旨及び評価通達の考え方に照らし合理性を有するものと認められる。…」
「…底地価格は、単なる地代徴収権にとどまらず、将来借地権を併合して完全所有権とする潜在的価値に着目して価格形成がされていると解されることから、借地権控除方式は一般的に合理性を有するものと認められるが、将来底地に借地権を併合して完全所有権とする潜在価値が存すると認めることが困難であるとする特別な事情が存する場合には、この限りではないと解されている。」

裁決によると「…底地評価は…むしろ将来借地権を併合して完全所有権とする潜在価値に着目して…」とありますが、この場面は、市場が借地権者と底地所有者の二者に相対的に限定されているのですから、鑑定理論上の限定価格が成立する場面です。

また、たとえ「将来…完全所有権」となるとしても現在は完全所有権ではなく、借地借家法によって借地権は更新されていくのですから、将来の価格を現在の価格に割り引いて評価しないと理屈に合いません。

続けて裁決は「…借地権価額控除方式により評価する…評価方法は、相続税法22条の趣旨及び評価通達の考え方に照らし合理性を有する」としています。しかし、相続税法22条の趣旨及び評価通達の考え方は評基通１項に「不特定多数の当事者間で自由な取引が行われる場合に通常成立すると認められる価額」とされており、この概念は不動産鑑定評価における正常価格の概念です。

【参考判決・裁決2】限定価格か否か

平成21年11月25日那覇地裁判
確かに、〔1〕評価通達は、借地権の価額について、宅地の自用地としての価額に借地権割合を乗じることで算定することとし（評基通27)、底地の価額について、宅地の自用地としての価額から前記の方法で求めた借地権の価額を控除して算定することしていること（評基通25）に照らすと、借地権割合は、更地価額に対する借地権又は底地の価額の割合であるといえるものの、それが直ちに借地権価額控除方式により算定された底地価額が借地権者が併合を目的に底地を購入する場合の限定価格を示していることに帰結するものではない。

上記判決は「借地権者が併合を目的に底地を購入する場合の限定価格を示していることに帰結するものではない」としており、本章で流々述べた国土交通省が後押しする不動産鑑定評価基準の考え方を受け入れていないようです。

このように、相続税の実務においては、原則として限定価額の概念や借地権価格の減価要因、底地価格の減価要因はしんしゃくされていません。したがって、実務においては「取引時価」と「相続税財産評価」の異なるケースとして整理しておくよう留意しなければなりません。「相続税財産評価」の方が「取引時価」よりも高額になりがちであるということで、遺産分割における留意点です。

⑷　遺産分割への応用

事例解説 3－(1)　借地権と底地の併合

〈設例〉

親子間で借地権が設定されている次のようなケースを想定したとき、遺産分割において借地関係を解消する場合《分割案１》と、借地関係を継続する場合《分割案２》とではどのような違いが生じるでしょうか。

【前提】

被相続人：父

相続人：長男、二男

相続財産：貸宅地

→建物は長男所有で地代が支払われ、借地権が設定されている。

《分割案１》父の貸宅地は長男が相続する
《分割案２》父の貸宅地は二男が相続する

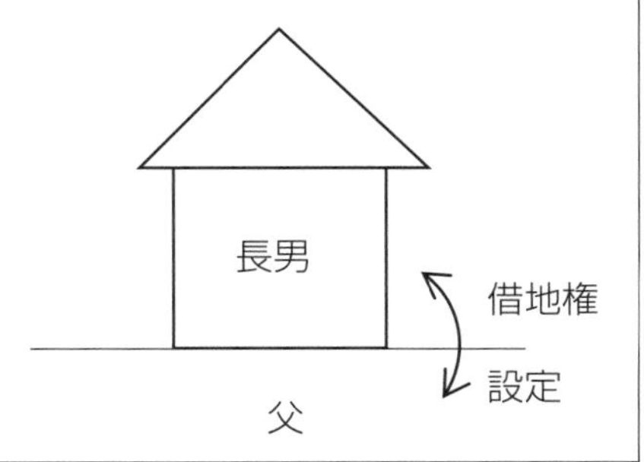

《分割案１》貸宅地を長男が取得する（借地権と底地の併合）

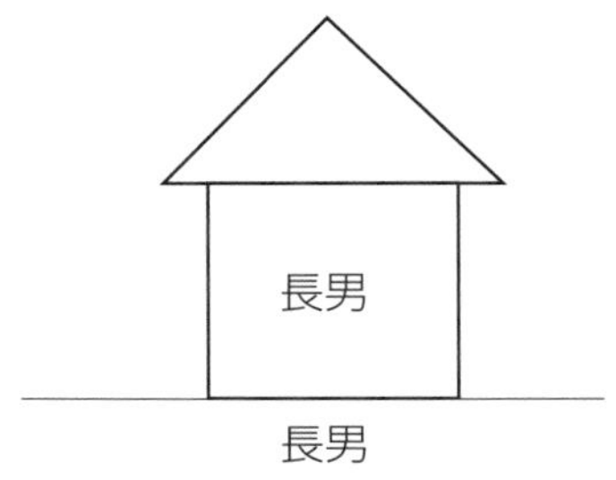

遺産分割によって貸宅地を長男が取得すると、借地権者と底地の所有者が同一人に帰するため、混同（※）によって借地権は消滅します。このとき土地は自用地としての価値が復帰するため、遺産分割によって相続財産の価値が増加します。しかし相続税財産評価においては、元々借地権及び底地特有の価値の減少は考慮されていないので、このような価値の増分は折込み済みの評価になっています。

（※） 民法520条によれば、「債権および債務が同一人に帰属したときには、その債権は消滅する」とされています。このため、賃貸借に基づく借地関係においても、借地権者がその借地権の目的となっている底地の所有権を取得したときは、賃借人である借地権者としての地位と賃貸人である地主（底地の所有者）の地位が同一人に帰属するので混同により借地権は消滅します。

《分割案２》貸宅地を二男が取得する

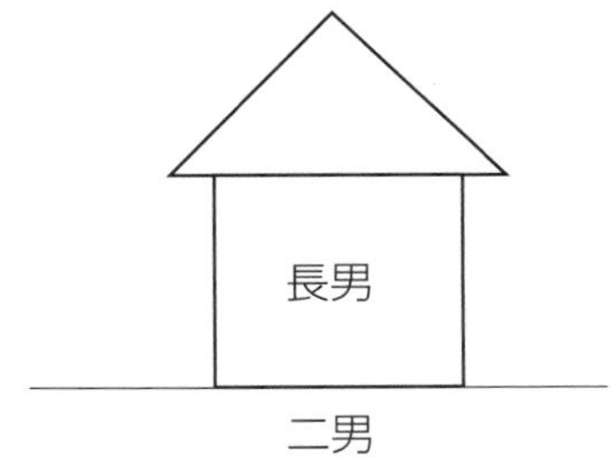

一方、遺産分割によって貸宅地を二男が取得すれば、以降、長男と二男の借地関係が継

続するため、借地権及び底地特有の減価要因も継続して残ります。しかし相続税財産評価にはその減額要因は反映されず、《分割案１》と同じ評価額になります。すなわち、取引時価が相続税評価額を下回る可能性があります。その意味で相続税は過大な評価に基づいて納税することになります。

《分割案１》と《分割案２》の比較検討

《分割案１》についても《分割案２》についても、他の条件が同じであれば相続税額も同じです。しかし遺産分割後の相続財産の状況を見ると、《分割案１》の場合は権利関係も使用制約もない土地建物が遺され、処分するのも自由であり、遺産分割前よりも不動産の価値が高まっているのに対し、《分割案２》は借地関係が継続され、市場性に劣る借地権と底地が遺されることになります。特段の事情がなければ、《分割案１》を選択することが賢明でしょう。

〈アドバイス〉底地と自用地の選択

これまで述べたように、底地（貸宅地）については、取引時価と相続税評価額にはかなりの開差が認められます。そうすると次の図に示したように、相続税評価額が同じであるA土地とB土地を遺産分割で取得する際には、必ずしも公平な分割にならないこともあるので、注意する必要があります。

A土地：30万円×（１－0.6）×300㎡＝3,600万円

B土地：30万円×120㎡＝3,600万円

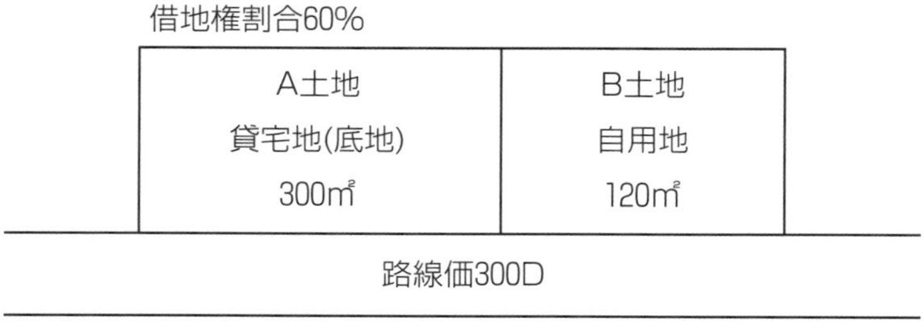

借地権割合60%

A土地 貸宅地(底地) 300㎡	B土地 自用地 120㎡

路線価300D

事例解説 3－(2) 借地権と底地の分割

〈設例〉

被相続人が所有していた自用の建物及びその敷地を遺産分割によって同一の相続人が取得した場合《分割案１》と、土地と建物を別々の相続人が取得した場合《分割案２》とでは、どのような違いが生じるでしょうか。

【前提】

被相続人：父

相続人：長男、二男

相続財産：自用の建物

　　　　　自用地→上記建物の敷地

　　　　　その他

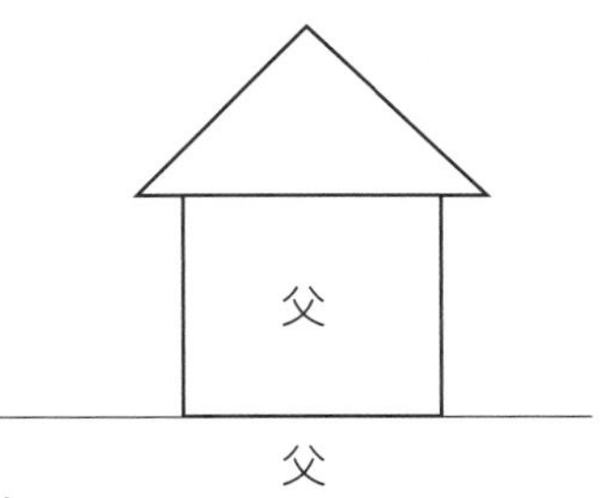

《分割案１》土地及び建物をいずれも二男が取得して居住する

《分割案２》土地を長男が取得し、建物を二男が取得する

《分割案１》土地及び建物をいずれも二男が取得して居住する

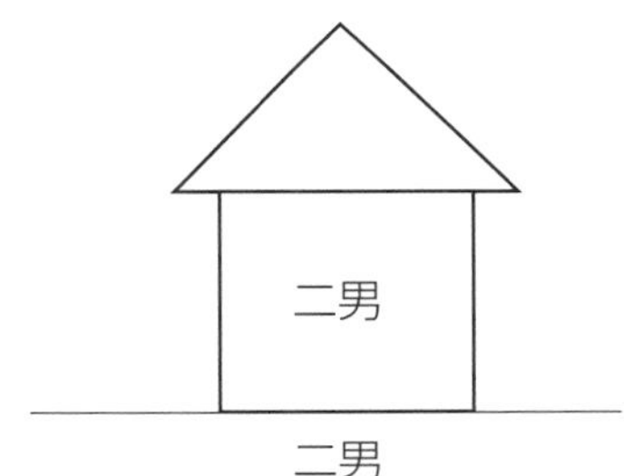

二男の使用収益が制約されることはない完全所有権としての状態で、自用の建物及びその敷地の価値が維持されます。

《分割案２》土地を長男が取得、建物を二男が取得して居住する

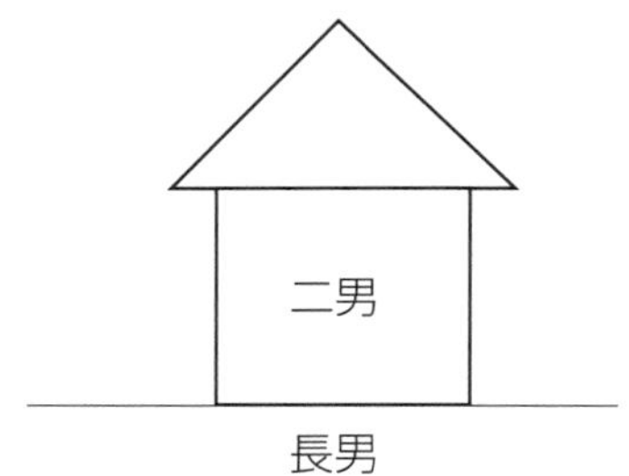

このケースは、①二男が賃料を負担せず長男の土地を使用貸借する場合と、②二男が長男に地代を支払って借地権を発生させる場合が考えられます。

①の使用貸借とする場合、使用借権は賃借権に比べて極めて弱い権利ですから、二男は極めて不安定な状況に置かれることになります。敷地利用権が不安定なのですから、敷地利用権を考慮した建物の価値も下がります。

②の借地権を設定した場合は借地権者である二男が借地借家法により保護されますが、借地権及び底地のいずれについても、父が所有していた自用の場合と比べて価値の減少が生じます（161ページ参照）。つまり、元々あった不動産の価値を棄損させてしまうことになります。

《分割案１》と《分割案２》の比較検討

《分割案１》についても《分割案２》についても、他の条件が同じであれば相続税評価額の合計も同じになります。しかし遺産分割後の相続財産の状況を見ると、《分割案１》の場合は権利関係も使用制約もない土地建物が遺され、遺産分割前の財産価値が維持されています。一方、《分割案２①》の使用貸借による方法は相続税評価額は遺産分割前と変わりありませんが、敷地利用権の希薄な建物所有者は不安定な状態に置かれるとともに敷地所有者の使用収益にも支障が生じてしまいます。《分割案２②》の借地権を設定する方法は、賃貸借によって借地関係が発生し、市場性に劣る借地権と底地が遺されることになります。このようなことから、公平な遺産分割のためにやむを得ないといったような特段の事情がなければ、《分割案１》を選択することが賢明でしょう。

なお、設例は不動産の価値に着目したものであり、借地権の設定に際して支払われる権利金の有無や地代の多寡など、いわゆる借地権課税等の税務上の問題については考慮外としています。

4　限定価格の例(2)　～隣接不動産～

152ページに掲げた限定価格を求める場合の例示にある②隣接不動産の併合を目的とする売買に関連する場合と、③経済合理性に反する不動産の分割を前提とする売買に関連する場合は、土地の間口、奥行、地積、形状、接面道路の状況等の画地条件が異なることにより、土地の価格に大きな影響を及ぼすことがあるため、遺産分割の際においても注意する必要があります。

不動産鑑定評価基準によれば、限定価格とは、隣接地の併合や借地人が地主からその借地を買い取るときなど、「市場が相対的に限定される場合における」市場価値を適正に表示する価格をいいます。たとえば、隣接地を取得して、自分の所有している土地と併合（一体化）することにより、これまで道路に接していなかった自分の土地が道路と接するようになるケース（図1）や、角地になるケース（図2）、又は地形が整形になったりするケース（図3）など、隣接地を取得することで、自分の土地の価値が併合前より上昇することがあります。このような土地の価値の上昇分を加味すると、第三者が取得する場合の併合前の各土地の取引時価（正常価格）と乖離が生じて、一般の市場価値より高額で買い入れても採算が合うことになります。これは売り手と買い手がAとBというように相対的に限定される場合に形成される価格であり、このような価格を限定価格と呼びます。つまり、限定価格は特定の当事者間においてのみ経済合理性が認められる価格です。いい換えると、併合等によって土地の価値が高まるということですが、これを増分価値といいます。

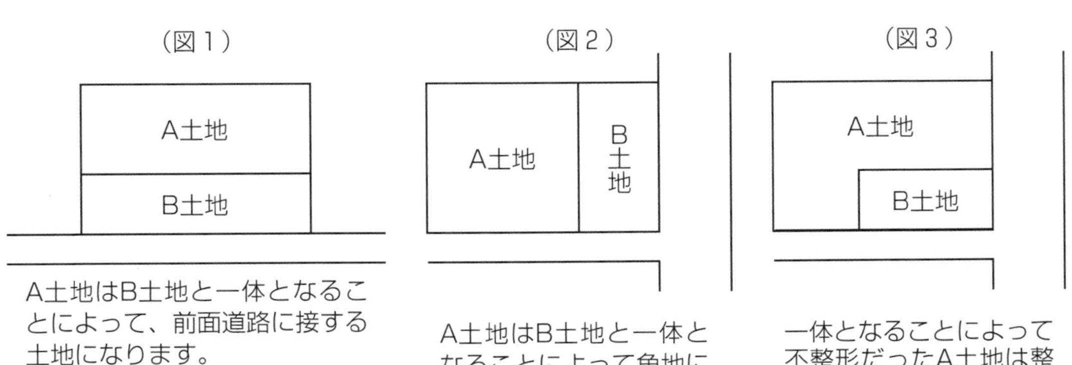
（図1）
A土地
B土地
A土地はB土地と一体となることによって、前面道路に接する土地になります。
（図2）
A土地
B土地
A土地はB土地と一体となることによって角地になります。
（図3）
A土地
B土地
一体となることによって不整形だったA土地は整形な角地になり、狭小地だったB土地は使い勝手のよい土地になります。

これとは逆に、元々整形だった土地や角地だった土地を上記AとBのように分割してしまうと、それぞれの土地の価値は下がってしまうのです。遺産分割に際しては、この点に注意しなければなりません。

事例解説 3-(3) 隣接不動産の併合と分割（狭小地の例）

〈設例〉

下の図のような100㎡のA土地、50㎡のB土地、50㎡のC土地を想定し、それぞれの取引時価は標準的な土地Aは3,000万円、間口が狭く、建物の建築が困難な狭小地B及びCはいずれも1,200万円であるとします。このとき、次のケースにおける不動産の価格はどのように考えるのでしょうか。

《ケース1》はじめにB土地とC土地が隣接して存在し、これらが併合される場合
→図の左から右への移動

《ケース2》はじめにA土地が存在し、これをB土地とC土地に分割する場合
→図の右から左への移動

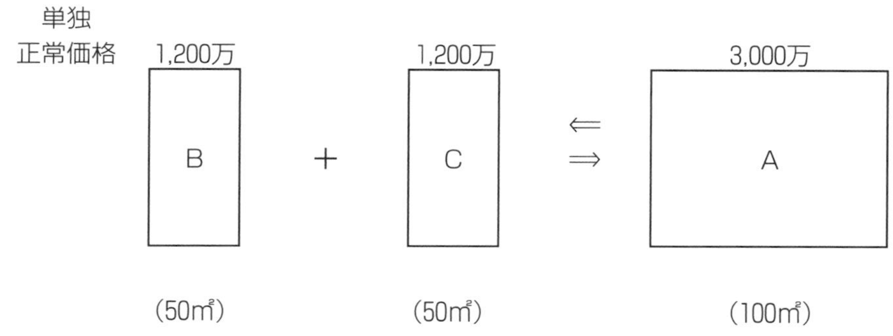

《ケース1》隣接不動産の併合

時価（正常価格）1,200万円のB土地と時価（正常価格）1,200万円のC土地は、いずれも間口が狭く、帯状型の面積が小さな土地で、近隣地域における標準的な建物を建築することが困難なため市場性に劣ります。ところが、上の図の左から右への移動のように隣接したこれらの土地が併合される結果、B土地とC土地の間口・面積狭小が治癒されて、時価（正常価格）3,000万円の整形なA土地になるとすると、併合前のB土地とC土地の時価の合計額2,400万円（1,200万円＋1,200万円）よりも600万円価値が増加します。この＋600万円が増分価値です。

このようなケースを想定し、B土地所有者がC土地を購入する場合、B土地所有者はC土地の時価1,200万円を超えて、1,800万円を上限とした価額までの金額で購入すれば採算は取れることになります。B土地所有者にとってみれば、B土地の元々の時価1,200万円が、C土地を購入することによって時価3,000万円のA土地を得ることができるからです。C土地所有者にとっても同様です。連棟長屋の敷地をイメージしていただければいいと思いま

す。

このような取引価格が形成されるのは、隣接不動産の所有者同士というように、取引当事者が相対的に限定される場合においてです。

《ケース2》経済合理性に反する分割

《ケース1》の例とは反対に、Aのような整形で標準的な時価（正常価格）3,000万円の土地を、B土地とC土地に分割したとします。右から左への移動です。そうすると、分割後においては、B土地とC土地の時価を合わせても2,400万円（B+C）にしかなりません。元々A土地は3,000万円の価値があったのですから、分割することによって合計で▲600万円｛A－(B+C)｝の価値の減少が生ずることになります。このような分割が経済合理性に反する分割です。

このような事例が発生するのは、たとえば連棟長屋として分譲する場合のほか、道路開設のためにA土地の一部が必要とされる場合などが考えられます。自治体がC土地を収用等で買収する場合です。この場合、自治体は時価が1,200万円だからといって1,200万円でC土地を取得することはできません。土地の所有者から見れば、A土地からC土地が分割されることによって、残地として1,200万円のB土地が残るのですから、1,800万円（＝3,000万円－1,200万円）の価格で譲渡しないと損失が生じるからです。したがって、自治体はC土地の時価1,200万円にプラスして600万円を支払うことになります（残地補償）。この1,800万円という価格は、道路開設という特別な事情によってC土地が必要な自治体以外との第三者間においては成立しません。市場がA土地所有者と自治体という二者に相対的に限定される場合に成立する価格です。つまり、市場取引を前提とする場合、C土地を取得するのは、時価1,200万円を超えて1,800万円で購入してでもその土地が必要な者に限られます。

上の例においては、譲渡する者には不合理分割による減価は（残地）補償されることになるため、土地の減価額がそのまま消えてなくなるわけではありません。

しかし、遺産分割において、このような特別な事情もなくA土地がB土地とC土地に分割取得されると、上記の▲600万円部分は消えてなくなることになります。つまり、対価なく不動産の価値そのものを減じてしまうのです。もちろん、このような場合には相続税の評価額も下がるのですが、仮に課税価格の減額が600万円、実効税率が最高税率の55%としても、相続税の負担減は330万円にしかならず、▲600万円の価値の消失を補うことはできません。このような相続税の減額を相続対策として提案される向きもあるようですが、節税という耳障りのいい言葉に惑わされてそれ以上に不動産の価値そのものを減じるのですから、お勧めできるものではありません。このような策を弄するのは、時価の回復（再併合など）が確実に見込まれるような場合に限られるべきでしょう。

事例解説 3－(4) 隣接不動産の併合と分割（接道状況の例）

〈設例〉

下の図１の幅員４ｍの路線のみに接するＡ土地の時価は3,000万円（@15万円／㎡）、幅員12ｍの道路と４ｍの二方の道路に接するＢ土地の時価は4,000万円（@20万円／㎡）であると仮定します。

また、図２のように、Ａ土地とＢ土地を併合したＣ土地は、一体としての土地の価格が8,000万（@20万円／㎡）になると仮定します。

このとき、次のケースにおける不動産の価格はどのように考えるのでしょうか。

《ケース１》はじめにＡ土地とＢ土地が存在し、これらが併合される場合
　　　　→図１から図２（上から下）への移動

《ケース２》はじめにＣ土地が存在し、これをＡ土地とＢ土地に分割する場合
　　　　→図２から図１（下から上）への移動

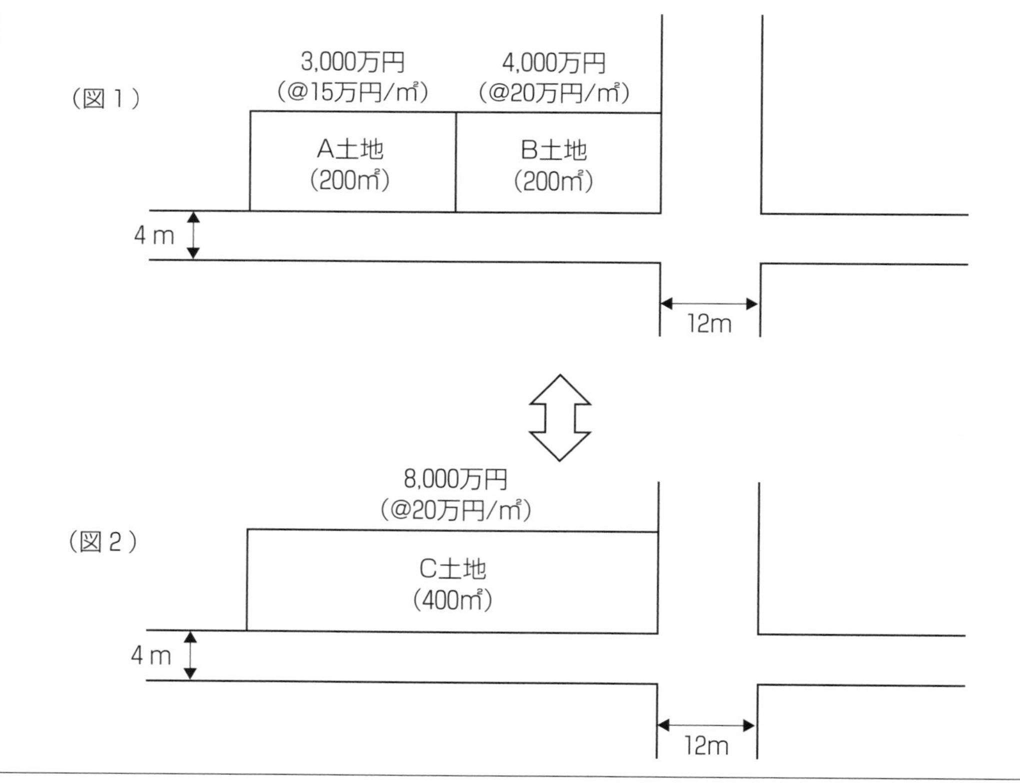

《ケース１》隣接不動産の併合

A土地単独での時価（正常価格）は3,000万円、B土地単独での時価（正常価格）は4,000万円であるとしたときに、A土地の所有者がB土地を取得して両方の土地を併合するとします。（図１）から（図２）への移動です。

このとき、併合後は（図２）のC（＝A＋B）土地となり、A土地は角地の一部を構成することになります。そして、一体としてのC土地の価格が8,000万円（@20万円／㎡）になるのですから、A土地の所有者はB土地を5,000万円で取得しても採算が合います。元々のA土地の価格が3,000万円なので、8,000万円－3,000万円です。そうすると、B土地単独での時価（正常価格）は4,000万円ですから、A土地所有者にとっては、プラス1,000万円の増分価値が発生します。このため、B土地は4,000万円から5,000万円の間で価格形成されることになり、限定価格となります。

《ケース２》経済合理性に反する分割

《ケース１》とは逆に、元々単独での時価（正常価格）8,000万円のC土地を、A土地とB土地に分割したとします。（図２）から（図１）への移動です。

このとき、分割後は（図１）の単独での時価（正常価格）3,000万円のA土地と、単独での時価（正常価格）4,000万円のB土地になります。A土地は角地の効用がなくなるのですから、1,000万円の価値が消失してしまいます。(3,000万円＋4,000万円)－8,000万円＝▲1,000万円です。

したがって、本来であれば残地所有者の価値の減少分を補うようなA土地及びB土地単独の時価以上の限定価格でなければ、取引が成立しません。しかしこのような分割が、取引ではなく遺産分割を原因として行われた場合には、残地補償も観念できず、単に不動産の価値が減少してしまうだけということになりかねません。

もちろん、遺産分割の場合は個々の事情によってやむを得ないこともあります。A土地とB土地が異なった利用状況であればなおさらでしょう。しかし不動産の分割は、このような価値の減少が生じないように配慮しなければならないことに留意しておく必要があります。このような遺産分割で相続税も減額されることになりますが、仮に課税価格の減額が1,000万円、実効税率が最高税率の55％としても、相続税の負担減は550万円にしかならず、1,000万円の価値の消失を補うことはできません。相続税の負担減だけに惑わされないようにしましょう。

〈アドバイス〉角地の効用

角地は、正面と側面に異なる２系統の路線があることによって、利用間口が大きくなり、出入りの便が良くなるほか、採光、通風に優れ、一般的に、正面路線だけに接道する土地よりも価値が上がります。このため、相続税財産評価においても「側方路線影響加算」が行われます（70ページ参照）。

ただし、このような角地の効用増の程度は、その土地が属する地域の特性（住宅地域であるとか商業地域であるとか）によって異なります。

また、角地の場合は、建ぺい率が緩和される規定があることも見逃せない価値の増加要因です（184ページ参照）。

第2章　取引時価と相続税評価が異なる不動産

1　相続税評価額が取引時価を上回る可能性がある場合

(1)　着眼点

これまで述べたような経済合理性に反する分割の例のように、遺産分割によって不動産の本来の価値そのものを下げてしまわないことが重要です。極端な場合、価値が減じられた土地は、時価が相続税評価額を下回ってしまったことから、相続税評価額によって売却できないこともあります。このため、どのような場合に不動産の価値を下落させてしまうのかということについて理解しておく必要があります。この項においては、不動産の価値を大きく下落させる要因について解説します。相続税財産評価に反映されない要因もありますので留意してください。

不動産の物理的特性（物的な特性）がその価値に影響を与えるのは、たとえば住宅地であれば、住宅の用に供する際に主として利便性・快適性を増減する要因です。また、商業地であれば、主として収益性に影響を与える要因です。このような不動産の価値に影響を与える物理的条件を画地条件と呼びます。

不動産は自然的な条件や文化的な条件を共通することによって、近隣の不動産と共に一定の特色のある地域を構成しています。したがって、ひとつの画地条件が不動産の価値にどのような影響を与えるのか、すなわち、プラスに作用するのかマイナスに作用するのかを判断するためには、その不動産が属している地域との関係を無視することはできません。

たとえば幅員２～３ｍの路地状部分を含む旗竿状の宅地が商業地域にあるときと住宅地域にあるときでは、価値の下落の影響も異なると考えられます。住宅地における快適性・利便性等に与える影響よりも、商業地における収益性に影響を与える方がより大きいためです。

遺産分割の際にも、一般的にはこのような画地条件の劣る土地を創り出さないように注意する必要があり、主な判断基準として次の３点が挙げられます。

① 分割後の画地が無道路地か否か。

② その地域における標準的な宅地の地積に比して著しく狭隘か否か。

③ 現状及び将来にわたり有効な土地利用が図られないと認められるか否か。

これを例示すれば次のとおりです。

〈宅地の減価要因となる画地条件の着眼点〉

・地積（面積が著しく広大又は過少）
・間口（間口狭小）
・奥行（奥行逓減、奥行短小、奥行長大）
・形状（不整形地、三角地）
・高低
・方位
・接面街路との関係（角地、準角地、二方路、三方路、側道の状態）
・袋地、無道路地
・地盛
・崖地、傾斜地
・私道
・水面利用
・高圧線下地

一般的に市場価値が劣る物件を列挙すると、次のようなものがあります。

・過疎地域にある物件
・画地条件が極端に劣る土地
・共有不動産
・底地（貸宅地）、借地権
・道路や上下水道などのインフラが未整備な土地
・借入金のある低収益（利回りの低い）アパート
・市街地山林、がけ地、擁壁が建築基準法に不適合
・境界が判然とせず、境界確定が困難な土地
・確定測量していない土地
・赤道・水路が通っている土地
・老朽化した空室が多い賃貸アパート
・管理費が高額な物件
・古い連棟式建物
・高額物件（←需要者が限られる）
・埋蔵文化財本調査の可能性が高い土地
・事故物件、大規模物件等の特殊物件

・土壌汚染土地
・大規模な残土処分地、不法投棄された廃材や産業廃棄物の放置された土地
・宅地造成中で頓挫したままの土地
・建築不可物件、建築制限のある土地
・違反建築物、既存不適格物件（※）、旧耐震建物

※ 既存不適格物件は、建築完成時の「旧法·旧規定の基準で合法的に建てられた建築物」であってその後、法令の改正や都市計画変更などにより現行法に対して不適格な部分が生じた建築物のことをいいます。

⑵ 市場価値の劣る土地の具体例

《ケース１》無道路地（接道義務を満たさない土地）

土地上に建物を建築するためには、原則としてその土地が建築基準法上の道路に２m以上接面していなくてはなりません。これを接道義務といいます。

無道路地（間口が狭小で接道義務を満たしていない宅地を含みます。以下同じ。）については、進入路の確保をしないと建築物の建築をすることができないので、宅地としての効用を全く満たすことができません。したがって、無道路地の価格は大幅に下落します。

この点、財産評価基本通達20-２によれば、100分の40の範囲内で相当と認められる金額を控除（無道路地補正）して評価することとされています。

しかし現実の取引市場では、建物を建築できない土地は売却しようとしても全く買い手が現れず、価格がつかないようなことも珍しくありません。相続税財産評価のように、40％の減額では収まらないケースが多くあるのです。

1　接道義務を満たす場合の例示 → 建物の建築が可能な土地

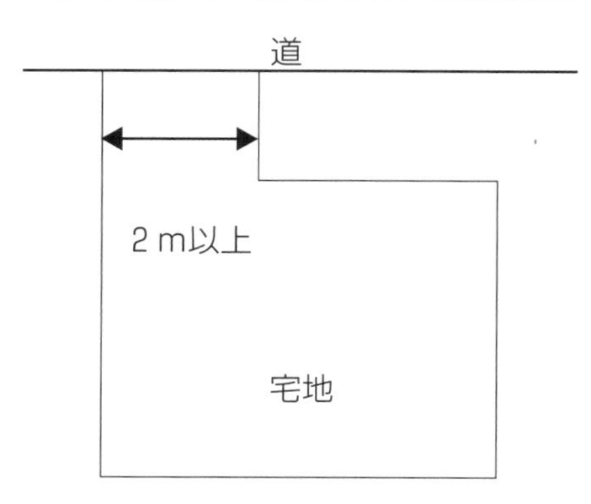

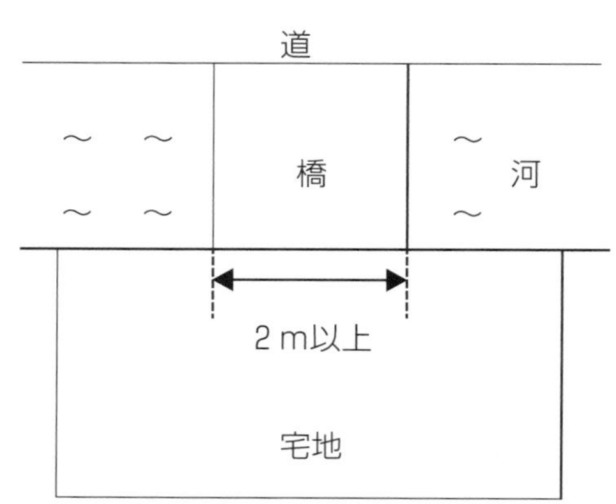

＊　河川の水路敷等に橋を架ける場合には、その河川等を管理する特定行政庁の許可が必要です。

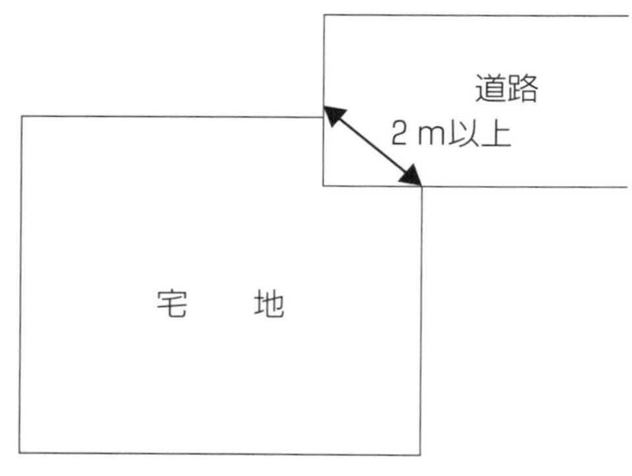

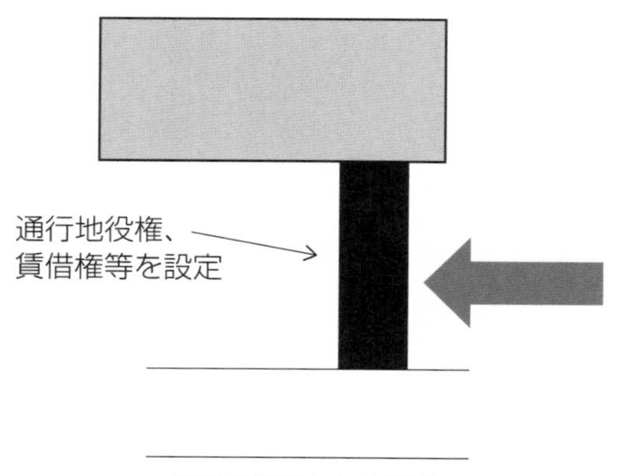

建築基準法上の道路

接道義務は所有権でなくても構いません。

相続税財産評価においても他人の土地の通行地役権や賃借権等を設定して、通行の用に供している場合には、無道路地の評価は行いません。不整形地として評価した後、権利の評価を加味します。

2　接道義務を充たさない土地（建物の建築が出来ない土地）の例示

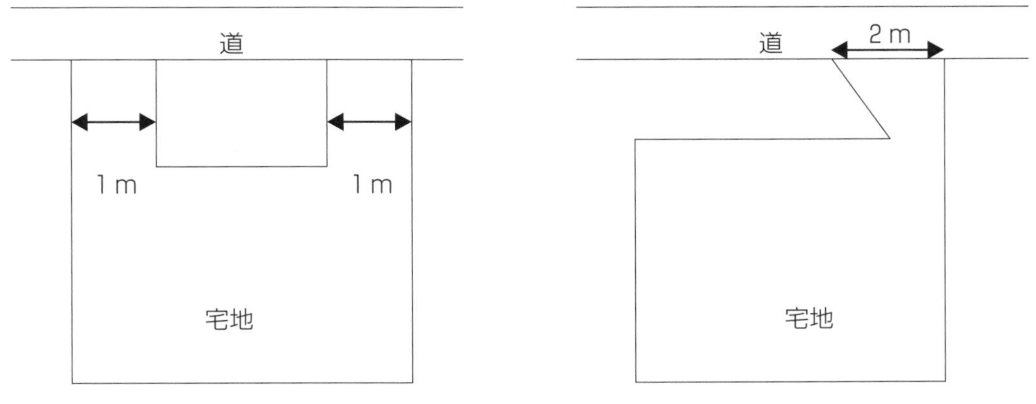

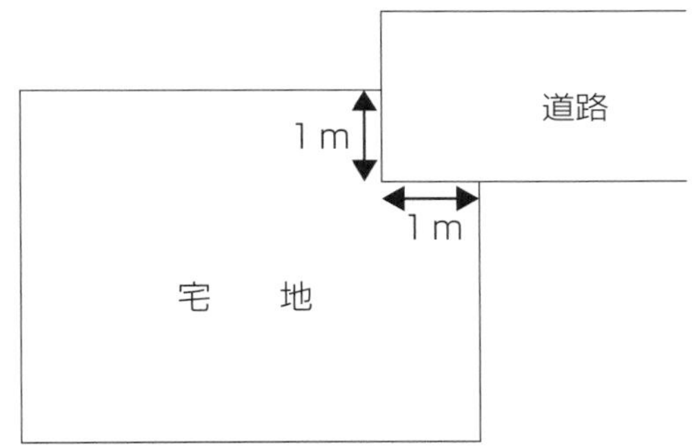

〈アドバイス〉建築基準法上の接道義務の考え方

下の図のような不整形地について、道路と接面する部分の幅を徐々に狭くしていくと、Ａ土地「接道義務を満たす宅地」、Ｂ土地「接道義務を満たさない宅地」及びＣ土地「無道路地」となります。

財産評価基本通達による無道路地補正は、これらの土地のうち無道路地（B土地及びC土地）については、　　　部分が通路開設部分に相当しますので、Ａ土地と同様の通路を開設するのに必要なこの部分の土地の価額（路線価×通路開設部分の地積（㎡））を控除する方法によるものです。

このような補正が必要とされるのは、都市計画区域内の宅地に建物を建築するためには、建築基準法43条の接道義務を満たさなければならないからです。

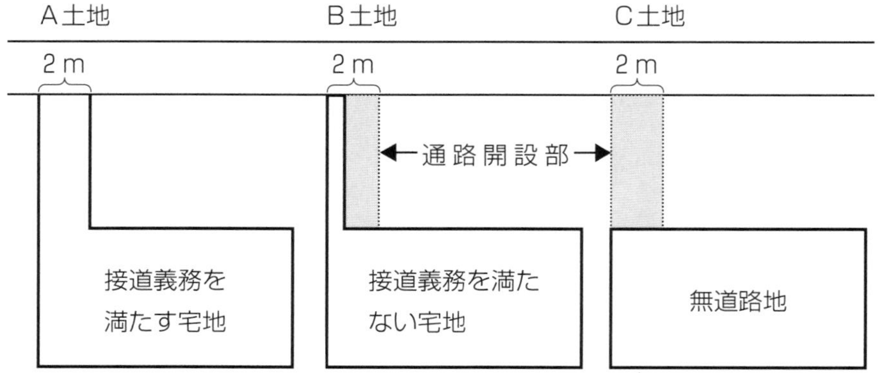

建築基準法の解説　接道義務

建築基準法43条《敷地と道路との関係》１項によると、都市計画区域内では、建築物の敷地は、建築基準法上の道路に２ｍ以上接面していなければ建物を建築することができません。

建築基準法上の道路とは次のものをいい（建築基準法42）、具体的には市町村役場やホームページで調べることができます。

42条1項道路	建築基準法上の原則的な道路であり、次の種類の幅員４ｍ以上（※）の道路をいいます。 （※）特定政庁が必要と認めて前面道路を６ｍ以上と指定した区域においては６ｍ以上。 なお、道路の幅員は、一般に路面と側溝の幅の合計をいい、法敷は算入しません。しかし、その判定方法は各自治体によって異なるので確認調査しておく必要があります。 ①　道路法上の道路（42条１項１号、公道） ⅰ　一般の国道（自動車専用道路を除く） ⅱ　都道府県道 ⅲ　市町村道 ②　都市計画法等による道路（同項２号、公道・私道） 都市計画法、土地区画整理法、都市再開発法等によって築造された道路で、工事完了後は道路法上の道路となるのが一般的です。 ③　既存道路（同項３号、公道・私道） 建築基準法の道路規定が施行される際（昭和25年11月23日）すでに存在していた幅員４ｍ以上の道路で、私道を含みます。幅員４ｍ未満の場合は42条２項道路か否かが問題となります。 ④　事業執行予定の道路（同項４号、公道）

	都市計画法、土地区画整理法、都市再開発法等に基づく事業計画のある道路で、２年以内に事業が執行される予定のものとして特定行政庁が指定した道路です。まだ道路形態がない場合でも建築基準法上の道路として取り扱われます。 ⑤　位置指定道路（同項５号、公道・私道） 位置指定道路とは、主として広い土地を区切って小さな敷地として利用する時に併行して新たにつくられた私道で、特定行政庁から位置の指定を受けたものをいいます。 私道が道路位置指定等により建築基準法上の道路になった場合、その私道の変更又は廃止を禁止又は制限することができ（建築基準法45条１項）、また、建築物を建てることができないとされています（同法44条１項）。
42条2項道路	幅員４メートル未満の道路で特定行政庁が指定した道路をいいます。 ただし、当該道路に接面する土地については、道路の中心線より２ｍ後退（通称「セットバック」）した線が道路との境界線とされ、その線を越えて建築をすることはできません。また、道路の片側が川や崖、線路などの場合は、その川等がある側の道路境界線から４ｍ後退した線を越えて建築をすることはできません。

（注）建築基準法43条３項は、「その用途、規模又は位置の特殊性により、第一項の規定によっては避難又は通行の安全の目的を十分に達成することが困難であると認めるときは、条例で、その敷地が接しなければならない道路の幅員、その敷地が道路に接する部分の長さその他その敷地又は建築物と道路との関係に関して必要な制限を付加することができる。」と規定していますので、地方公共団体の条例についても確認しておく必要があります。

たとえば、京都府建築基準法施行条例（昭和35年７月５日京都府条例第13号）第４条《敷地の形》は、「都市計画区域内において、建築物の敷地が路地状部分のみで道路に接するときは、その路地状部分の一の幅員は、次の表に掲げる数値以上としなければならない。ただし、増築、改築、大規模の修繕又は大規模の模様替えをする場合は、この限りでない。」と規定しています（京都市建築条例による接道義務《路地上敷地の形態》も同じ数値で規制しています。）。

【京都府建築基準法施行条例】

路地状部分の長さ	幅員
20メートル以内のとき	２メートル
20メートルを超え35メートル以内のとき	３メートル
35メートルを超えるとき	４メートル

一歩先へ　接道義務の考え方

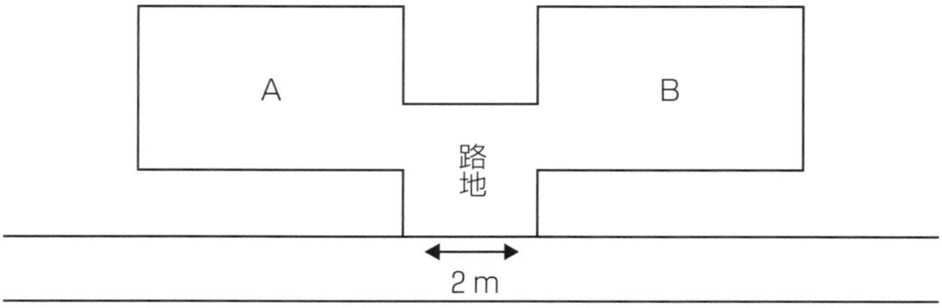

分割取得後の土地の形状が上の図のような場合において、たとえばA土地に建物を建築するとします。このとき、路地状部分を含めるとA土地は接道義務を満たしていますから、建築は可能です。そうすると、次にB土地についても同じように建物を建築することができるのでしょうか。個別的な事情にも因るでしょうが、原則として建物の建築はできません。路地状部分は既にA土地上の建物の敷地として利用されているので、重ねてB土地の建物の敷地として利用することはできないのです。建物の建築に際しては、後々の利用状況を想定し、自治体と協議しておく必要があるでしょう。

《ケース２》帯状地

「帯状地」とは、法律上特に定義はありませんが、「標準画地に比べ間口が狭小である宅地、又は奥行が長大である画地のうち、その狭小又は長大の程度が著しいもの」をいいます。帯状地は、建物の建築が困難で用途が限定され、単独での利用が出来ないケースがほとんどであるため、間口や奥行きが標準的な土地に比べて市場流通性に劣り、市場価値が大きく下落します。

このような建物の敷地として利用できないような帯状地の創出は、一般的には経済合理性に反する分割です。ただし、私道として利用され、他の不動産の使用価値を高める場合もあります。

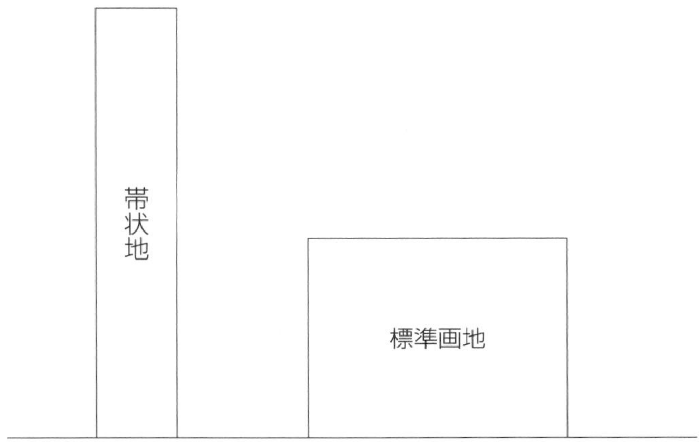

上の図のような帯状地は、間口が２ｍ以上あるとすれば接道義務は満たしており、法律上は建物を建築することが可能です。しかし、このような間口の広さでは物理的に建物の建築は困難です。たとえ相続税評価額が算出されたとしても一般的には、このような土地を購入するという人はいないでしょう。

《ケース３》 狭小宅地

たとえば建ぺい率が60％の住宅地域において、敷地面積が25㎡の画地については建築面積15㎡（＝25㎡×60%）の建物しか建築できず、地積が小さすぎて住宅の建築は事実上不可能です。このように、狭小地は基準建ぺい率、基準容積率等を満足させる建物が建てられないことから、相続税財産評価による評価額よりも市場価値は著しく低くなるのが通常です。

建ぺい率や容積率を活用できるか否かは、不動産の取引市場においては価格形成に大きな影響を与えるのですが、相続税財産評価の仕組みでは十分に対応できていないこともあるということです。

建築基準法の解説　建ぺい率と容積率

建ぺい率、容積率についてはについては大阪市ホームページに掲載されている「建築基準法の手引き」を参考にして用語解説しますので、参考にしてください。

【用語解説１：建ぺい率】

「建ぺい率」とは、建物の建築面積（※１）の敷地面積に対する割合のことです。

建物の敷地内に空地を一定の割合で確保することにより、通風、日照、採光、防災など市街地の環境を確保し、緑化や日常生活のための空間を確保するために「建ぺい率」に関する規定があります。建物の建ぺい率は原則として都市計画に定められた限度以下でなければなりません。（※２）

（※１）原則として建物の外壁かこれにかわる柱の中心線で囲まれた部分の水平投影面積をいいます。

（※２）建ぺい率の限度については、角地とみなされる敷地に建築する建物や、防火地域内における耐火建築物等、準防火地域内における耐火建築物等又は準耐火建築物等に対し、緩和の特例があります。

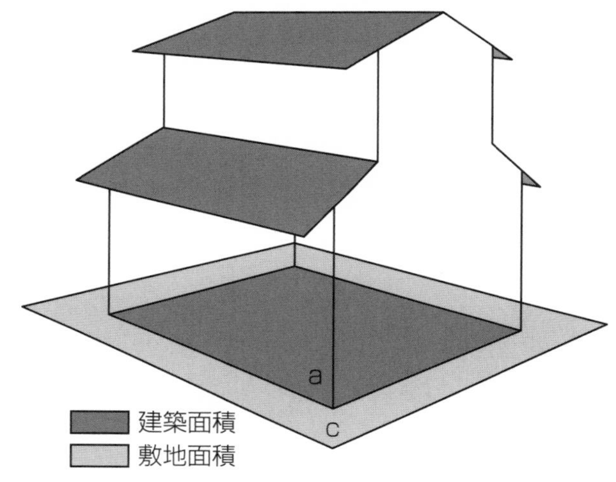

$$\text{建ぺい率} = \frac{\text{建築面積(a)}}{\text{敷地面積(c)}} \times 100\ (\%) \leqq \text{建ぺい率の限度}$$

大阪市では第一種住居地域、第二種住居地域、準住居地域（風致地区を除く）のすべてと、準工業地域の一部について平成16年４月に指定建ぺい率を80%に変更しています。

この地域内で建ぺい率60%を超えて建物を建築する場合は、条例に基づき一定の防火性能を確保した建物とすることが求められます。

（出典：大阪市ホームページ）

一歩先へ　法令等による敷地面積の制限

建ぺい率の指定のほかにも法令等による敷地面積そのものの制限が定められる場合があります。たとえば、都市計画に敷地面積の最小限度が定められた場合、建築基準法では原則として敷地面積がその限度を下回るような場合には、建物を建築することは認められていません。

地積について下限が定められているものを列挙すると次のとおりです。

① 地区計画等（都市計画法12の５⑦二）

② 建築基準法の敷地面積の最低限度（建築基準法53の２）

③ 建築協定（建築基準法69～）

④ 開発行為による造成宅地

【用語解説２：容積率】

容積率とは、建物の延べ面積（各階の床面積（※１）の合計）の敷地面積に対する割合のことです。限られた市街地の中では土地の合理的な高度利用が望まれます。都市への人口の集中による様々な問題に対して、道路、公園、下水道などの都市施設と建物の均衡を図る必要から、容積率により建物の規模がコントロールされています。容積率は、原則として都市計画に定められた用途地域ごとの限度以下でなければならず、建物は原則として容積率を超えて建てることはできません。この限度を「指定容積率」といいます（※２）。たとえば容積率が200％ならば、敷地面積の２倍を超える床面積の建物は建てることができないということです。

容積率の基本値は都市計画で定められますが、前面道路の幅員により更に制限を受ける場合があります。

具体的には、次の算式の関係になります。

$$\text{容積率} = \frac{\text{延べ面積}(a+b)}{\text{敷地面積}(c)} \times 100\ (\%) \leqq \text{容積率の限度}$$

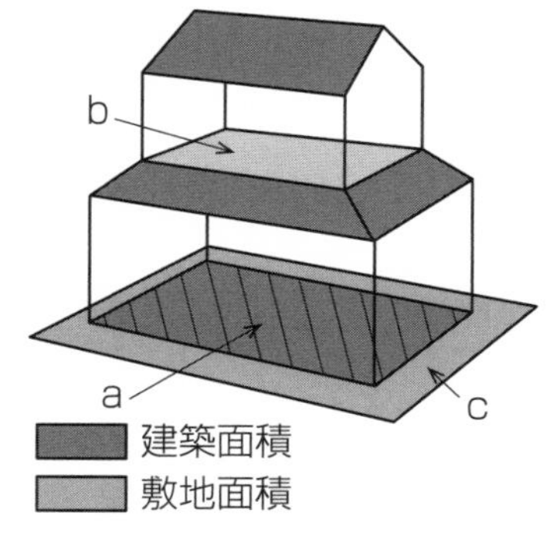

（※１）建物の床部分のうち、車庫や地下室などで、容積率を計算するうえで床面積に算入しない部分もあります。

（※２）前面道路（建物の敷地が接している道路）の幅員が12m未満の場合は、「指定容積率」と、前面道路の幅員をもとにして算出された値（これを「基準容積率」といいます。）とのいずれか小さい方の値が容積率の限度となります。　（出典：大阪市ホームページ）

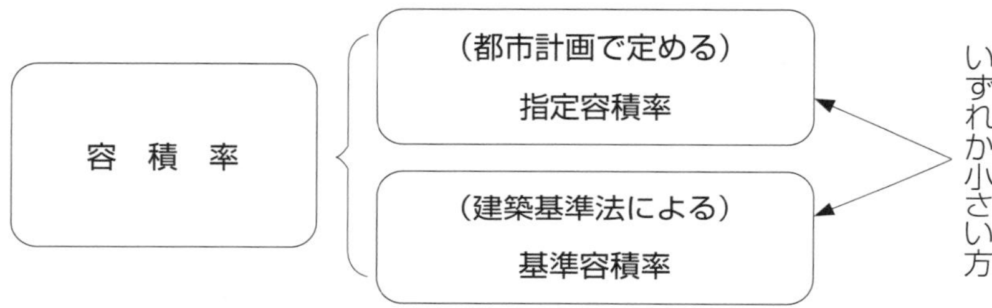

1　指定容積率

指定容積率は、建築基準法52条１項に定められた50％～1300％の範囲の数値のうちから、用途地域ごとに都市計画によって指定されます。

（注）用途地域とは、都市計画法に定める地域地区のひとつで、都市の環境保全や利便の増進のために、地域における建物の用途に一定の制限を行う地域をいいます。

用途地域は、住居系（第一種低層住居専用地域、第二種低層住居専用地域、第一種中高層住居専用地域、第二種中高層住居専用地域、第一種住居地域、第二種住居地域、準住居地域、田園住居地域）、商業系（近隣商業地域、商業地域）、工業系（準工業地域、工業地域、工業専用地域）に類別されます（208ページ参照）。

2　基準容積率

基準容積率は、建築基準法52条２項の規定により計算される容積率（前面道路制限による容積率）で、次の区分に応じて計算されます。

(1) 前面道路による制限（建築基準法52②）

① 前面道路の幅員が12メートル未満の場合は、その道路幅員のメートルの数値に、下表の区分にしたがい、それぞれに定める割合を乗じたもの以下とします。

② 前面道路が2以上あるときは、最大幅員のメートル数値によります。

用途地域等		前面道路の幅員のメートル数値に乗ずべき割合
住居系の用途地域	第一種・第二種低層住居専用地域、田園住居地域	$\frac{4}{10}$
	第一種・第二種中高層住居専用地域、第一種・第二種住居地域、準住居地域（高層住居誘導地区内の建築物であってその住宅の用途に供する部分の床面積の合計がその延べ面積の$\frac{2}{3}$以上であるものを除く）	$\frac{4}{10}$（特定行政庁が都道府県都市計画審議会の議を経て指定する区域内の建築物にあっては$\frac{6}{10}$）
その他の地域		$\frac{6}{10}$（特定行政庁が都道府県都市計画審議会の議を経て指定する区域内の建築物にあっては$\frac{4}{10}$又は$\frac{8}{10}$のうち特定行政庁が都道府県都市計画審議会の議を経て定めるもの）

（注）前面道路の幅員による容積率の限度（基準容積率）は、たとえば大阪市など自治体によって建築基準法の規定とは異なった取扱いになっていることがあります。

(2) 敷地に2以上の容積率の指定がある場合（建築基準法52⑦）

① 建築物の敷地が、容積率の異なる2以上の地域にわたる場合には、各地域に属する敷地の各部分の面積の比により加重平均して容積率を算定します。

② 建築物の敷地が、容積率の異なる2以上の地域にわたる場合で、かつ、前面道路幅員が12メートル未満の場合には、各地域に属する敷地の各部分について道路幅員（最大の場合）による容積率の限度を算出し、加重平均します。

《ケース４》不整形地

不整形地の価値については、その面積にも注意しなければなりません。不整形地の価値の減少を面積との関係で捉え、価値が大きく低下するケースから順に掲げると次のとおりです。

建物の建築ができない場合

⇩

標準的な建物の配置が不可能な場合

⇩

標準的な建物の配置は可能であるが、庭等の有効利用等が劣る場合

1　建物の建築ができない場合

次の①、②ような土地の場合は、単独では宅地としての効用を全く満たすことができず、たとえ相続税の評価額が算出されたとしても、原則としてその価値は限りなくゼロに近いものになります。

① 接道義務を満たさない場合や、最低敷地面積の基準を満たさないなど、法令上の制限で建物が建築できない場合

② 敷地の面積や形状などから、物理的に建物が建築できない場合

2　標準的な建物の配置が不可能な場合

図１

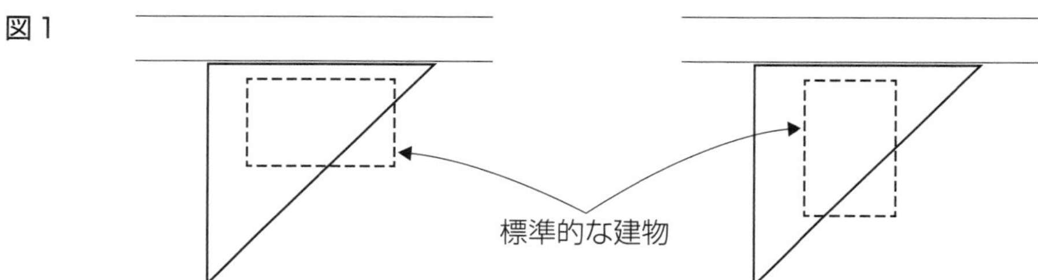

上の図のような不整形地には、周辺地域に建築されているような標準的な建物を建築することができず、利用価値が大きく劣ります。

しかし、敷地の面積が大きくなると、状況は少し異なってきます。

図2

面積大

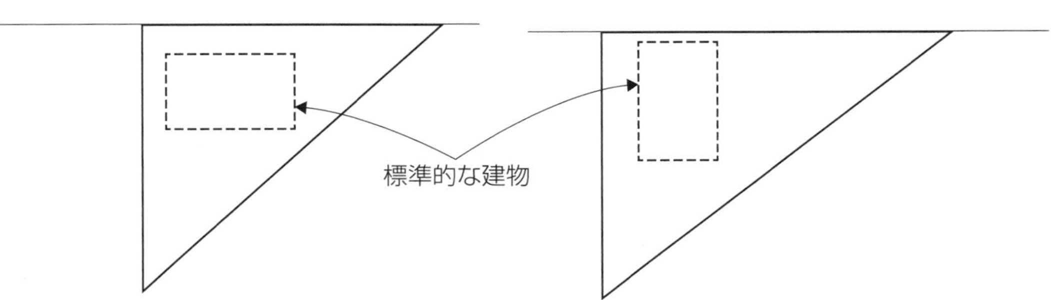

図1の不整形地と同じ形状の不整形地があったとしても、たとえば面積が2倍になれば標準的な建物の配置は可能となります。さらに面積が5倍、10倍と大きくなれば、マンションの建築や標準的な建物の戸建分譲が可能となります。

このように、不整形による減価の程度は常にその土地の面積と関連性を有します。ところが、相続税財産評価における図1と図2のかげ地割合、不整形地補正率は同じです。

しかし、相続税財産評価における不整形地補正率表に、地区区分ごとの地積区分ごとに数値が与えられ、地積が大きくなるほど補正率が小さくなるのは上記のような事情を反映させているものだと考えられます。

3　標準的な建物の配置は可能であるが、庭等の有効利用等が劣る場合

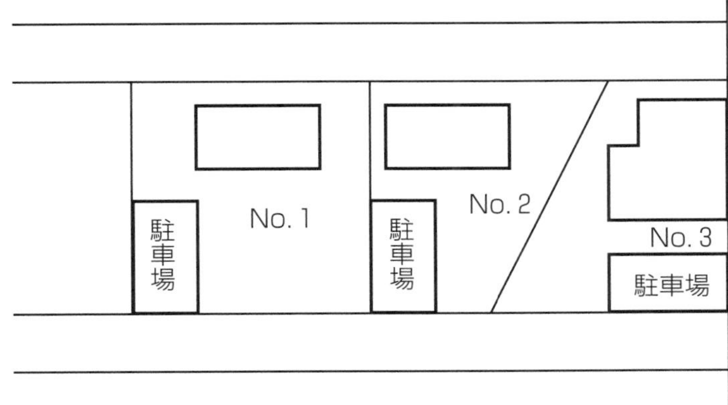

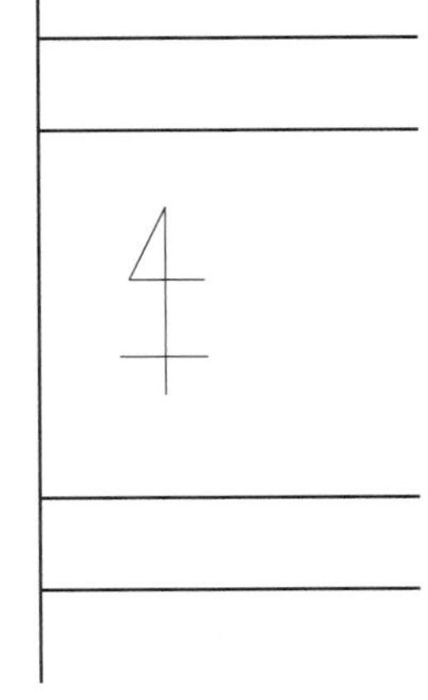

上の図のNo.１は標準的画地であり、No.２及びNo.３は不整形地です。

このような場合、No.１は南側にまとまった整形の庭のスペースがとれますが、No.２とNo.３はそのような訳にはいきません。つまり、標準的な建物を配置するために、不整形地は広い面積を要することが分かります。このため不整形地の㎡当たりの評価額は低くなるのです。

《ケース５》共有不動産

１　共有持分の価値

民法898条は、「相続人が複数あるときは、相続財産はその共有に属する」と規定しています。つまり、相続財産は一旦共同相続人の「共有」となり、共同相続人は共有持分を取得することになります。また、遺産分割においても、各相続人が等分に共有取得すれば、公平な分割取得が可能となります。不動産が共有となっている場合、そのほとんどが相続を原因とするもののようです。

財産評価基本通達２（共有財産）の定めによれば「共有財産の持分の価額は、その財産の価額をその共有者の持分に応じてあん分した価額によって評価する。」とされています。つまり、評価しようとする土地が共有となっている場合には、その共有地全体の価額に共有持分の割合を乗じて、各人の持分の価額を算出します。したがって、たとえば共有地全体の価額が１億円の宅地を甲が４分の３、乙が４分の１の割合で共有している場合には、甲の持分の価額は7,500万円（１億円×$\frac{3}{4}$）、乙の持分の価額は2,500万円（１億円×$\frac{1}{4}$）となります。特に減価を認識するわけではありません。

しかし、不動産の共有持分の取得者はその不動産を単独所有しているのではありませんから、持分に応じた使用をするしかなく（民法249）、単独で使用するためには分割請求をする（民法256、258）ほかありません。また共有持分は買受希望者が他の共有者に限定されることが多く、市場性に乏しいものです。このため不動産の競売などの評価実務においても、持分価格から20％～50％減価されています。減価の割合は、持分の割合、利用の状況、他の共有者の意向等を考慮して定められます。特に持分が２分の１を超えるかどうかで管理行為（賃貸借契約の締結・解除等）をすることができるか否かが異なり（民法252）、買受人の権利行使に大きな違いが生じるので、この点に着目して減価割合が定められます。

なお、道路敷及び区分所有建物の敷地利用権については、共有持分による減価は認められません。

2　共有持分の諸問題

不動産を共有する場合、一般的に次のような問題点が指摘されます。

・共有者間において固定資産税の負担はどうするのか

　→市町村役場の課税通知は代表者に一括して送付されるのが通例です。

・共有財産が収益不動産であれば、その収益をどのように分配するのか

　→収益した其々の者が確定申告を行わなければなりません。

・共有不動産全体の有効活用や売却が困難である

　→共有者全員の合意が必要です。

・共有の解消が困難である

　→共有の解消について、現物分割、換価分割、価格賠償、共有持分の処分、放棄、共有者の死亡、共有持分の交換などが考えられますが、これらの手法については章を改めて解説します。

共有物には上記のような問題点が存在するのですが、相続税の財産評価においては、このような共有の特殊性が全く反映されません。もちろん、共有者全員が一致協力して、同じ方向を向いて共有不動産を管理・処分するのであればそれで問題はないのですが、共有者の足並みが乱れるようなことになれば、相続税の財産評価は過大な評価になります。実務的には、たとえば親子間の共有は、将来的に子が親の持分を相続することで共有関係が解消され問題が顕在化しないことも多いと思われますが、兄弟姉妹間の共有はそれぞれの配偶者や子が相続することになるため、トラブルに発展する例が少なくありません。

一歩先へ　共有の法律関係

所有権を有する者は、自己の所有物を自由に「使用、収益、処分」をすることができるのが原則です。しかし、一個の所有権が複数の所有者によって共有されている場合、所有物の使用、収益、処分を巡って意見が一致しないことがあります。これを調整する規定が民法における共有の法理です。

1　共有物の使用権

民法249条によれば、「各共有者は共有物の全部について、その持分に応じた使用をすることができ」、共有者間の合意によって使用方法を定めることもできます。このため、たとえば被相続人甲が所有する土地を相続人である子乙１とその家族に使用させていた場合、妻丙と子乙１~乙８が法定相続分で共同相続し、丙と乙２~乙８（持分の価額合計12分の11を有する多数持分権者）が乙１に対して建物の明渡し請求をし

ても、少数持分権者が現に共有物を占有するときは、明渡しを求める理由を主張・立証しないかぎり、多数持分権者といえども当然に明渡請求することができないとされています（最判昭和41年５月19日）。

また、現に使用権を持つ共有者丁が、他の共有者に無断で共有物を第三者に使用させている場合においても、その第三者が丁の持分権に基づく占有使用をする限り、丁以外の共有者は共有物の引渡しを請求できないと解されています（最判昭63年５月20日）。

2　共有物の管理等

共有物の管理等については、民法で次のように規定されています。

・　目的物の保存行為などの共有物の管理に関する事項は、各共有者の持分の価格に従い、その過半数で決定しなければなりません（民法252本文）。

・　目的物の修繕、妨害排除、租税公課の支払いなど、財産の現状又は価値を維持するような保存行為は共有者全員の利益になることから、各共有者が単独で行うことができます（民法252ただし書）。

・　目的物の変更については、共有者全員の同意が必要です（民法251）。

・　管理費用等の共有物の負担はその持分に応じますが、共有者が一年以内にその義務を履行しないときは、他の共有者は相当の償金を支払ってその者の持分を取得することができます（民法253）。

・　共有者の一人が共有物について他の共有者に対して有する債権は、他の共有者から持分を取得した特定承継人に対しても行使することができます（民法254）。

・　共有者の一人が他の共有者に対して共有に関する債権を有するときは、分割に際し、債務者に帰属すべき共有物の部分をもってその弁済に充てることができます。このとき、債務者に帰属すべき共有物の部分を売却する必要があるときは、債権者はその売却を請求することができます（民法259）。

3　共有物の処分

持分権は法令の制限がない限り、各共有者が自由に売却、贈与、交換、担保設定等などの処分をすることができます。

4　共有物の分割

各共有者は、いつでも共有物の分割を請求することができ（民法256）、協議が調わないときは、裁判所に分割請求をすることができます（民法258）。

《ケース６》建物との関係

１　建付原価

宅地のうち、地上に土地の所有者と同一所有者の建物が建っている状態の土地を、不動産鑑定評価の用語で「建付地」と呼びます。

建付地の価格で注意すべき点は、建物が建っていることによってその土地の価格が減価することがあるということです。不動産鑑定評価の用語でこれを「建付減価」といいます。建付減価は、対象となる建物の敷地が最有効使用の状態にない場合に生じます。

たとえば、容積率400％の近隣商業地域にあって、周辺は４～６階程度の事務所、店舗、マンションとしての土地利用が標準的だとします。このため対象とする土地の最有効使用もそれと同じだとします。

そうした地域で、同じ道路に接面して、築40年程度の木造２階建の居宅、或いは店舗などの古家が建っていた場合、この土地は最有効使用の状態にありません。このようなときに、当該土地には建付減価が発生していると考えられるのです。例を挙げてみます。

【前提】

・対象土地の更地価格：8,000万円
・老朽化した建物の床面積：100㎡（市場価値なし）
・建物の解体費：15,000円/㎡

この土地建物を売買するにあたって、老朽化した建物に市場価値は認められず、古家を取り壊して最有効使用の建物を建築するとすれば、建物の取壊費用が発生します。

15,000円/㎡ × 100㎡ ＝ 150万円

そうすると、土地の取引時価は次のようになります。

8,000万円 － 150万円 ＝ 7,850万円

このときの△150万円が建付減価です。ところが、相続税の財産評価や固定資産税評価においては、このような事情は全く斟酌されません。

（注）相続税においては、建物の評価額は固定資産税評価額の1.0倍とされていますが、固定資産税評価において建物の価格がゼロになることはありません。最低でも再建築価格の20％です。

２　アスベスト

建物については石綿（アスベスト）の問題にも注意する必要があります。石綿（アスベスト）は、天然に産する繊維状けい酸塩鉱物で「せきめん」「いしわた」と呼ばれています。その繊維が極めて細いため、研磨機、切断機などの施設での使用や、飛散しやすい吹付け石綿などの除去等において所要の措置を行わないと、石綿が飛散して人が吸入してしまう

おそれがあります。かつてはビル等の建築工事において、保温断熱の目的で石綿を吹き付ける作業が行われていましたが、昭和50年に原則禁止されました。その後も、スレート材、ブレーキライニングやブレーキパッド、防音材、断熱材、保温材などで使用されましたが、現在では原則として製造等が禁止されています。

建築物においては、耐火被覆材等として吹付けアスベストが、屋根材、壁材、天井材等としてアスベストを含んだセメント等を板状に固めたスレートボード等が使用されている可能性があります。

こうした材料を使用している建物はまだ多く残されており、建物の所有者は定期的な調査や除去工事など多くの負担が求められます。除去工事や建物自体の解体工事の場合には厳重に飛散防止の養生が必要となるなど、周辺住人や工事施工者への適切な配慮が必要で相応の工事金額が必要です。相続税財産評価額には反映されないのですが、土壌汚染の場合と同じように除去費用などを適切に把握することが必要です。そうすると、このような建物が建築されている建付地も、やはり価値の減価を認識しなければならないでしょう。

2　取引時価が相続税評価額を大きく上回る可能性がある場合

これまでにも解説したとおり、相続税評価額は必ずしも現実の取引時価を反映しているとは限りません。このため、相続税評価額が取引時価より低廉に評価される財産は、相続対策として利用されることになります。その典型例が新築賃貸マンションといわゆるタワーマンションです。本項においては、この二つについて解説します。この二つの例の取引時価は、たとえ住宅地の不動産であっても、財産評価基本通達の定めのように土地の評価＋建物の評価という視点だけで時価が形成されるものではありません。

《ケース７》賃貸マンション(貸家及びその敷地)

財産評価基本通達においては、借家人の敷地に対する使用権を内包する借家権を消滅させることを想定して、貸家建付地の価額は借家権が付着していない場合の価額よりも相対的に低い価額で取引が成立すると考えられ、次の算式により評価することとされています(評基通26)。

【算式】

貸家建付地の価額
　＝自用地としての価額 － 自用地としての価額 × 借地権割合× 借家権割合 × 賃貸割合
　＝自用地としての価額 ×（1－ 借地権割合 × 借家権割合 × 賃貸割合）

しかし現実の賃貸マンションの取引時価は、その収益性を反映して形成されます。空室が多いほど評価が上がるというようなことはありません。次の想定事例は、相続税の財産評価額と収益性を勘案した取引時価（収益価格）との間には大きな開差が生じているにもかかわらず、相続税評価額が概ね同じになる例です。このように、たとえ相続税財産評価が同じであったとしても、相続税財産評価と取引時価が大きく異なるときには遺産分割においても注意する必要があります。これを同じ価値だとする遺産分割は公平であるとはいえません。

想定事例は、立地条件等が同じであるが、Aは新築物件で入居者が満室の事例、Bは築35年の中古住宅で、貸室のうち50％が空室になっているものです。

下表をみると、相続税評価額はA物件が2億3,160万円、B物件が2億2,500万円ですが、この評価額を基準に納得して遺産分割を行うことができるでしょうか。収益に着目した取引時価の試算は、A物件4億円、B物件1億500万円になっています。新築で満室状態の賃貸アパートと、築35年で半分は空室の賃貸アパートとの比較例です。

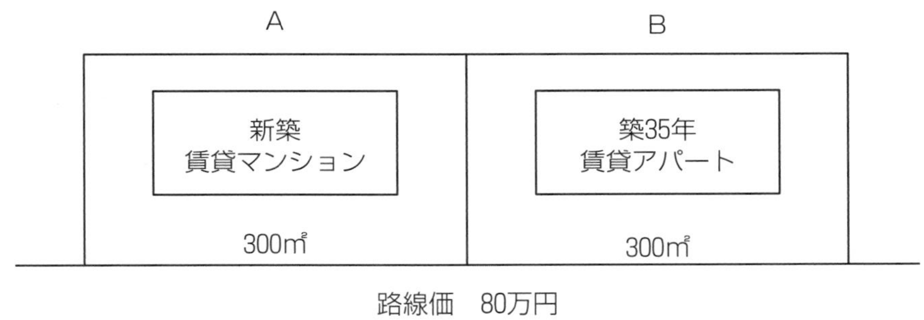

（注）Aの新築賃貸マンションの建築価格は1億円、これに対する固定資産税評価額は6,000万円とします。

	対象不動産A（新築）	対象不動産B（築35年）
相続税財産評価	①　路線価：800,000円 ②　土地の面積：300㎡ ③　借地権割合：0.7 ④　借家権割合：0.3 ⑤　賃貸割合：1.0	①　路線価：800,000円 ②　土地の面積：300㎡ ③　借地権割合：0.7 ④　借家権割合：0.3 ⑤　賃貸割合：0.5
	⑥　貸家建付地の評価額： ①×②×（1−③×④×⑤） ＝189,600,000円 （632,000円／㎡）	⑥　貸家建付地の評価額： ①×②×（1−③×④×⑤） ＝214,800,000円 （716,000円／㎡）

相続税財産評価	⑦　建物の固定資産税評価額： 60,000,000円 ⑧　建物の相続税評価額； ⑦×1.0×（1－④×⑤） ＝42,000,000円	⑦　建物の固定資産税評価額： 12,000,000円 （注）固定資産税評価においては、古家であっても再建築価額の20%が下限になります。 ⑧　建物の相続税評価額； ⑦×1.0×（1－④×⑤） ＝10,200,000円
	⑨　土地建物合計額： ⑥＋⑧＝231,600,000円	⑨　土地建物合計額： ⑥＋⑧＝225,000,000円
取引時価※	①　年間賃料　30,000,000円 ②　経費率　　0.2 ③　年間純収益 ①×（1－②）＝24,000,000円 ④　還元利回り　6.0% ⑤　収益価格　③÷④ ＝400,000,000円	①　年間賃料　12,000,000円 ②　経費率　　0.3 ③　年間純収益 ①×（1－②）＝8,400,000円 ④　還元利回り　8.0% ⑤　収益価格　③÷④ ＝105,000,000円 （注）老朽化した建物は、家賃が下がり、修繕費が嵩むため、還元利回りも高くなります。

※　取引時価は、一般的に収益物件の価格が利回りを指標に形成されていることに着目し、簡単な収益還元法（直接法）に基づいて試算したものです。中古住宅であることの建物の劣化や陳腐化、修繕費の負担や空室リスク等は、①の賃料に影響を与えるほか、②の経費率や④の還元利回りに折り込みます。

なお、取引時価は土地建物一体の価格として算出しています。現実の取引において参考にされる表面利回りは次のとおりとなります。

対象不動産A：30,000,000円÷400,000,000円＝7.5%

対象不動産B：12,000,000円÷105,000,000円≒11.4%

（注）一般に、空室リスクや修繕費の増加を見越して、古家の方が築浅物件よりも高い利回りで取引されます。

一歩先へ　不動産鑑定評価による収益価格と相続税評価

近年、賃貸マンションの評価について、財産評価基本通達の適用を否認して不動産鑑定評価を採用した注目すべき判決として、東京地判令和元年８月27日、東京高判令和２年６月24日（控訴審）があります。

〈地裁判決文引用〉

本件各不動産は、いずれも約40戸の共同住宅等として利用されている建物及びその敷地である（…）ところ、本件各鑑定評価は、いずれも、原価法による積算価格を参考にとどめ、収益還元法による収益価格を標準に鑑定評価額を求めたものである（…）こと、〔3〕不動産鑑定士が不動産鑑定評価基準に基づき算定する不動産の正常価格は、基本的に、当該不動産の客観的な交換価値（相続税法22条に規定する時価）を示すものと考えられること（地価公示法2条参照）をも勘案すれば、本件各通達評価額が本件相続開始時における本件各不動産の客観的な交換価値を示していること（本件相続開始時における本件各不動産の客観的な交換価値を算定するにつき、評価通達の定める評価方法が合理性を有すること）については、相応の疑義があるといわざるを得ない。

《ケース8》タワーマンション

いわゆるタワーマンションは、不動産の類型としては、区分所有建物とその敷地ということになりますが、マンションの価格を形成する要因は、建物に係る要因と土地に係る要因だけではありません。不動産鑑定評価基準に基づいて例を示すと、区分所有建物及びその敷地の価格を形成する要因は、建物に係る要因と土地に係る要因のほか、専有部分（部屋）に係る要因として次の項目が掲げられています。

① 階層及び位置
② 日照、眺望及び景観の良否
③ 室内の仕上げ及び維持管理の状態
④ 専有面積及び間取りの状態
⑤ 隣接不動産等の利用の状態
⑥ エレベーター等の共用施設の利便性の状態
⑦ 敷地に関する権利の態様及び持分
⑧ 区分所有者の管理費等の滞納の有無

しかし、このような要因は相続税評価においては全く考慮されていないのです。相続税財産評価において、区分所有に係る財産の各部分の価額は、通達の定めによって評価したその財産（土地と建物）の価額を基とし、各部分の使用収益等の状況を勘案して計算した各部分に対応する価額によって評価することとされています。つまり土地の共有持分プラス建物の固定資産税評価額です。

土地の評価	路線価×補正率×面積×共有持分 又は、固定資産税評価額×倍率
建物の評価	専有部分の固定資産税評価額×1.0

そうすると、下の図のように、戸数が多いタワーマンションであれば１部屋当たりの持分割合が低くなり、その分土地の評価も下がることになります。

〈土地の持分価格のイメージ〉

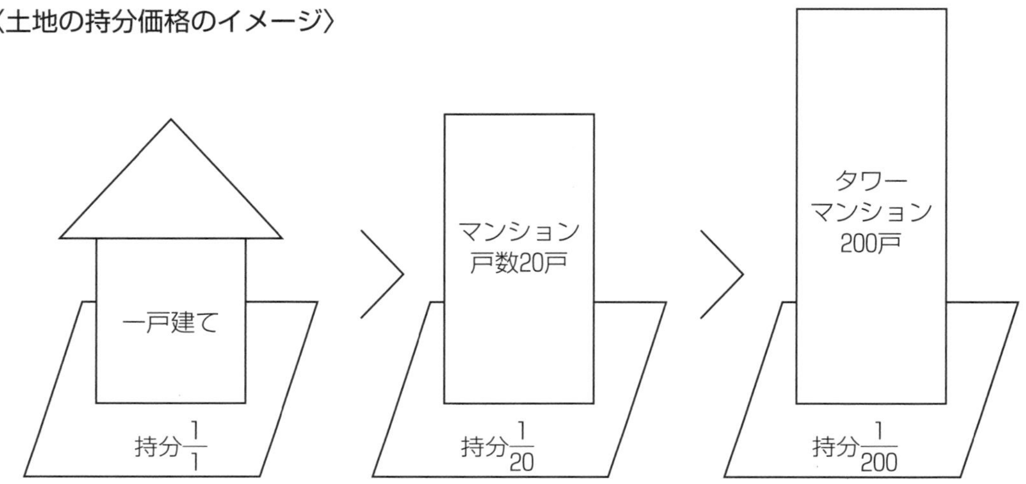

居住用不動産の価値は居住空間の快適性が重要なポイントとなりますが、同じ広さの居住空間を得るために、戸建て住宅よりもタワーマンションの方が小さな土地の所有で実現することができているのです。マンションの価値を形成する重要な要素が居住空間だとすると、相続税財産評価においては、居住空間の価値が全く反映されていないのです。

〈取引時価と相続税評価額のイメージ〉

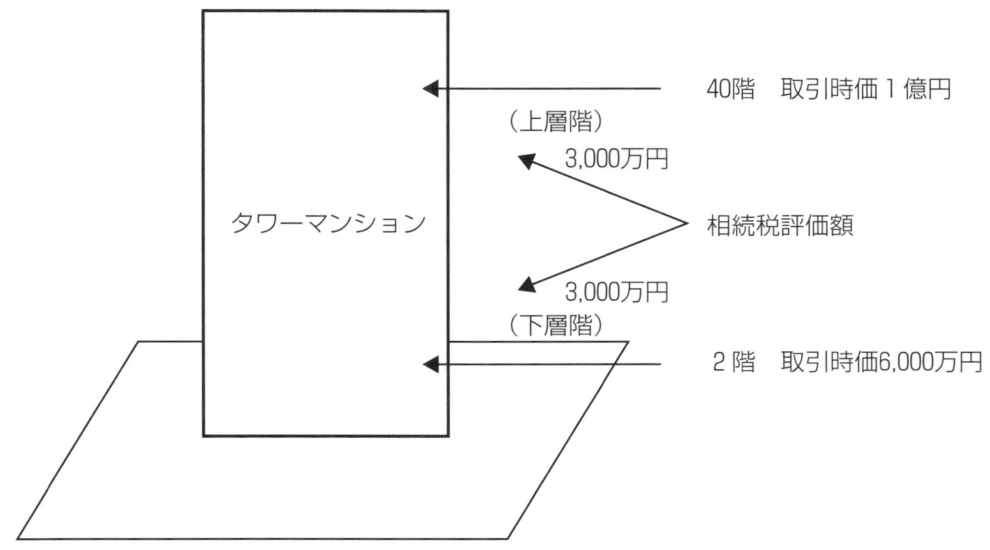

また、相続税財産評価においては、土地の評価も建物の評価も専有面積が同じであれば、階層や部屋の向き等も全く考慮されていません。

さらに、タワーマンションの場合には、高層階の方が実勢価格は高くなる傾向にあります。同じタワーマンションでも40階と２階では市場価格に大きな差が生じるというケースは少なくありません。しかし、40階と２階でも専有面積が同じであれば、相続税評価額は同じなのです。したがって、40階の部屋の市場価格が１億円、２階の部屋の実勢価格が6,000万円だったとしても相続税評価額はどちらも3,000万円ということになったりするのです。

遺産分割の対象となる財産にマンションが含まれている場合には、このような市場価格と相続税評価額に開差があるということにも留意する必要があります。

一歩先へ　相続開始直前に取得したタワーマンションについて

タワーマンションの相続税評価について、次のような事実関係のもとにおいて、財産評価基本通達ではなく直近の取得価額で評価された裁決（平成23年７月１日　東裁（諸）平23第１号　非公表）があります。このようなケースもありますので注意しておく必要があるでしょう。

【事実関係】

19年８月　　被相続人名義でマンション購入

・購入価額　　29,300万円

・固定資産税清算金相当額　20万円

・仲介手数料　900万円

19年９月　　相続開始

・宅地部分の相続税評価　4,100万円

・家屋部分の相続税評価　1,700万円

・　　合　　計　　5,800万円

20年７月　　相続人がマンション売却

・売却価額　　28,500万円

【国税不服審判所の判断】

「本件相続開始日における本件マンションの時価は、取得価額とほぼ同等と考えられるから、本件マンションは293,000,000円と評価するのが相当である。」

3　分割取得後の利用にあたって注意が必要な不動産

土地を取得した後、建物を新築したり建て替えようとしたときに、思わぬ制限が課されることがあります。この点も遺産分割において留意すべき点ですから、本項においてはその例を示します。

《ケース９》セットバック（敷地後退）を要する土地

建築基準法では都市計画区域と準都市計画区域内において、建物の敷地は道路に接していなければならないとされています。そして同法では幅員が４m以上でないと道路とは認められません。なぜ道路の幅員が４m必要なのかというと、災害時などに緊急自動車が通行できるようにとか、通風や採光など一定以上の住環境を確保するためといわれています。ところが実際には４m未満の道路に接面する土地に建物は建っています。この場合、その建物は建築基準法42条２項の規定が適用されるなどして、必ずしも違法建築物であるとは限りません。

建築基準法43条《敷地等と道路との関係》の規定では、新たに建物を建築するためには、原則として道路幅員４m以上の道路に接面することが義務付けられていますが、この取扱いが適用される際に既に建築物が建ち並んでいる幅員４m未満の道路についても一定の要件の下に道路とみなすこととされています（建築基準法42②）。このような道路を呼称「２項道路」又は「みなし道路」などと呼ぶのですが、２項道路に接面している場合、その中心線から2mずつ後退した線が道路と建物の敷地の境界線とみなされ、将来、建築物の建替えを行う場合には、その境界線まで後退して道路敷を提供しなければなりません。道路の片側ががけ地、川、線路敷等に沿う場合はがけ地等の側の境界線から道の側に4mの線まで後退することになります。これを「セットバック」と呼んでいます。

この規定にしたがって、4m未満の道路に接している建物が建て替えられるたびにそれぞれの敷地がセットバックして、いつの日か一本の道路の幅員が4mとなり、街並みが整備されます。ただし、建物の建替えには多くの年月を要するので、それまでは後退した敷地とそうでない敷地が混ざり合った状態が続くことになります。

なお、セットバックは土地を無償で道路として提供するもので、都市計画道路予定地のように行政が買い取ってくれるものではありませんが、道路部分の土地の固定資産税、都市計画税は原則として課税されません。

また、後退部分は建物の敷地として認められませんので、セットバックが大きい敷地は面積が小さくなり、そこに建築できる建物も小さいものになります。

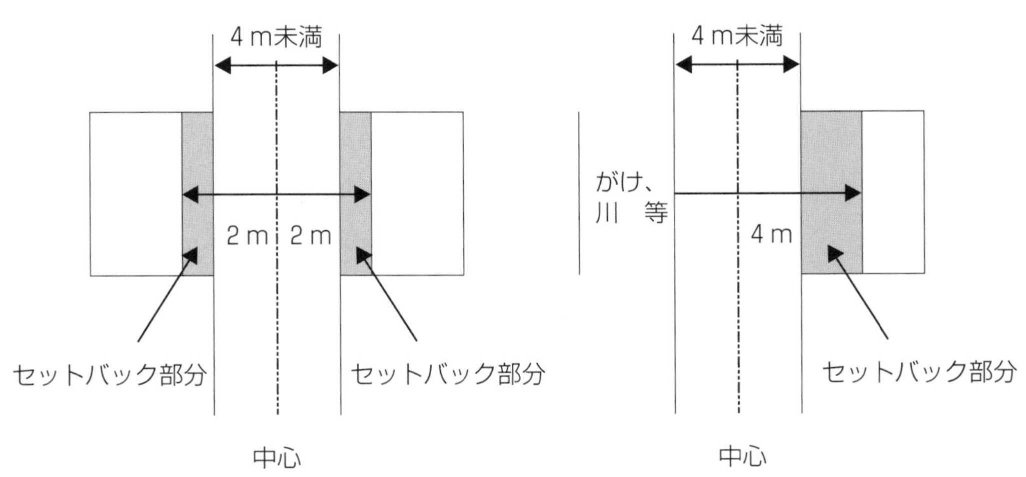

建築基準法の規定では、セットバック部分（道路に供される部分）の面積は、宅地上に建築する建物に係る建ぺい率・容積率の算定の基礎とされる敷地面積には含まれません。

このため、遺産分割によってセットバックを要する土地を取得した場合、将来建物を建て替えようとしたときに、現状の建物と同じ規模の建物が建築できない可能性がありますので、注意が必要です。

（注）セットバックによる道路後退距離は、自治体等により制限が付加されていることがあります。たとえば、大阪府の箕面市などではセットバックを要する距離を2m30cmと定めていますので、市町村役場において条例を確実に調査する必要があります。

なお４mという幅員は、消防自動車が通れる幅３mに、人の通行する幅１mを加えたものだともいわれていますが、現実の公道の認定幅員に頻繁に登場する数字がいくつかあり、その代表例としては2.73mや3.64mなどが挙げられます。この半端な数字の理由には「尺貫法」が大きく関わっています。

尺貫法とは日本古来の度量衡法ですが、計量法の制定によって昭和33年12月末日限り（土地と建物の計量については、昭和41年３月末日限り）で取引や証明に尺間法を用いることは禁止されました。

尺貫法では「尺」と「間」を長さの単位とし、１尺がおよそ0.3mとなり、６尺で１間となります。幅員1.82mの道路は１間道（いっけんみち）、幅員3.64mの道路は２間道（にけんみち）などと呼ばれるのは、尺貫法が用いられた時代に造られた道路のなごりです。

《ケース10》土壌汚染等・埋蔵文化財のある土地

１　土壌汚染

近年の報道によると、東京築地市場の移転先である東京都江東区の豊洲の予定地に重大な土壌汚染が見つかり、膨大な対策費用がかかることから、購入者である東京都、売主である民間企業がこの費用の負担をめぐって大きな問題となるほか、マンションの敷地に汚染があることが分かっていながらこれを分譲した大手不動産会社に購入者が多額の損害賠償と対策費を請求した大阪のケースや、長野県では工場用地の敷地の取引をめぐって、買主の企業が売主に対して自ら実施した対策費相当額の賠償請求をめぐる裁判で、買主側の主張がほぼ認められたケースなどが報道され、土壌汚染に対する関心が高まっています。

土壌汚染とは、土壌中に重金属、有機溶剤、農薬、油などの物質が、自然環境や人の健康・生活へ影響がある程度に含まれている状態をいいます。土壌汚染対策法によると、有害物質の利用履歴のある土地の所有者に対して、行政が汚染の有無とその程度の調査とこれを除去する措置等を命令することができます。

このため、土地の所有者は自分の所有する土地からの汚染が第三者の健康を害しないように適切な対策を講じる必要があります。売買の際には、売主として土壌汚染の有無について買主に説明する必要がありますし、契約不適合責任がありますので、もし土壌汚染があることを知らずに売ったとしても後から契約の解除や損害賠償等を求められることになります。

しかし、こうした汚染物質の存在は、地中の話ですから一見して分かるものではありません。正確には専門の調査会社に依頼することが必要となりますが、土壌汚染が通常見つかるのはかつて工場であったとか、産業廃棄物の処理場であったといった利用履歴のある土地のある場合が多いようです。土壌汚染の存在が疑わしい土地を所有している人にとっては、その調査費用と対策費用の負担が生じるため、後々金銭的にも大きなリスクを伴うことがあり、不動産の取得にあたっては、土地の履歴等にも注意しておく必要があります。

2　埋蔵文化財包蔵地

埋蔵文化財とは、土地に埋蔵されている文化財（遺跡や遺物等）のことです。文化財は国や地方公共団体の財産として文化財保護法によりその保護が図られているため、土地の所有者の調査費用の負担や開発行為の停止などを求められることがあります。土地にある程度高層の建物を建築しようとすれば地中に杭を打ったり地下室を設置したりすることがありますが、その際、地中の文化財を破損することのないように、埋蔵文化財が存在するか否かを試掘調査によって判定し、文化財が存在する場合にはこれを発掘、記録しなければなりません。

埋蔵文化財は、歴史のある街や河川の流域などでかつて集落が存在していた場所などでは頻繁に出土します。文化財保護法ではこうした埋蔵文化財の存在する地域について「周知の埋蔵文化財包蔵地」としてその存在の周知を国や地方公共団体に求めています。周知の埋蔵文化財包蔵地は全国で約44万か所あり、毎年８千件以上の発掘調査が行われているといわれています。

埋蔵文化財包蔵地における宅地開発に係る発掘費用の負担は、土壌汚染地について、有害物質の除去、拡散の防止その他の汚染の除去等の措置に要する費用負担が、法令によって義務付けられる状況に類似するものと考えられます。「周知の埋蔵文化財包蔵地」の土地を取得する場合には、このようなことにも注意しておく必要があります。

第３章　分割に工夫が必要な不動産

1　やってはいけない遺産分割

これまで解説したように、遺産分割によって不動産の有する元々の市場価値を減じてしまうことがあります。遺産分割の際には、往々にして建物等の利用状況に応じて分割しがちなものですが、次の例のように、長男と二男の建物の利用状況に応じて土地を分割すると、分割前は正面路線50万円の角地であったものが、二男が分割取得する土地は、正面路線30万円の１路線にしか接道しない土地となり、価値が下落してしまいます。

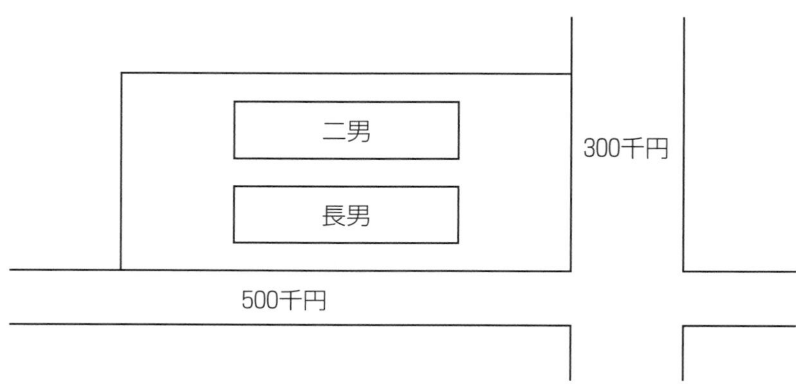

遺産分割によってこのような事態が生ずるのは、ある程度はやむを得ないことだと思います。しかし、以下に解説する市場価値の下落するような土地は創出しないようにしなければなりません。

《ケース11》無道路地の創出(1)

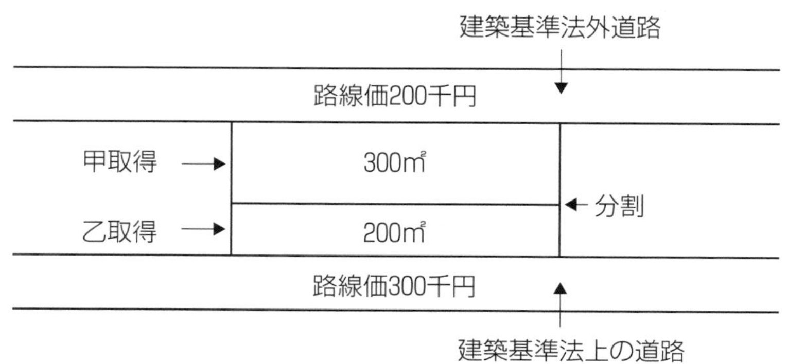

遺産分割協議にあたり、土地の簡便的な評価方法として相続税路線価を使用することがありますが、このときに注意しなければならないのは、路線価が付されている道路が必ずしも建築基準法上の道路とは限らないことです。前述したように（180ページ参照）、建築基準法上の道路に接面していない土地は、原則として建物を建築することができません。ところが、相続税の路線価は「不特定多数の者の通行の用に供されている道路」に設定されるので（評基通14）、必ずしも建築基準法上の道路と一致するわけではないのです。

上の図は、たとえば甲と乙の二人が、路線価を基に評価額が同じになるように遺産分割した例です。甲が取得した土地の相続税評価額は6,000万円（20万円×300㎡）、乙が取得した土地の相続税評価額も6,000万円（30万円×200㎡）です。ところが、甲の取得した土地に接する道路（路線価20万円が付されている道路）が建築基準法上の道路に認定されていなかったとすると、原則として、甲の取得する土地に建物を建築することができません。資材置場か青空駐車場としてしか利用できないような土地になってしまうのです。

そうすると甲が取得した土地は、売却しようとしても売却困難な土地になってしまいます。相続税評価額だけに捉われて、市場価値の劣る不動産を創出してしまう一例です。

《ケース12》無道路地の創出(2)

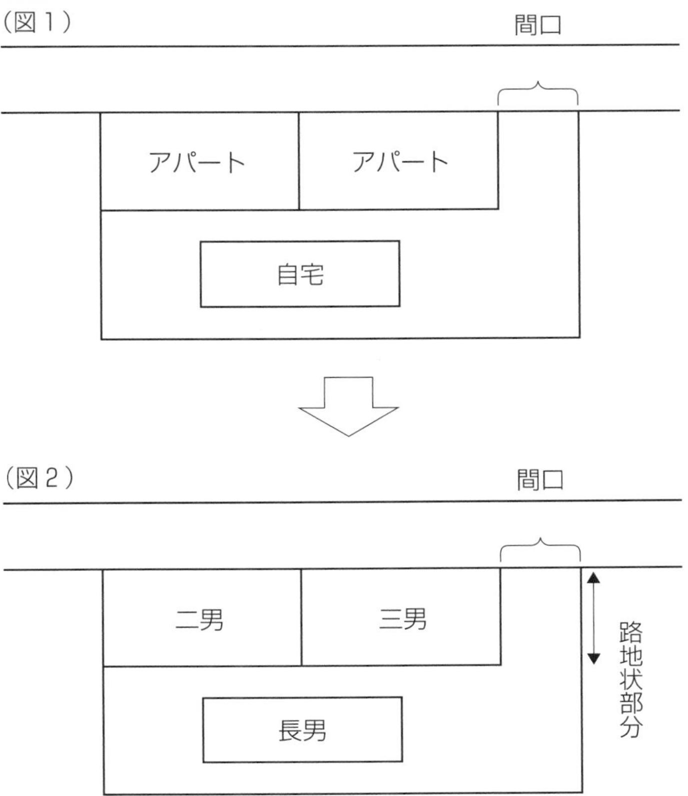

往々にして、遺産分割は土地の利用状況に制約され、利用状況に応じた分割がなされることになります。（図１）のような利用状況にあった土地を、その状況に応じて（図２）のように遺産分割するのです。しかし、土地の本来的な価値からみるとこのような遺産分割はすべきではないことがあります。

問題は長男が取得する土地です。まず、間口部分（接道部分）の距離が問題となります。間口が２ｍ未満しかなければ、長男は父の自宅を取得したとしても、その建物を建て替えることができなくなります。建築基準法上の接道義務を満たさなくなるからです（180ページ参照）。つまり、このような土地は、売却しようとしても売却困難な価値のない土地（無道路地）になってしまいます。

また、仮に間口が２ｍ以上あったとしても、自治体の条例によって建物の再建築ができない場合があります。たとえば京都市の条例によると、路地状部分の距離が20mを超えると、間口距離は３ｍ以上必要です。

さらに長男の土地に共同住宅のような特殊建築物を建築する場合、たとえば大阪府建築基準法施行条例66条（特殊建築物の敷地と道路との関係）によれば、接道義務は４ｍ必要とされています。

このように、遺産分割にあたっては、分割後の土地の上にどのような建物の建築制限が課されるのかについて、調査しておく必要があるのです。

《ケース13》容積率を下げる土地の創出(1)

容積率とは「建築物の延べ面積の敷地面積に対する割合」のことで、建築できる建物の規模をコントロールするものですが（185ページ参照）、遺産分割の方法によっては容積率に影響を及ぼすことがあります。

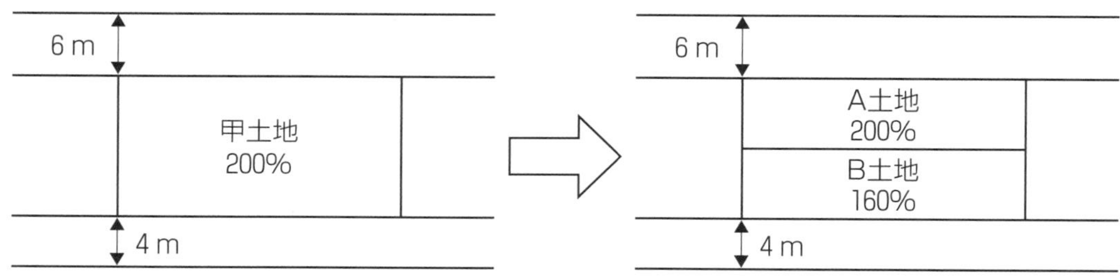

上の図のように、甲土地をA土地とB土地に分割するとします。地域の指定容積率は200％とします。ところが前面道路幅員が12m未満の場合、その幅員によっては建築基準法52条１項による制限を受けるため、原則である200%の容積率を使用することができなくなることがあるのです。上の図の分割後、A土地は指定容積率どおり200％の容積率を

使用することができますが、B土地は基準容積率160%（4（m）×$\frac{4}{10}$×100%＝160%）しか使用できなくなってしまいます（186ページ参照）。

《ケース14》容積率を下げる土地の創出(2)

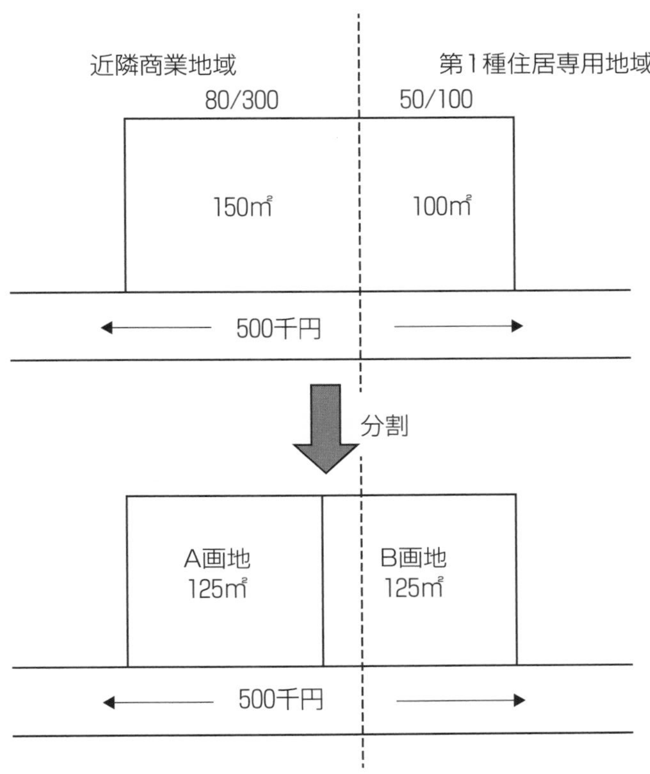

上の図の画地は、用途地域及び容積率の異なる2以上の地域にわたって所在します。この土地を一の画地とした場合、主たる用途地域の制限は面積の大きい方になりますから、画地全体が近隣商業地域の制限を受けることになり、建ぺい率は80%、容積率は300%です。

ところが、この土地を中央で同じ面積ずつ分割したとすると、相続税の財産評価額は同じなのですが、主たる用途地域の制限は、A画地の用途地域の制限が近隣商業地域・建ぺい率80%・容積率300%なのに対し、B画地は第一種専用地域・建ぺい率50%・容積率100%となって、建築可能な建物の規模や用途が異なるため、市場価値に影響を及ぼします。B画地の価値が下落してしまう可能性があるのです。

用途地域については、国土交通省の次の図でイメージを掴んでください。

用途地域

用途地域は、住居、商業、工業など市街地の大枠としての土地利用を定めるもので、１３種類あります。用途地域が指定されると、それぞれの目的に応じて、建てられる建物の種類が決められます。表紙の都市計画図のように、地域の目指すべき土地利用の方向を考えて、いわば色塗りが行われるわけです。

第一種低層住居専用地域

低層住宅のための地域です。小規模なお店や事務所をかねた住宅や、小中学校などが建てられます。

第二種低層住居専用地域

主に低層住宅のための地域です。小中学校などのほか、150m²までの一定のお店などが建てられます。

第一種中高層住居専用地域

中高層住宅のための地域です。病院、大学、500m²までの一定のお店などが建てられます。

第二種中高層住居専用地域

主に中高層住宅のための地域です。病院、大学などのほか、1,500m²までの一定のお店や事務所など必要な利便施設が建てられます。

第一種住居地域

住居の環境を守るための地域です。3,000m²までの店舗、事務所、ホテルなどは建てられます。

第二種住居地域

主に住居の環境を守るための地域です。店舗、事務所、ホテル、カラオケボックスなどは建てられます。

準住居地域

道路の沿道において、自動車関連施設などの立地と、これと調和した住居の環境を保護するための地域です。

田園住居地域

農業と調和した低層住宅の環境を守るための地域です。住宅に加え、農産物の直売所などが建てられます。

近隣商業地域

まわりの住民が日用品の買物などをするための地域です。住宅や店舗のほかに小規模の工場も建てられます。

商業地域

銀行、映画館、飲食店、百貨店などが集まる地域です。住宅や小規模の工場も建てられます。

準工業地域

主に軽工業の工場やサービス施設等が立地する地域です。危険性、環境悪化が大きい工場のほかは、ほとんど建てられます。

工業地域

どんな工場でも建てられる地域です。住宅やお店は建てられますが、学校、病院、ホテルなどは建てられません。

工業専用地域

工場のための地域です。どんな工場でも建てられますが、住宅、お店、学校、病院、ホテルなどは建てられません。

（出典：国土交通省ホームページ）

《ケース15》容積率制限等により現状の建物が建築できなくなる土地

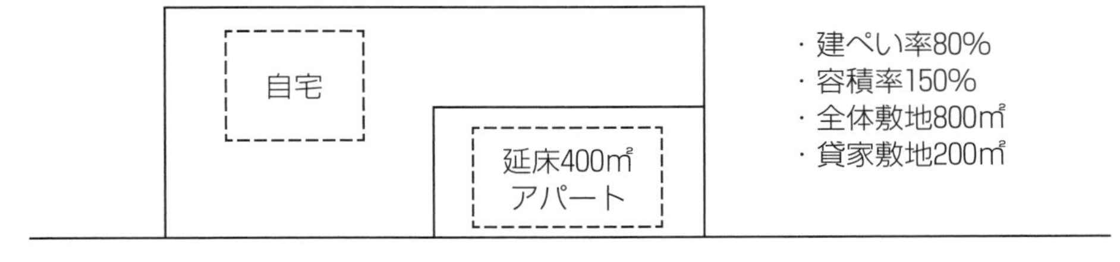

図のような利用状況の土地が遺産分割され、自宅部分とアパート部分が長男と二男に分割取得されたとします。そうすると、その後アパートが古くなったため、アパート部分を取得した二男が新たに同規模の賃貸マンションを建築しようとしてもできなくなることに留意しなければなりません。

図に示された自宅とアパートは、分割前の土地全体1,000㎡について見ると、建ぺい率制限は640㎡（800㎡×80%）、容積率制限1,200㎡（800㎡×150%）の制限下で建築可能だったものです。

ところが、この土地のうち貸家の敷地部分200㎡を分割してしまうと、貸家部分の分割後の土地の建ぺい率制限は160㎡（200㎡×80%）、容積率制限は300㎡（200㎡×150%）ですから、延べ面積400㎡のアパートを再建築することはできません。現状のアパート400㎡は建築基準法上、既存不適格になってしまうのです。

土地を分割するに際して、見逃してはならないポイントの一つでしょう。

2　分筆のやり直しが必要な不動産

不動産は１筆ごとに登記され、取引も１筆ごとに行われます。しかし、その１筆々が合理的に分筆されているとは限りません。遺産分割によって不動産の価値を減じさせないためには、分筆や合筆を検討する必要が生じることもあります。

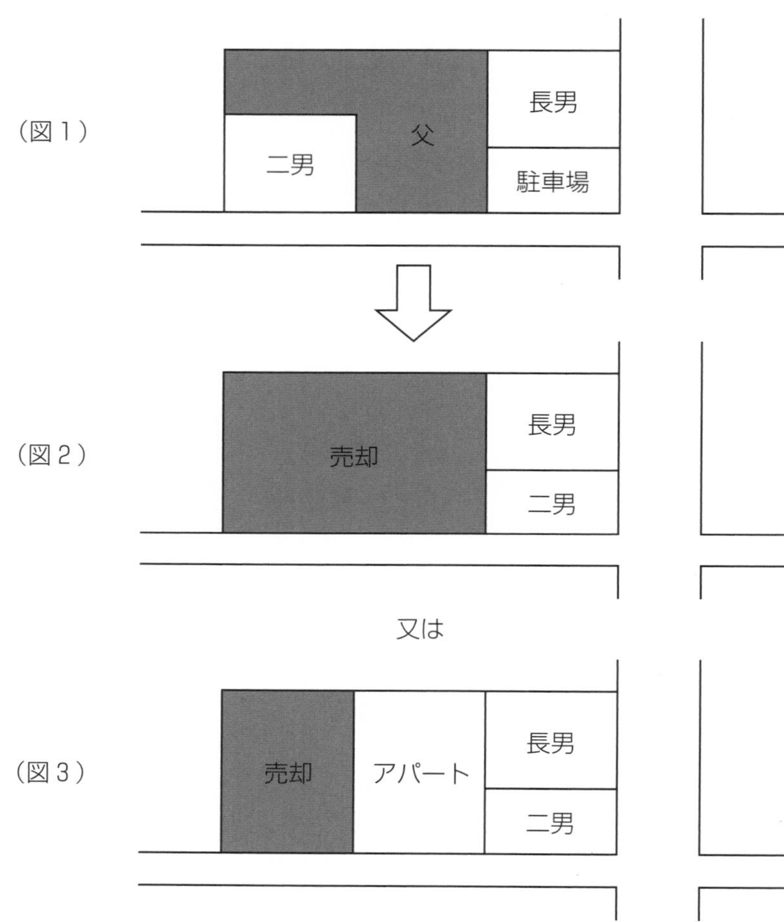

元々は１筆の広大な土地があり、父と長男と二男がそれぞれ独立して居住しているようなケースを想定します。広大な土地を所有する地主の家族には往々にして見られるケースです。このケースの場合、元々は長男と二男の利用状況に応じて分筆され、相続開始時点においては（図１）のように４筆に分筆されていたとします。

父の相続にあたり、父が所有していた不動産をそのままの筆どおりに遺産分割して売却しようとすると（図１）、網掛け部分のような不整形な土地を売却することになります。この土地は、マンションも建築できず、戸建分譲の区画割も効率的に行うことができない土地であるため、売却価額は元々の一体土地（整形な角地）の単価に比べて、大幅に下がらざるを得ません。

費用と時間は要するかもしれませんが、たとえば二男の住居を駐車場部分に移転し（図2）、又は（図3）のように、整形となった使い勝手の良い土地を売却すれば、出費を差し引いても手取りは増える可能性が高いですし、街区の利用状況も損なわないので、近隣地域全体の価格形成にも好影響を与えるでしょう。つまり土地全体の市場価値が上がるのです。

整形となった土地を分筆してさらに賃貸マンションを建築するなど、有効利用を図ることも可能になります。

第4編　出口戦略

第1章　相続又は遺贈により取得した不動産の売却と税務

換価分割や代償分割、納税資金の確保などの目的で相続した不動産を譲渡する場合に、一定の要件を満たすことができれば、税務上有利な取扱いを受けることができます。

不動産を譲渡した場合は、その譲渡益に対して所得税や住民税が課税されるため（以下本書において「譲渡所得税」といいます。）、相続した不動産を譲渡する予定である場合には、事前に次の点を確認した上で遺産分割を検討する必要があります。

①　譲渡益（利益）が発生するのか否か

土地建物等の譲渡損失については、原則として他の所得との損益通算はできません。また、純損失の繰越控除についても、土地建物等の譲渡所得から控除することはできません。

②　長期譲渡所得（※１）に該当するのか、それとも短期譲渡所得（※２）に該当するのか

（※１）所有期間が５年を超えるとき

（※２）所有期間が５年以下であるとき

③　譲渡所得の課税の特例（※）の適用を受けられるのか

（※）特別控除、軽減税率、課税の繰延べなど

なお、不動産を譲渡する場合、相続税評価額が時価を上回っていれば、物納も有力な選択肢になります。物納による譲渡は譲渡所得課税の対象にもなりません。物納については243ページ以降に解説しています。

税務解説　譲渡所得

1　所得計算

土地や建物を売ったときの譲渡所得に対する税金は、事業所得や給与所得などの他の所得と分離して計算します（分離課税）。また、事業用の商品などの棚卸資産や山林などの譲渡による所得は、譲渡所得課税の対象ではありません。

譲渡所得は、土地や建物を売却した金額から取得費、譲渡費用を差し引いて計算します。具体的には次の算式によります。

課税譲渡所得＝ 収入金額 -（取得費 ＋ 譲渡費用）－ 特別控除額

⑴ 収入金額

収入金額は、通常土地や建物を売却したことによって買主から受け取る金銭の額です。土地建物を現物出資して株式を受け取った場合のように、金銭以外の物や権利で受け取った場合にはその物や権利の時価が収入金額となります。

⑵ 取得費

取得費とは、売却した土地や建物を買い入れたときの購入代金や、購入手数料などの資産の取得に要した金額に、その後支出した改良費、設備費を加えた合計額をいいます。

なお、建物の取得費は、所有期間中の減価償却費相当額を差し引いて計算します。また、土地や建物の取得費が判明しなかったり、実際の取得費が譲渡価額の5%よりも少ないときは、譲渡価額の５％を取得費とすることができます（概算取得費）。

⑶ 譲渡費用

譲渡費用とは土地や建物を売却するために支出した費用をいい、仲介手数料、測量費、売買契約書の印紙代、売却するときに借家人などに支払った立退料、建物を取り壊して土地を売るときの取壊し費用などです。

⑷ 特別控除額

一定の要件を備えた場合の特別控除額は次のようになっています。

イ　収用等により土地建物を譲渡した場合…5,000万円

ロ　マイホームを譲渡した場合…3,000万円

ハ　特定土地区画整理事業等のために土地を譲渡した場合…2,000万円

ニ　特定住宅地造成事業等のために土地を譲渡した場合…1,500万円

ホ　平成21年及び平成22年に取得した土地等を譲渡した場合…1,000万円

ヘ　農地保有の合理化等のために農地等を譲渡した場合…800万円

（注１）ホの特別控除額は、長期譲渡所得に限り控除することができます。

ホ以外の特別控除額は、長期譲渡所得、短期譲渡所得のいずれからも一定の順序で控除することができます。

（注２）土地、建物の譲渡所得から差し引く特別控除額の最高限度額は、年間の譲渡所得全体を通じて5,000万円です。

2 税額の計算

土地や建物を売却したときの譲渡所得は、次のとおり所有期間によって長期譲渡所得と短期譲渡所得の二つに区分し、別々に計算します。

「所有期間」とは、土地や建物の取得の日から引き続き所有していた期間をいいます。この場合、相続や贈与により取得したものは、原則として被相続人や贈与者の取得した日から計算することになっています。

(1) 長期譲渡所得

長期譲渡所得とは、譲渡した年の1月1日において所有期間が5年を超えるものをいいます。税率は原則として、所得税15%、地方税5%です。

(注) 復興特別所得税を考慮すると、所得税は15.315%となります。

(2) 短期譲渡所得

短期譲渡所得とは、譲渡した年の1月1日において所有期間が5年以下のものをいいます。税率は原則として所得税30%、地方税9%です。

(注) 復興特別所得税を考慮すると、所得税は30.63%となります。

(所法33、38、60、所基通33－7、措法31、31の4、32、措令20、措通31の4－1)

〈参考〉復興特別所得税

平成23年12月2日に、東日本大震災からの復興のための施策を実施するために必要な財源の確保に関する特別措置法が公布され、「復興特別所得税」と「復興特別法人税」が創設されました。個人で「所得税」を納める義務のある者は、平成25年から令和19年までの各年分において「復興特別所得税」を納める義務があります。復興特別所得税は次の算式で求めます。

復興特別所得税 ＝ 基準所得税額 × 2.1%

1 相続税が課税される場合

相続税が課税された後、相続した財産を売却した場合には、納税した相続税の一定割合が譲渡所得の取得費に加算されて税負担の軽減につながります(措法39)。本項においては、この特例を利用できる場合とできない場合について、設例を用いて検討してみます。

事例解説 4－(1) 相続税の取得費加算の特例の活用

〈設例〉

次のようなケースの遺産分割において、土地Ａを１億円で売却することを前提としたとき、Ａ土地を長男が取得して売却する場合《分割案１》と、母が取得して売却した場合《分割案２》とでは、税務上どのような違いが生じるでしょうか。

【前提】

被相続人：父

相 続 人：母・長男

相続財産：土地Ａ　8,000万円

（注）土地の所有期間は５年超で譲渡に際しては長期譲渡所得の課税対象になる。

取得時価　10,000万円、取得価額不明

土地Ｂ　15,000万円

建物　10,000万円

現預金　17,000万円

合計　50,000万円

遺産分割：法定相続分による

《分割案１》土地Ａを長男が取得し、母は配偶者の税額軽減を利用する

《分割案２》土地Ａを母が取得し、配偶者の税額軽減を利用する

《分割案１》長男が土地Ａと現預金を取得し、母がそれ以外の財産を取得する場合

（単位：万円）

	母	長 男	合 計
土 地 Ａ	－	8,000	8,000
土 地 Ｂ	15,000	－	15,000
建 物	10,000	－	10,000
現 預 金	－	17,000	17,000
課 税 価 格	25,000	25,000	50,000
基 礎 控 除	3,000＋600×２人		4,200
相 続 税 額	7,605	7,605	15,210
配偶者の税額軽減	▲7,605	－	▲7,605
納 付 税 額	0	7,605	7,605

（長男の譲渡所得税）

① 譲渡収入金額　10,000万円

② 取得費　10,000万円×５％＝500万円

（注）取得費が不明であるため、概算取得費を採用

③ 相続税の取得費加算　$7{,}605万円\times\frac{8{,}000万円}{25{,}000万円}=2{,}433.6万円$

④ 譲渡経費　300万円

⑤ 譲渡所得の金額　10,000万円－（500＋2,433.6+300）万円

＝6,766.4万円

⑥ 譲渡所得税　6766.4万円×20.315％≒1,375万円

（注）所得税15％

復興特別所得税15％×2.1％ =0.315％

地方税５％

《分割案２》母が土地Aと現預金を取得し、長男がそれ以外の財産を取得する場合

（単位：万円）

	母	長　男	合　計
土　地　A	8,000	－	8,000
土　地　B	－	15,000	15,000
建　　物	－	10,000	10,000
現　預　金	17,000	－	17,000
課税価格	25,000	25,000	50,000
基礎控除	3,000＋600×２人		4,200
相続税額	7,605	7,605	15,210
配偶者の税額軽減	▲7,605	－	▲7,605
納付税額	0	7,605	7,605

（母の譲渡所得税）

① 譲渡収入金額　10,000万円

② 取得費　10,000万円×５％＝500万円

（注）取得費が不明であるため、概算取得費を採用。

③ 相続税の取得費加算　0円

④ 譲渡経費　300万円

⑤　譲渡所得の金額　　　10,000万円－（500＋300万円）＝9,200万円

⑥　譲渡所得税　　　　　9,200万円×20.315％≒1,869万円

（注）所得税15%

復興特別所得税15%×2.1%＝0.315%

地方税５％

《分割案１》と《分割案２》の比較検討

《分割案１》と《分割案２》では納付すべき相続税は同じですが、譲渡所得税については大きな差が生じます。《分割案２》の場合、母が土地Ａを譲渡したときの相続税の取得費加算額はありませんが、《分割案１》の長男は、相続税の取得費加算額2,433.6万円を使用することができます。したがって設例の場合、譲渡所得税は約494万円（＝1,869万円－1,375万円）の差が生じています。つまり、売却という不動産の出口を考えたとき、《分割案１》の方が手取り額からみた不動産の換価価値を高めることになります。

このように、相続税が課税され配偶者の税額軽減の特例を適用する場合には、その配偶者の納付税額の負担は少なくなるため、配偶者が譲渡予定の土地を取得したとしても、相続税の取得費加算額は多くを見込めません。したがって譲渡予定の土地は、配偶者以外の相続人が取得する方が有利となることが多いと考えられます。

税務解説　相続財産を譲渡した場合の取得費の特例

1　特例の概要

相続又は遺贈により取得した土地、建物、株式などの財産を一定期間内に譲渡した場合に、相続税額のうち一定金額を譲渡資産の取得費に加算することができます。

なお、この特例は譲渡所得のみに適用がある特例ですので、株式等の譲渡による事業所得及び雑所得については適用できません。

2　特例を受けるための要件

①　相続や遺贈により財産を取得した者であること。

②　その財産を取得した人に相続税が課税されていること。

③　その財産を、相続開始のあった日の翌日から相続税の申告期限の翌日以後３年を経過する日までに譲渡していること。

3 取得費に加算する相続税額

取得費に加算する相続税額は、次の算式で計算した金額となります。ただし、その金額がこの特例を適用しないで計算した譲渡益（土地、建物、株式などを売却した金額から取得費、譲渡費用を差し引いて計算します。）の金額を超える場合は、その譲渡益相当額となります。

なお、譲渡した財産ごとに計算します。

【算式】

$$\text{その者の相続税額} \times \frac{\text{その者の相続税の課税価格の計算の基礎とされたその譲渡した財産の価額}}{\text{その者の相続税の課税価格} + \text{その者の債務控除額}} = \text{取得費に加算する相続税額}$$

（所法33、38、措法39、措令25の16、措規18の18）

事例解説 4－(2) 債務の承継と取得費加算

〈設例〉

相続財産が次のような場合で、長男が土地を取得して売却することを前提にすると、債務の引継ぎ方法によって税務上違いが生じますか。

【前提】

被相続人：　父

相 続 人：　長男・長女

相続財産：　土地　10,000万円

現預金　20,000万円

自社株式　20,000万円

債務　▲10,000万円

《分割案１》長男が10,000万円の土地と20,000万円の現預金を取得して、10,000万円の債務を引き継ぎ、長女は自社株式20,000万円を取得する場合

《分割案２》長女が現預金10,000万円と自社株式20,000万円を取得して、10,000万円の債務を引き継ぎ、長男は10,000万円の土地と10,000万円の現預金を取得する場合

《分割案１》の相続税取得費加算額の計算

（単位：万円）

	長　男	長　女	合　計
①　土地	10,000	－	10,000
②　現預金	20,000		20,000
③　自社株式		20,000	20,000
④　課税価格の合計	30,000	20,000	50,000
⑤　債務	△10,000		△10,000
⑥　課税価格	20,000	20,000	40,000
⑦　基礎控除（※）	3,000＋600×２人		4,200
⑧　相続税額	5,460	5,460	10,920

《分割案１》による各人の相続税額は上の表のとおりとなります。このとき長男が土地を売却すると、譲渡所得の計算において取得費に加算される相続税額は次のとおり計算されます。

その者の相続税額×$\frac{\text{譲渡した資産に係る課税価格}}{\text{課税価格の合計（債務控除前）}}$

＝ ⑧ × $\frac{①}{④}$

＝ 5,460万円 × $\frac{\text{10,000万円}}{\text{30,000万円}}$

＝ 1,820万円

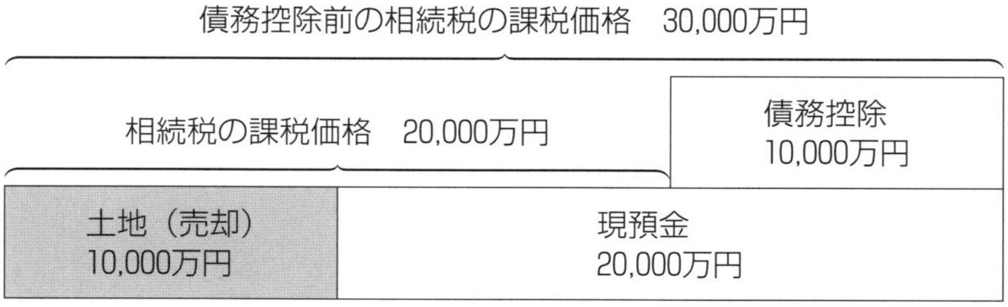

債務控除前の相続税の課税価格　30,000万円

相続税の課税価格　20,000万円

債務控除
10,000万円

土地（売却）
10,000万円

現預金
20,000万円

《分割案２》の相続税取得費加算額の計算

（単位：万円）

	長　男	長　女	合　計
①　土地	10,000	−	10,000
②　現預金	10,000	10,000	20,000
③　自社株式		20,000	20,000
④　課税価格の合計	20,000	30,000	50,000
⑤　債務		△10,000	△10,000
⑥　課税価格	20,000	20,000	40,000
⑦　基礎控除（※）	3,000＋600×２人		4,200
⑧　相続税額	5,460	5,460	10,920

《分割案２》による各人の相続税額は上の表のとおりで、《分割案１》と同じです。このとき、長男が土地を売却すると、譲渡所得の計算において、取得費に加算される相続税額は次のとおり計算されます。

$$\text{その者の相続税額} \times \frac{\text{譲渡した資産に係る課税価格}}{\text{課税価格の合計（債務控除前）}}$$

$$= ⑧ \times \frac{①}{④}$$

$$= 5{,}460\text{万円} \times \frac{10{,}000\text{万円}}{20{,}000\text{万円}}$$

$$= 2{,}730\text{万円}$$

相続税の課税価格　20,000万円

土地（売却） 10,000万円	現預金 10,000万円

《分割案１》と《分割案２》の比較検討

長男が土地を譲渡した場合の取得費に加算される額は、《分割案１》においては1,820万円、《分割案２》においては2,730万円ですから、差し引き910万円（＝2,730万円－1,820万円）譲渡益に差が出ます。税率を20％とすると182万円納税額に差が出ます。

このように、債務承継の方法によって相続税の取得費加算額が異なるため、遺産分割にあたってはこの点も考慮に入れることが必要です。売却時の支出が少なくなると、取得した不動産の換価価値が高まるのと同じことです。

税務解説 可分債務の承継

1 相続財産中の債務の帰属

債務には、不可分債務と可分債務があります。不可分債務というのは、たとえば不動産の引渡しや明渡しの義務などが挙げられますが、分割するのが不可能な債務であるため、各相続人がその債務をすべて履行しなければなりません。

一方、相続する債務が可分債務、つまり金銭債務のように分割することが可能なものであった場合、法定相続分により相続されるのが原則です(民法427、最判平成21年3月24日)。民法上、債務を相続する場合には、すべての債務を一括して一人の相続人に負担させることはできません。つまり金銭債務は遺産分割の対象にはならず、各相続人の相続分に応じた債務を当然に負担することになり、一方で相続債権者は、各相続人に対し相続分に応じた額について債権を行使することができます。遺言や遺産分割によって債務の相続人を決めた場合であっても、債権者が遺産分割の決定に従う必要はありません。

2 相続人間の取決め

留意すべきことは、遺産分割協議において債務の帰属者を決定した場合は、債権者に対してはその内容を主張する権利を持たないということであって、共同相続人間においては有効な契約です。特定の相続人が法定相続分と異なる割合で債務を承継するとすれば、理論的には相続人間で債務の引受けが行われたことになりますが、贈与税等の課税が生じることもなく、相続税の申告実務においてもこのように行われているのが一般的です。

実務においては、債権者側も遺産分割の決定に従った対応をする場合も多くあります。たとえば、残債のある住宅ローンについて、その居住用建物を相続する者が住宅ローンの債務も相続するという遺産分割をする場合です。このような場合、一般的には住宅ローンの債務だけ法定相続分によって各相続人が負担するということはしません。債権者である銀行としても、複数の者が債務者となってしまうと時効の管理が面倒となることなどから、免責的債務引受(※)により債務者を一人の者にすることがあります。

ただし、この契約を行うことができるのは、相続人全員と債権者の合意が得られた場合に限ります。

(※) 免責的債務引受とは、債権者に負っている債務を第三者(他の相続人)が本来の債務者の代わりに引き受けることです。免責的債務引受がなされると、債務は旧債務者から新債務者に完全に移転するため、旧債務者は債務を免責されます。このため、以後債権者は旧債務者に対して取り立てなどを行うことはできなくなります。

事例解説 4 －(3) 代償分割の場合の取得費加算

〈設例〉

次のようなケースにおいて、長男が事業継承するのですが、納税資金や手元事業資金の必要性から土地は譲渡することとします。このときの遺産分割において、現預金を長女が取得する場合《分割案１》と、すべての財産を長男が取得して長女に代償金を支払う場合《分割案２》とでは、どのような違いが生じるでしょうか。

【前提】

被相続人： 父

相 続 人： 長男・長女

相続財産： 土地　　　10,000万円
　　　　　現預金　　15,000万円
　　　　　自社株式　15,000万円
　　　　　債務　　　▲5,000万円

《分割案１》 長男が10,000万円の土地と15,000万円の株式を取得し、長女が現預金15,000万円を取得する。5,000万円の債務は長男が引き継ぐ

《分割案２》 長男が全財産を取得し、長女に代償金15,000万円を支払う

《分割案１》の相続税取得費加算額の計算

（単位：万円）

	長 男	長 女	合 計
① 土地	10,000	－	10,000
② 自社株式	15,000	－	15,000
③ 現預金	－	15,000	15,000
④ 課税価格の合計	25,000	15,000	40,000
⑤ 債務	▲5,000	－	▲5,000
⑥ 課税価格	20,000	15,000	35,000
⑦ 基礎控除	3,000＋600× 2 人		4,200
⑧ 相続税額	5,097	3,823	8,920

《分割案１》による各人の相続税額は上の表のとおりとなります。このとき長男が土地

を売却すると、譲渡所得の計算において、取得費に加算される相続税額は次のように計算されます。

$$⑧ \times \frac{①}{④} = 5{,}097万円 \times \frac{10{,}000万円}{25{,}000万円} \fallingdotseq 2{,}039万円$$

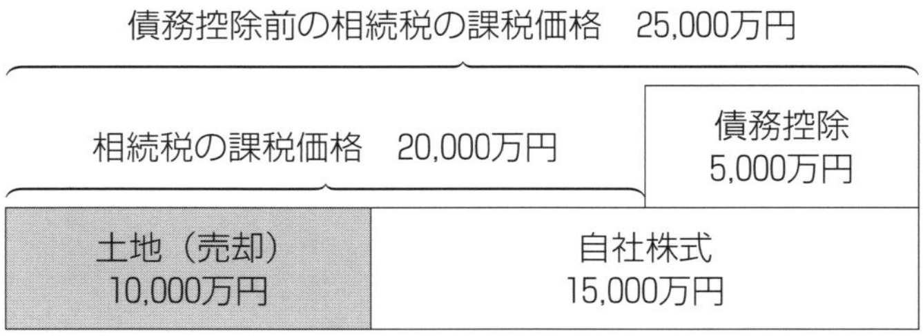

債務控除前の相続税の課税価格　25,000万円

相続税の課税価格　20,000万円

債務控除
5,000万円

土地（売却）
10,000万円

自社株式
15,000万円

《分割案２》の相続税取得費加算額の計算

（単位：万円）

	長　男	長　女	合　計
①　土地	10,000	－	10,000
②　自社株式	15,000		15,000
③　現預金	15,000	－	15,000
④　代償債務	▲15,000	－	－
⑤　代償財産	－	15,000	－
⑥　課税価格の合計	25,000	15,000	40,000
⑦　債務	▲5,000		▲5,000
⑧　課税価格	20,000	15,000	35,000
⑨　基礎控除	3,000＋600×２人		4,200
⑩　相続税額	5,097	3,823	8,920

代償分割により代償金を支払うとした場合の取得費に加算される金額は次のように調整されます。

$$⑩ \times \frac{\left(① - ④ \times \frac{①}{⑥ + ④}\right)}{⑥}$$

$$= 5{,}097万円 \times \frac{10{,}000万円 - 15{,}000万円 \times \frac{10{,}000万円}{25{,}000万円 + 15{,}000万円}}{25{,}000万円} \fallingdotseq 1{,}274万円$$

（注）算式については次の税務解説（225ページ）を参照してください。

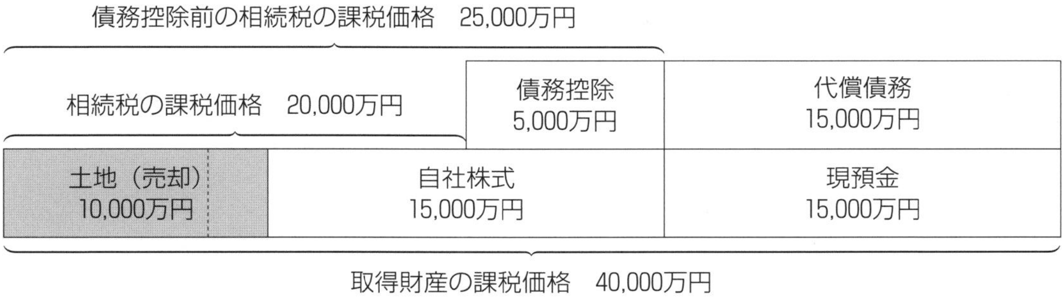

債務控除前の相続税の課税価格　25,000万円

相続税の課税価格　20,000万円		債務控除 5,000万円	代償債務 15,000万円
土地（売却） 10,000万円	自社株式 15,000万円		現預金 15,000万円

取得財産の課税価格　40,000万円

《分割案１》と《分割案２》の検討

長男が土地を譲渡した場合の取得費に加算される相続税額は、**《分割案１》**においては2,039万円、**《分割案２》**においては1,274万円ですから、差し引き約765万円（＝2,039万円－1,274万円）譲渡益に差が出ます。税率を20％とすると約153万円納税額に差が出ます。

このように代償分割により遺産分割を行う場合には、相続等により取得した土地等を譲渡する者は、相続税の取得費加算額が少なくなり不利になることがあります。設例のケースも**《分割案１》**を選択する方が譲渡所得税が少なくなるため、長男が取得した不動産の換価価値が高まることになります。

設例の**《分割案２》**では、長男は土地10,000万円と自社株式15,000万円、現預金15,000万円とを相続し、長女に対し代償債務15,000万円を負担しています。しかし、遺産中には現預金が15,000万円あったのですから、当初から**《分割案１》**のような選択をすればよいことになりそうです。

なお、同じような問題は、長男が全財産を遺贈によって取得し、長女が遺留分侵害額の請求を行った場合にも発生します。

税務解説　相続財産を譲渡して代償金を支払った場合

前項の税務解説で示したとおり、土地等を譲渡した場合における取得費加算の計算は次の算式によります。

$$\text{取得費に加算する相続税相当額} = \text{その者の相続税額} \times \frac{\text{譲渡資産の相続税評価額}}{\text{その者の相続税の課税価格} + \text{その者の債務控除額}}$$

しかし、代償分割により取得した現物財産を譲渡した場合に、このまま上記の算式を適用して取得費加算を計算すると、取得費加算が確定相続税額を上回る不合理な場合が生じることがあります。右の項の分母が分子を下回るケースです。

このため、租特法関連通達39-７（代償金を支払って取得した相続財産を譲渡した場合の取得費加算額の計算）によれば、代償分割に際して代償金を支払っている者が相続税の取得費加算の特例を適用するときの「取得費に加算する相続税額」は、代償債務を負担することとなった者の相続により取得した現物財産の価額から代償債務の額を控除することとされ、次の算式によって計算されます。

$$\text{取得費に加算する相続税相当額} = \text{確定相続税額（※1）} \times \frac{\text{譲渡をした資産の相続税評価額B} - \text{支払代償金C（※2）} \times \dfrac{B}{A+C}}{\text{その者の相続税の課税価格（債務控除前）A}}$$

（※１）上記算式中の「確定相続税額」とは、原則として、譲渡の日の属する年分の所得税の納税義務の成立する時において確定している金額です。たとえば令和２年分であれば、令和２年12月31日です。

（※２）支払代償金については、相基通11の２-10《代償財産の価額》に定める金額によります（230ページ参照）。

事例解説 4-(4) 代償分割と換価分割の選択

〈設例〉

次のようなケースの遺産分割において、土地40,000万円は売却して長男及び長女が各々相続財産の２分の１ずつ取得するものとします。このとき、長男が土地を取得して代償金を支払う場合《**分割案１**》と、土地を売却した後に長男、長女が同額の分配を受ける方法《**分割案２**》とでは、どのような違いが生じるでしょうか。

【前提】

被相続人：父

相続人：長男・長女

相続財産：土地　40,000万円

（注）土地の所有期間は5年超で譲渡に際しては長期譲渡所得の課税対象になる。

土地の売却価額　50,000万円、取得価額不明

自社株式　10,000万円

現預金　10,000万円

《**分割案１**》長男が40,000万円の土地を取得して50,000万円で売却し、代償金として20,000万円支払うという代償分割による方法

《**分割案２**》まず、40,000万円の土地を50,000万円で売却し、売却代金を長男と長女が25,000万円ずつ分配を受けるという換価分割による方法

《分割案１》代償分割における場合の譲渡所得の計算

《分割案１》による相続税額を試算すると次の表のようになり、相続税額は《分割案２》と同じになります。

○相続税額の計算　　（単位：万円）

	長　男	長　女	合　計
①　土地	40,000	－	40,000
②　自社株式	10,000		10,000
③　現預金	－	10,000	10,000
④　代償金	△20,000	20,000	0
⑤　課税価格	30,000	30,000	60,000
⑥　基礎控除	3,000＋600×２人		4,200
⑦　相続税額	9,855	9,855	19,710

《分割案１》の代償分割による各人の相続税額は表のとおりとなり、このときの長男の譲渡所得の計算において、取得費に加算される相続税額は次のとおり計算されます。

$$⑦ \times \frac{(① - ④ \times \frac{①}{⑤ + ④})}{⑤}$$

$$= 9{,}855万円 \times \frac{40{,}000万円 - 20{,}000万円 \times \frac{40{,}000万円}{30{,}000万円 + 20{,}000万円}}{30{,}000万円} \fallingdotseq 7{,}884万円$$

そうすると、長男の譲渡所得税は次のとおり計算されます。

〈長男の譲渡所得税〉

①　収入金額　50,000万円

②　取得費　　2,500万円（概算取得費：収入金額の５％）

③　相続税の取得費加算額　7,884万円

④　譲渡経費　1,500万円

⑤　課税長期譲渡所得金額　①－（②＋③＋④）＝38,116万円

⑥　譲渡所得税　⑤×20.315％≒7,743万円

（注）所得税15％

復興特別所得税15％×2.1％＝0.315％

地方税５％

《分割案２》換価分割における譲渡所得税の計算

《分割案２》による相続税額を試算すると次の表のようになり、相続税額は《分割案１》と同じになります。

○相続税額の計算　　　　　　　　　　　　　　　　　　　　　（単位：万円）

	長　男	長　女	合　計
①　土地	20,000	20,000	40,000
②　自社株式	10,000		10,000
③　現預金	−	10,000	10,000
④　代償金	−	−	−
⑤　課税価格	30,000	30,000	60,000
⑥　基礎控除（※）	3,000＋600×２人		4,200
⑦　相続税額	9,855	9,855	19,710

換価分割によるときの長男及び長女の譲渡所得の計算において、取得費に加算される相続税額は次のとおり計算され、長男と長女は同額になります。

長男　$⑦\times\frac{①}{⑤}=9{,}855\text{万円}\times\frac{20{,}000\text{万円}}{30{,}000\text{万円}}=6{,}570\text{万円}$

長女　$⑦\times\frac{①}{⑤}=9{,}855\text{万円}\times\frac{20{,}000\text{万円}}{30{,}000\text{万円}}=6{,}570\text{万円}$

そうすると、譲渡所得税は次のとおり計算されます。

〈長男及び長女の譲渡所得税〉

①　収入金額　25,000万円

②　取得費　　1,250万円（概算取得費：収入金額の5%）

③　相続税の取得費加算額　6,570万円

④　譲渡経費　　750万円

⑤　課税長期譲渡所得金額　①−（②＋③＋④）＝16,430万円

⑥　譲渡所得税　⑤×20.315%≒3,338万円

（注）所得税15%

復興特別所得税15%×2.1%＝0.315%

地方税５%

⑦　長男と長女の合計税額　⑥×２＝6,676万円

《分割案１》と《分割案２》の比較検討

《分割案１》のように、長男が土地を取得して売却し代償金を支払った場合に徴収される譲渡所得税は7,743万円、《分割案２》のように、換価分割の手法によって譲渡した土地代金を金銭で分配した場合に徴収される譲渡所得税は6,676万円ですから、《分割案２》の方が《分割案１》よりも約1,067万円（＝7,743万円－6,676万円）税負担が少なくなります。

このように、相続税の取得費加算額の影響によって、代償分割を行うよりも換価分割を行った方が税負担が少なくなります。したがって、《分割案２》を選択する方が、手取り額からみた不動産の換価価値を高めることになります。

〈アドバイス〉

遺産分割においては、複数の相続人が分割して財産を取得することが困難な場合などに、その財産を分割しないまま売却してその譲渡代金を分配する方法があります。これを「換価分割」といい、分配代金の割合によって、換価対象となった財産を分割取得したことになります。遺産を未分割のまま譲渡するという手続なのですが、実務においては、通常の場合、特定の相続人が相続したとして登記した後、買主へ所有権移転します。しかし、これはあくまで登記手続上の便宜によるもので、実体的には、譲渡代金の分配割合に応じて遺産を取得し、譲渡したという効果が発生することになります。したがって、譲渡所得の申告も各人が分配を受けた割合によって行うことになります。ただし、このような登記手続を採る場合には、事後のトラブルを防止するため、遺産分割協議書に「換価分割」であることを明示しておく必要があるでしょう。

遺産を譲渡して分割する方法としては、《分割案１》のような「代償分割」によることもできますが、譲渡所得税の計算においては、「相続税の取得費加算」の特例を適用するにあたって、相続等により取得した土地等の価額から代償金の額が控除されるため、「換価分割」よりも不利な取扱いになります。また、譲渡所得税を代償債務者が単独で支払わなければならないことにも留意しなければなりません。

（注）相続財産を譲渡した場合、その譲渡が換価分割による譲渡なのか代償分割による譲渡なのか、判断に迷う場合も少なくありません。裁判所の判決事例をみると、分割協議の経緯、当事者の認識、授受する金額の決定方法、登記名義を単独相続とした場合はその理由、売買契約の経緯などから総合的に判断されます。

○　換価分割であるとされた裁判例

横浜地判平成３年10月30日、東京高判平成４年７月27日、最高裁判決平成５年４月６日　等

○　代償分割であるとされた裁判例
横浜地判平成６年３月７日、東京高判平成７年１月30日、東京地判平成９年１月20日、東京高判平成９年７月16日、東京地判平成12年４月21日、東京高判平成12年９月27日等

税務解説　代償財産の価額と評価額の調整

事例解説４－(4)《分割案１》で解説した代償分割の設例は、対象となる不動産の売却価額を相続税評価額に基づいて計算しています。しかし、公平な遺産分割を行うため、本来遺産の時価（通常の取引価格）を基準に行うことが原則的な考え方でしょう。このため、設例の申告方法と異なり、相続税評価額40,000万円の土地の取引時価は50,000万円であるとしてこれをベースに代償分割すると、相続税額は次のように試算されます。

○相続税額の計算(1)　（単位：万円）

	長　男	長　女	合　計
①　土地	40,000	―	40,000
②　自社株式	10,000		10,000
③　現預金	―	10,000	10,000
④　代償金	△25,000	25,000	0
⑤　課税価格	25,000	35,000	60,000
⑥　基礎控除	3,000＋600×２人		4,200
⑦　相続税額	8,212	11,498	19,710

一方、事例解説４－(4)《分割案１》による試算結果を再掲すると次のとおりですから、いずれの方法によっても相続税の総額は同じであるにも関わらず、各人の税負担は異なることとなります。このため、相続人間の利害が対立することになるので、いずれの方法を選択するのかについて、相続人全員の同意が必要です。

○相続税額の計算(2)　(単位：万円)

	長　男	長　女	合　計
①　土地	40,000	−	40,000
②　自社株式	10,000		10,000
③　現預金	−	10,000	10,000
④　代償金	△20,000	20,000	0
⑤　課税価格	30,000	30,000	60,000
⑥　基礎控除	3,000＋600×２人		4,200
⑦　相続税額	9,855	9,855	19,710

相基通11の2-10ただし書の定めによれば、代償財産の価額はそれぞれ次によることとされているため、上記(1)、(2)の方法はいずれを選択しても構いません。

①　共同相続人及び包括受遺者の全員の協議に基づいて代償財産の額を次の②に掲げる算式に準じて又は合理的と認められる方法によって計算して申告があった場合
→当該申告があった金額

②　①以外の場合で、代償債務の額が、代償分割の対象となった財産が特定され、かつ、当該財産の代償分割の時における通常の取引価額を基として決定されているとき
→次の算式により計算した金額

$$A \times \frac{C}{B}$$

算式中の符号は、次のとおりです。

Ａ：代償債務の額

Ｂ：代償債務の額の決定の基となった代償分割の対象となった財産の代償分割の時における価額（取引時価）

Ｃ：代償分割の対象となった財産の相続開始の時における価額（評基通の定めにより評価した価額）

（注１）代償財産の額を「合理的と認められる方法によって計算して申告があった場合」にはその申告を認めることとされているため、代償財産の価額の算定は納税者が任意に行うことができます。これは、代償財産の価額如何に関わらず、課税価格の合計額、相続税の総額は同じになり、支障はないためです。

（注２）共同相続人に配偶者がある場合には、その計算方法によっては、配偶者の税額軽減規定の適用上、税負担に影響を及ぼすことがあるので、注意が必要です。

（注３）遺産分割に際しての相続税の評価額は、相続開始時点の価額ではなく、遺産分割時点の価額を基準とするのが民法の原則です。これに対して、相続税法においては、相続又は遺贈により取得した財産の価額は、相続開始時の価額で評価するとされているため、遺産分割時点が相続開始時点よりも長期間にわたって後になるような場合など、時価（取引時価）と相続税評価額との乖離が大きくなる場合には、調整計算が必要となることがあります。

2　居住用財産を譲渡する場合

事例解説 4－(5)　3,000万円の特別控除

〈設例〉

次のような前提条件で相続が発生した場合、高齢な母は当面自宅で一人暮らしをすることにしているが、いずれは自宅を売却して長男と同居することを予定しています。このとき、父の相続の遺産分割において、自宅を長男が取得する場合《分割案１》と、自宅を母が取得する場合《分割案２》とでは、税務上どのような違いが生じるでしょうか。

【前提】

被相続人：父

相 続 人：母（父と同居）・長男（父と別居）

相続財産：父母が同居していた自宅の土地・建物を売却したとすれば、次のように見込まれる。

譲渡収入金額	5,000万円
取得費	不明（先祖伝来の所有）
譲渡経費	150万円

（注）父の相続税は考慮しないこととする。

《分割案１》父の自宅を長男が相続する

《分割案２》父の自宅を母が相続する

《分割案１》長男が取得した後に譲渡した場合の譲渡所得税

①	譲渡収入金額	5,000万円
②	取得費	①×５%（※）＝250万円 （※）概算取得費を採用
③	譲渡経費	150万円
④	特別控除	0円 長男の居住用財産でないため、居住用財産を譲渡した場合の特例は適用できません。
⑤	譲渡所得	①－（②＋③＋④）＝4,600万円
⑥	譲渡所得税	⑤×20.315%≒934万円

（注）所得税15%

復興特別所得税15%×2.1% =0.315%

地方税５%

《分割案２》母が取得した後に譲渡した場合の譲渡所得税

①	譲渡収入金額	5,000万円
②	取得費	①×５%（※）＝250万円
③	譲渡経費	150万円
④	特別控除	3,000万円 母の居住用財産のため、3,000万円の特別控除の特例を適用することができます。
⑤	譲渡所得	①－(②＋③＋④)＝1,600万円
⑥	譲渡所得税等	⑤×14.21%≒227万円

（注１）所得税10%（※）

復興特別所得税10%×2.1% =0.21%

地方税４%（※）

（※）課税長期譲渡所得金額に対しては、「居住用財産の長期譲渡所得に対する課税の特例」を適用しています。

【長期譲渡所得の軽減税率】235ページ参照

6,000万円以下…所得税10%、住民税４%

6,000万円超…所得税15%、住民税５%

《分割案１》と《分割案２》の比較検討

特定の相続人が居住の用に供している不動産を相続し、その不動産を譲渡する場合には、譲渡所得の計算上、各種の居住用財産の譲渡の特例が適用され、譲渡所得税が軽減されることがあります。

相続により取得した財産を譲渡する予定がある場合には、このような譲渡所得税についても考慮した遺産分割を行う必要があります。

譲渡所得税の計算は、譲渡代金からその不動産の取得費及び譲渡に際して直接必要な譲渡費用を控除して求めます。このとき、相続により取得した不動産の取得費等は、原則として、被相続人が取得した日及び取得価額が引き継がれることになります。したがって、相続した直後に譲渡したからといって短期譲渡には該当せず、被相続人が当初取得した日からの所有期間を通算して計算することになります。また取得費については、相続税評価額などを用いるのではなく、被相続人が実際に支払った取得費を用いることになります。

ただし、設例の場合のように、売却した土地建物が先祖伝来のものであるとか、買い入れた時期が古いなどのため取得費が不明であるときは、概算取得費として譲渡収入金額の５％相当額を取得費とすることも認められています。

このように、相続した不動産に関しては相続人が当初から取得していたものとして譲渡所得税が計算されるのですが、「居住用財産を譲渡した場合の3,000万円の特別控除」（措法35）などの特例の適用の可否に関しては、譲渡者ごとに譲渡した時の現況に応じて判断されます。

（注）例外として、239ページ「被相続人の居住用不動産（空き家）に係る譲渡所得の特別控除の特例」参照。

設例の場合、《**分割案１**》による譲渡所得税は934万円、《**分割案２**》による譲渡所得税は227万円ですから《**分割案２**》を選択する方が譲渡所得税は有利になります。したがって、母が相続した上で、母がその不動産に居住して特例の適用を受けることを選択することが税務上は有利になり、手取り額から見た不動産の換価価値を高めることになります。このとき、母が居住しているか否かの判定は実態に応じて判断されることとなりますので、たとえば住民票を置いておくだけといったような形式的なものでは認められません。また、特例の適用を目的とした一時的な居住の場合も、特例の適用が否認されることとなりますので注意が必要です。

税務解説① 居住用財産を譲渡した場合の3,000万円の特別控除の特例

マイホーム（居住用財産）を売却したときは、所有期間の長短に関係なく譲渡所得から最高3,000万円まで控除できる特例があります。

これを、「居住用財産を譲渡した場合の3,000万円の特別控除の特例」といいます。

1 特例適用要件

(1) 自身が居住している家屋又はその家屋とともにその敷地や借地権を売却すること。居住の用に供さなくなった家屋やその敷地については、居住の用に供さなくなった日から３年を経過する日の属する年の12月31日までに売却すること。

なお、居住用家屋を取り壊した場合は、次の２つの要件にいずれも当てはまることが必要です。

イ　その敷地の譲渡契約が、家屋を取り壊した日から１年以内に締結され、かつ、居住の用に供さなくなった日から３年を経過する日の属する年の12月31日までに売却すること。

ロ　家屋を取り壊してから譲渡契約を締結した日まで、その敷地を貸駐車場などそ

の他の用に供していないこと。

⑵ 売却した年の前年及び前々年にこの特例（※）又はマイホームの譲渡損失についての損益通算及び繰越控除の特例の適用を受けていないこと。

（※）「被相続人の居住用財産（空き家）に係る譲渡所得の特別控除の特例」によりこの特例の適用を受けている場合を除きます（239ページ参照）。

⑶ 売却した年、その前年及び前々年にマイホームの買換えやマイホームの交換の特例の適用を受けていないこと。

⑷ 売却した家屋や敷地について、収用等の場合の特別控除など他の特例の適用を受けていないこと。

⑸ 災害によって滅失した家屋の場合は、その敷地を居住の用に供さなくなった日から３年を経過する日の属する年の12月31日までに売却すること。

⑹ 売手と買手が、親子や夫婦など特別な関係でないこと。

特別な関係には、このほか生計を一にする親族、家屋を売却した後その売却した家屋で同居する親族、内縁関係にある人、特殊な関係のある法人なども含まれます。

2 適用除外

居住用財産を譲渡した場合の3,000万円の特別控除の特例は、次のような家屋には適用されません。

⑴ この特例を受けることだけを目的として入居したと認められる家屋

⑵ 居住用家屋を新築する期間中だけ仮住まいとして使った家屋、その他一時的な目的で入居したと認められる家屋

⑶ 別荘などのように主として趣味、娯楽又は保養のために所有する家屋

（所法33、措法35、措令20の３、23、措規18の２、措通31の３－２、31の３－14～15、35－２、35－６、震災特例法11の７）

税務解説② 居住用財産を譲渡した場合の軽減税率の特例

自身が居住していたマイホーム（居住用財産）を売却した場合、一定の要件に当てはまるときは、長期譲渡所得の税額を通常の場合よりも低い税率で計算する軽減税率の特例を受けることができます。

1 特例適用要件

⑴ 日本国内にある自身の居住用家屋、又はその家屋とともにその敷地を売却すること。

居住の用に供さなくなった家屋やその敷地については、居住の用に供さなくなった日から３年を経過する日の属する年の12月31日までに売却すること。

また、これらの家屋が災害により滅失した場合には、その敷地を居住の用に供さなくなった日から３年を経過する日の属する年の12月31日までに売却すること。

（注）居住用家屋を取り壊した場合は、次の３つの要件すべてに当てはまることが必要です。

イ　取り壊された家屋及びその敷地は、家屋が取り壊された日の属する年の１月１日において所有期間が10年を超えるものであること。

ロ　その敷地の譲渡契約が、家屋を取り壊した日から１年以内に締結され、かつ、居住の用に供さなくなった日から３年を経過する日の属する年の12月31日までに売却すること。

ハ　家屋を取り壊してから譲渡契約を締結した日まで、その敷地を貸駐車場などその他の用に供していないこと。

(2)　売却した年の１月１日において売却した家屋や敷地の所有期間がともに10年を超えていること。

(3)　売却した年の前年及び前々年にこの特例を受けていないこと。

(4)　売却した家屋や敷地について特定の居住用財産の買換えの特例や固定資産の交換の場合の譲渡所得の特例など他の特例を受けていないこと。ただし、居住用財産を譲渡した場合の3,000万円の特別控除の特例とは重ねて受けることができます。

(5)　親子や夫婦など特別の関係がある人に対して売却したものでないこと。

特別の関係には、親子や夫婦のほか生計を一にする親族、家屋を売却した後その売却した家屋で同居する親族、内縁関係にある人、特殊な関係のある法人なども含まれます。

2　税率

居住用財産を譲渡した場合の軽減税率の表

課税長期譲渡所得金額（＝A）	税　額
6,000万円以下	A×10%
6,000万円超	（A－6,000万円）×15%＋600万円

（注）

1　課税長期譲渡所得金額（＝A）とは、次の算式で求めた金額です。

（土地建物を売却した収入金額）－（取得費＋譲渡費用）－特別控除＝課税長期譲渡所得金額

2　平成25年から令和19年までは、復興特別所得税として各年分の基準所得税額の2.1％を所得税と併せて申告・納付することになります。

（措法31、31の３、措令20の３、措規13の４、措通31の３－５、震災特例法11の７、復興財確法13）

事例解説 4－(6) 空き家の譲渡所得の3,000万円控除と取得費加算

〈設例〉

譲渡所得税の計算において、相続税の取得費加算の特例《**選択肢１**》と、空き家の譲渡所得の3,000万円控除の特例《**選択肢２**》は、重複して適用することはできないようですが、次のケースのような場合は税務上どのような違いが生じますか。

【前提】

被相続人：　母

相 続 人：　長男・長女

相続財産：　土地（※）　6,000万

建物　　1,000万（昭和55年建築）

現預金　　5,000万

その他　　4,000万

（※）先祖伝来の土地で取得時期も取得価額も不明

1　遺産分割

上記の相続財産について遺産分割は次のとおり行った。

（単位：万円）

	長　男	長　女	合　計
土地	6,000	－	6,000
建物	1,000		1,000
現預金	－	5,000	5,000
その他	1,000	3,000	4,000
課税価格	8,000	8,000	16,000
基礎控除	3,000＋600×２人		4,200
相続税額	1,070	1,070	2,140

2　土地の売却

建物には、母が亡くなるまで一人で居住しており、土地はその建物の敷地である。母の死亡後その建物は空き家となっており全く利用されていないため、その建物を

100万円で解体し、敷地を7,500万円で売却した。

《選択肢１》相続税の取得費加算の特例を選択適用する

《選択肢２》空き家の譲渡所得の3,000万円控除の特例を選択適用する

（注）いずれの選択肢も特例適用要件を満たしているものとする。

《選択肢１》相続税の取得費加算の特例を適用

譲渡所得税の計算は次のとおりになります。

① 譲渡収入金額　7,500万円

② 取得費　①×５％（※）＝375万円

（※）概算取得費を採用

③ 取得費加算額　1,070万円×$\frac{6,000万円}{8,000万円}$ ≒803万円

④ 譲渡費用　350万円

⑤ 譲渡所得　①－（②＋③＋④）≒5,972万円

⑥ 譲渡所得税　⑤×20.315％≒1,213万円

（注）所得税15％

復興特別所得税15％×2.1％＝0.315％

地方税５％

《選択肢２》空き家の譲渡所得の3,000万円控除の特例を適用

譲渡所得税の計算は次のとおりになります。

① 譲渡収入金額　7,500万円

② 取得費　(1)×５％（※）＝375万円

（※）概算取得費を採用

③ 譲渡費用　350万円

④ 特別控除　3,000万円

⑤ 譲渡所得　①－（②＋③＋④）＝3,775万円

⑥ 譲渡所得税　⑤×20.315％≒767万円

（注）所得税15％

復興特別所得税15％×2.1％＝0.315％

地方税５％

〈アドバイス〉

個人が譲渡した年の1月1日において所有期間が10年を超える自己の居住用財産（居住用家屋やその敷地）を譲渡した場合には、3,000万円の特別控除額を差し引いた課税長期譲渡所得について、軽減税率を適用することができます（措法31の3、235ページ参照）。

しかしながら、「相続空き家の特例（措法35③）」に係る譲渡は相続人自身の居住用財産ではないことから、軽減税率の特例は適用できません。設例の場合も、売却した土地は長男の居住用財産ではないため軽減税率の特例の適用はありません。

《選択肢1》と《選択肢2》の比較検討

《選択肢1》の譲渡所得税は1,213万円、《選択肢2》は767万円ですから、《選択肢2》を選択した方が差し引き446万円（＝1,213万円－767万円）税負担が少なくなります。したがって、《選択肢2》の方が相続不動産の手取額からみた換価価値を高めます。

しかし、「空き家の譲渡所得の3,000万円控除」の適用にあたっては、対象となる相続財産の要件、譲渡時期の要件等を確認するとともに、他の特例との関係にも注意しなければなりません。設例の場合は《選択肢2》の方が納税者有利となっていますが、相続税の実効税率が高い場合には相続税の取得費加算額が3,000万円を超えることもありますので、このような場合には取得費加算特例を選択する方が有利になります。

税務解説　被相続人の居住用財産（空き家）に係る譲渡所得の特別控除の特例

相続空き家の特例については、次に掲げる国税庁のタックスアンサーを参考にしてください。

【タックスアンサー No.3306 ～抜粋～】

1　制度の概要

相続又は遺贈により取得した被相続人居住用家屋又は被相続人居住用家屋の敷地等を、平成28年4月1日から令和5年12月31日までの間に売却して、一定の要件に当てはまるときは、譲渡所得の金額から最高3,000万円まで控除することができます。

これを、被相続人の居住用財産（空き家）に係る譲渡所得の特別控除の特例といいます。

2　特例の対象となる「被相続人居住用家屋」及び「被相続人居住用家屋の敷地等」

(1)　特例の対象となる「被相続人居住用家屋」とは、相続の開始の直前において被相続人の居住の用に供されていた家屋で、次の3つの要件すべてに当てはまるもの（主として被相続人の居住の用に供されていた一の建築物に限ります。）をいいます。

イ　昭和56年５月31日以前に建築されたこと。

ロ　区分所有建物登記がされている建物でないこと。

ハ　相続の開始の直前において被相続人以外に居住をしていた人がいなかったこと。

なお、要介護認定等を受けて老人ホーム等に入所するなど、特定の事由により相続の開始の直前において被相続人の居住の用に供されていなかった場合で、一定の要件を満たすときは、その居住の用に供されなくなる直前まで被相続人の居住の用に供されていた家屋（以下「従前居住用家屋」といいます。）は被相続人居住用家屋に該当します。

(2)　特例の対象となる「被相続人居住用家屋の敷地等」とは、相続の開始の直前（従前居住用家屋の敷地の場合は、被相続人の居住の用に供されなくなる直前）において被相続人居住用家屋の敷地の用に供されていた土地又はその土地の上に存する権利をいいます。

なお、相続の開始の直前（従前居住用家屋の敷地の場合は、被相続人の居住の用に供されなくなる直前）においてその土地が用途上不可分の関係にある２以上の建築物（母屋と離れなど）のある一団の土地であった場合には、その土地のうち、その土地の面積にその２以上の建築物の床面積の合計のうちに一の建築物である被相続人居住用家屋（母屋）の床面積の占める割合を乗じて計算した面積に係る土地の部分に限ります。

【事例】被相続人居住用家屋及び被相続人居住用家屋の敷地等の範囲

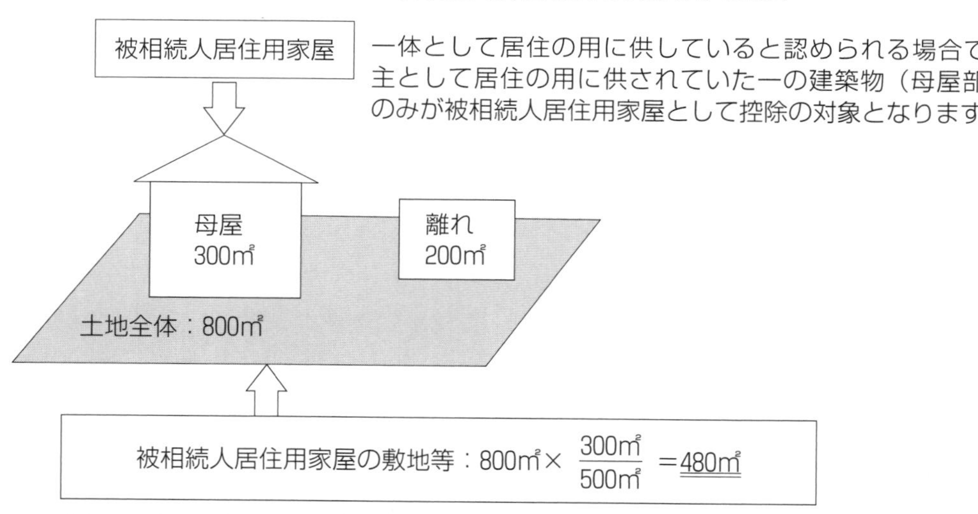

敷地については、一団の土地うち、その土地の面積に母屋の床面積割合を乗じた部分（480㎡）のみが被相続人居住用家屋の敷地として控除の対象となります。

3 特例を受けるための適用要件

(1) 売った人が、相続又は遺贈により被相続人居住用家屋及び被相続人居住用家屋の敷地等を取得したこと。

(2) 次のイ又はロの売却をしたこと。

イ 相続又は遺贈により取得した被相続人居住用家屋を売却するか、被相続人居住用家屋とともに被相続人居住用家屋の敷地等を売却すること。

(注) 被相続人居住用家屋は次の2つの要件に、被相続人居住用家屋の敷地等は次の(イ)の要件に当てはまることが必要です。

(イ) 相続の時から譲渡の時まで事業の用、貸付けの用又は居住の用に供されていたことがないこと。

(ロ) 譲渡の時において一定の耐震基準を満たすものであること。

ロ 相続又は遺贈により取得した被相続人居住用家屋の全部の取壊し等をした後に被相続人居住用家屋の敷地等を売却すること。

(注) 被相続人居住用家屋は次の(イ)の要件に、被相続人居住用家屋の敷地等は次の(ロ)及び(ハ)の要件に当てはまることが必要です。

(イ) 相続の時から取壊し等の時まで事業の用、貸付けの用又は居住の用に供されていたことがないこと。

(ロ) 相続の時から譲渡の時まで事業の用、貸付けの用又は居住の用に供されていたことがないこと。

(ハ) 取壊し等の時から譲渡の時まで建物又は構築物の敷地の用に供されていたことがないこと。

(3) 相続の開始があった日から3年を経過する日の属する年の12月31日までに売ること。

(4) 売却代金が1億円以下であること。

(所法33、措法35、措令20の3、23、措規18の2)

コラム　空き家問題

被相続人の居住用財産（空き家）を売却したときの特例は、平成28年度税制改正によって導入されたものですが、背景には増え続ける空き家問題があります。

空き家になっている不動産の中には、様々な事情で売却しようにもできないものもあります。このような不動産は、たとえ相続税の評価額が算定されるとしても実質的な価値はなく、むしろ負の財産となりかねません。

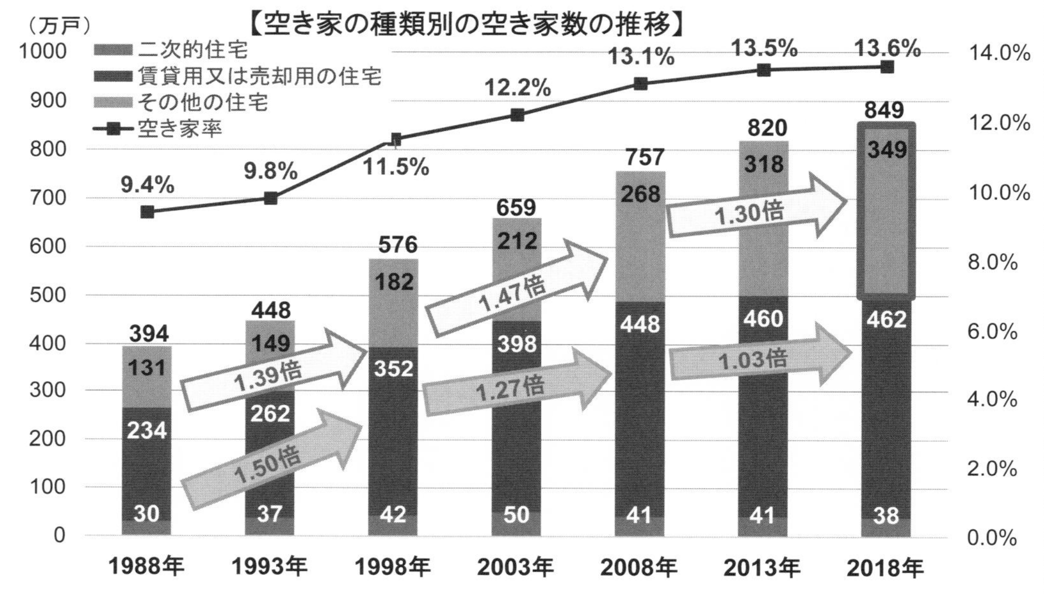

（出典：住宅・土地統計調査（総務省））

第2章　物納

1　物納財産の選択

前項に解説したように、相続した不動産を売却する場合には譲渡所得税を軽減すればするほど手取り金額が増えるので、その意味で不動産の換価価値を高めることになります。しかし、不動産を譲渡する方法については、特定の不動産を相続税の物納に充てるという方法も選択肢となります。

相続税の納付は金銭納付が原則ですが、一定の要件を満たせば物納によることもできます。物納財産を国が収納するときの価額は、原則として相続税の課税価格計算の基礎となったその財産の価額、つまり相続税評価額です。そうすると次の算式の条件を満たす場合には、不動産を市場で売却して金銭納付するよりも、物納を選択した方が実質的にその不動産の換価価値を高めることになります。

【算式】

（土地等の時価－譲渡所得税－譲渡費用）　≦　物納による収納価額（相続税評価額）

（注１）相続財産等を物納したとしても、譲渡所得税は原則非課税です（措法40の３）。

（注２）小規模宅地等についての相続税の課税価格の計算の特例の適用を受けた相続財産を物納する場合の収納価額は、特例適用後の価額となります。

一般的に、相続税評価額の変動は時価を後追いしますから、地価高騰時には相続税評価額より時価が相当に高くなりがちなので、物納するよりは市場で売却する方が手取り金額が増えます。一方、急激な地価下落時には時価と相続税評価額が逆転することもあり、このようなときには物納が有利となります。

また、①貸宅地の評価をはじめ、相続税評価の仕組みなどによって通常の取引価格より相続税評価額が高額になっている場合、②個別的な不動産の特性によって通常の取引価格より相続税評価額が高額になっている場合などにも物納が有利となります。このような場合には、相続税の物納が有力な選択肢になるのです。

2　借地権と貸宅地

借地権の設定されている土地（貸宅地）を物納する場合、物納劣後財産である「地上権・永小作権もしくは耕作を目的とする賃借権・地役権等が設定されている土地」（※）に該当するか否かの判定が必要となりますが、一般的な借地権は登記されていない賃借権であることがほとんどです。このため、貸宅地だからといって物納劣後財産になるわけではありません。巷では、相続財産に更地（自用地）と貸宅地がある場合は更地から選択しなければならないといった誤解があるようですが、そんなことはありません。自用地であっても貸宅地であっても同じように物納第１順位の土地になるため、どの土地を選択するのかは納税者次第です（247・251ページ参照）。

本書160ページで述べたように、自用地を借地権と底地に分割することは経済合理性に反する分割であるため、その市場価格は相続税評価額とは異なります。底地のみを市場で売却するのは、ティーカップセットのお皿だけを売りに出すようなものだともいわれます。このため、納税資金対策として貸宅地を物納することは、実質的に貸宅地の換価価値を高める有力な選択肢になります。

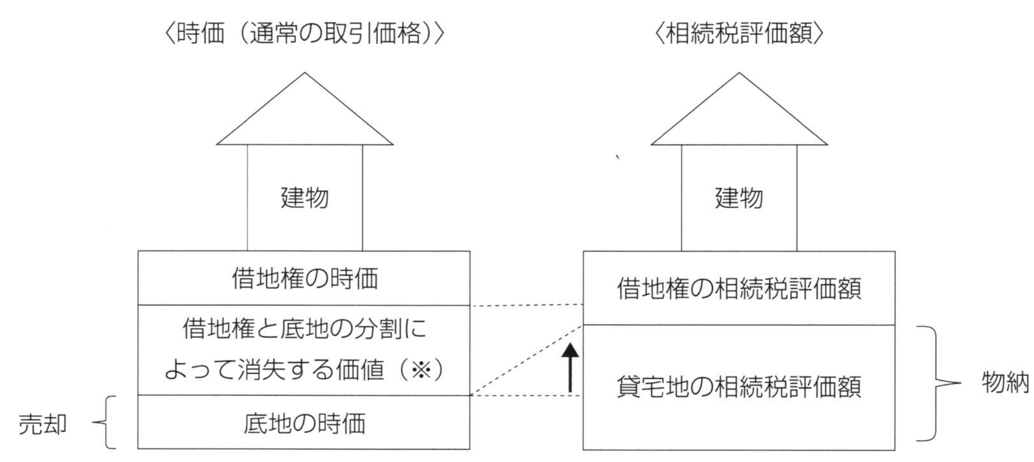

（※）160ページ参照。

貸宅地が上の右図のような相続税評価額で売却できるのは、借地権者が貸宅地を購入する場合と、借地権と貸宅地を同時に処分する場合などに限られるでしょう。

（注）簡便化のため、取引時価と相続税評価額は同一水準であるものとして解説しています。

事例解説 ４－(7) 物納条件の整備

〈設例〉

次のような条件の下で相続が発生しました。できればＢ土地を物納したいと考えているのですが、遺産分割による影響はどのようになるでしょうか。

【前提】

相続人：母・長女

相続財産

現預金　15,000万円

Ａ土地　10,000万円

Ｂ土地　5,000万円

《分割案１》物納予定財産の取得者が、現預金を相続しない場合

《分割案２》物納予定財産の取得者が、現預金も相続する場合

物納が認められる要件は、物納財産に係るものだけではなく、その前提として金銭納付困難の要件を満たさなければなりません（247ページ参照）。相続税は課税されるが、それを支払う預貯金や金銭がなく、延納によっても納付することができないという要件です。

《分割案１》及び《分割案２》の比較検討　（単位：万円）

	分割案１		分割案２	
	母	長　女	母	長　女
現預金	15,000	—	10,000	5,000
Ａ土地	—	10,000	5,000	5,000
Ｂ土地	—	5,000	—	5,000
課税価格	15,000	15,000	15,000	15,000
基礎控除（※）	4,200		4,200	
相続税額	3,460	3,460	3,460	3,460

（※）3,000万円+600万円×２人＝4,200万円

物納が認められる要件である金銭納付困難事由は、相続人ごとに判定することとされています。このため、被相続人の遺産の中に多額の現金・預貯金があったとしても、配偶者や専業主婦となった娘など、収入のない相続人が現金・預貯金を全く取得しなければ、物納が可能となるケースが出てきます。

《**分割案1**》によれば、長女は金銭納付困難事由に該当し、B土地の物納が許可される可能性があります。ただし事例の場合、相続税額は3,460万円ですから、原則としてA土地又はB土地から3,460万円相当の評価額の土地を分筆して納税しなければなりません。

ここで、物納申請税額に見合うよう財産を分割するとすれば、①分割後の物納申請財産について、不整形地や単独利用困難地になる場合、②分割後の物納申請財産以外の財産について、不整形地や単独利用困難地が生じることとなる場合には、分筆せずに土地を一体とする超過物納が認められることがあります。超過物納の場合は、超過額が還付されます。設例のB土地に超過物納が認められるとすると、1,540万円（5,000万円－3,460万円）の還付です。

ただし、実務的には超過物納は厳しく取り扱われ、超過物納額が物納申請税額の10％程度以下である場合や、残地が10坪程度以下になる場合などに限って認められるケースが多いようです。

一方《**分割案2**》によると、相続した現金で一括納付が可能と考えられることから物納申請は却下されるでしょう。このように、遺産分割の方法によって物納の可否が異なることに留意する必要があります。

3　相続税の物納制度と不動産の時価

(1)　物納制度の概要

国税は金銭で納付することが原則ですが、相続税に限っては、延納によっても金銭で納付することが困難な事由がある場合には、申請によりその納付を困難とする金額を限度として、一定の相続財産による物納が認められています。しかし、平成18年度税制改正において物納手続の厳格化、明確化が図られたため、物納申請件数は減少しています。このため「物納は難しい」といわれることも多いようですが、準備を怠らなければ物納できないというわけではありません。

なお、物納は贈与税については認められておらず（相基通41－2）、相続税に付帯する加算税、利子税、延滞税及び連帯納付義務により納付すべき税額等も物納の対象とはなりません。

(2) 物納の要件

次に掲げる①～④のすべての要件を満たしている場合に、物納の許可を受けることができます（相法41）。

① 延納によっても金銭で納付することを困難とする事由があり、かつ、その納付を困難とする金額を限度としていること。

② 物納申請財産は、納付すべき相続税の課税価格計算の基礎となった相続財産のうち、次の表に掲げる財産及び順位で、その所在が日本国内にあること。

③ 物納に充てることができる財産は、①管理処分不適格財産に該当しないものであること及び②物納劣後財産に該当する場合には他に物納に充てるべき適当な財産がないこと。

つまり、管理処分不適格財産に該当しなければ、物納財産は納税者自身が選択することができるのです。

④ 物納しようとする相続税の納期限又は納付すべき日（物納申請期限）までに、物納申請書に物納手続関係書類を添付して税務署長に提出すること。

順　位	物納に充てることのできる財産の種類
第１順位	①　不動産、船舶、国債証券、地方債証券、上場株式等
	②　不動産及び上場株式のうち物納劣後財産に該当するもの
第２順位	③　非上場株式等
	④　非上場株式のうち物納劣後財産に該当するもの
第３順位	⑤　動産

（注） 物納順位は表①→⑤の順になります。

(3) 管理処分不適格財産及び物納劣後財産の与えるヒント

管理処分不適格財産は物納することができず、物納劣後財産は物納することが困難な財産です。これらの物件はいずれも市場性に劣る物件なのですが、相続税の財産評価においては必ずしも評価減されているものではありません。すなわち、相続税財産評価によれば高額に評価されていたとしても、市場価格はそれよりも極端に低いケースや、市場では全く売却できない物件もあるのです。遺産分割にあたっては、このことにも注意しておく必要があります。

イ 不動産に係る管理処分不適格財産

次に掲げるような財産は物納に不適格な財産となり、物納に充てることができません。

市場では流通性に劣り換価価値が低くなる物件なのですが、相続税の財産評価には反映されないことも多く、時価（通常の取引価格）が相続税評価額を下回ると考えられるので、遺産分割にあたっては注意が必要な不動産です。

〈管理処分不適格財産〉

区　分	内　容	相続税評価減
1　担保権の設定の登記がされていることその他これに準ずる事情がある不動産	①　抵当権の目的となっている不動産 ②　譲渡により担保の目的となっている不動産 ③　差押えがされている不動産 ④　買戻しの特約が付されている不動産 ⑤　その他の処分の制限がされている不動産	無
2　権利の帰属について争いがある不動産	①　所有者の存否又は帰属について争いがある不動産 ②　地上権、永小作権、賃借権その他の所有権以外の使用及び収益を目的とする権利の存否又は帰属について争いがある不動産	無
3　境界が明らかでない土地	①　境界標の設置がされていないことにより他の土地との境界を認識することができない土地（ただし、申請される財産の取引（売買）において、通常行われる境界の確認方法により境界が確認できるものを除く。） ②　土地使用収益権（地上権、賃借権等）が設定されている土地の範囲が明確ではない土地	無
4　隣接する不動産の所有者その他の者との争訟によらなければ通常の使用ができないと見込まれる不動産	①　隣接地に存する建物等が境界線を越える当該土地（ひさし等で軽微な越境の場合で、隣接する不動産の所有者の同意があるものを除く。） ②　物納財産である土地に存する建物等が隣接地との境界線を越える当該土地（ひさし等で軽微な越境の場合で、隣接する不動産の所有者の同意があるものを除く。）	無

	③ 土地使用収益権の設定契約の内容が、設定者にとって著しく不利な当該土地 ④ 建物の使用・収益をする契約の内容が、設定者にとって著しく不利な当該建物 ⑤ 賃貸料の滞納がある不動産その他収納後の円滑な契約の履行に著しい支障を及ぼす事情が存すると見込まれる不動産 ⑥ その敷地を通常の地代により国が借り受けられる見込みのない土地上の建物	無
5 他の土地に囲まれて公道に通じない土地で民法第210条（公道に至るための他の土地の通行権）の規定による通行権の内容が明確でないもの		有 最大▲40% （評基通20-3）
6 借地権の目的となっている土地で、当該借地権を有する者が不明であることその他これに類する事情のあるもの	◎借地権の目的となっている土地（＝貸宅地）がすべて管理処分不適格財産であるというわけではありません。 通常の貸宅地は管理処分不適格財産に該当しないのです。	無
7 他の不動産（他の不動産の上に存する権利を含む。）と社会通念上一体として利用されている若しくは利用されるべき不動産又は二以上の者の共有に属する不動産	① 共有物である不動産（共有者全員が申請する場合を除く。）	無
	② がけ地、面積が著しく狭い土地又は形状が著しく不整形である土地でこれらのみでは使用することが困難なもの	（単独では） 無
	③ 私道の用に供されている土地（他の申請財産と一体として使用されるものを除く。）	有 （評基通24）
	④ 敷地とともに物納申請がされている建物以外の建物（借地権が設定されているものを除く。）	無

	⑤　他の不動産と一体となってその効用を有する不動産	無
8　耐用年数（所得税法（昭和40年法律第33号）の規定に基づいて定められている耐用年数をいう。）を経過している建物（通常の使用ができるものを除く。）		無
9　敷金の返還に係る債務その他の債務を国が負担することとなる不動産（申請者において精算することを確認できる場合を除く。）	①　敷金その他の財産の返還に係る義務を国が負うこととなる不動産	無 （※）
	②　土地区画整理事業等が施行されている場合において、収納のときまでに発生した土地区画整理法の規定による賦課金その他これに類する債務を国が負うこととなる不動産	無 （※）
	③　土地区画整理事業等の清算金の授受の義務を負うこととなる不動産	有 （国税庁質疑応答事例）
10　管理又は処分を行うために要する費用の額が、その収納価額と比較して過大となると見込まれる不動産	①　土壌汚染対策法に規定する特定有害物質その他これに類する有害物質により汚染されている不動産	有 平成16年7月5日 第3号 資産評論企画官情報
	②　廃棄物の処理及び清掃に関する法律に規定する廃棄物その他のもので除去しなければ通常の使用ができないものが地下にある不動産	無
	③　農地法の規定による許可を受けずに転用されている土地	無
	④　土留等の設置、護岸の建設その他の現状を維持するための工事が必要となる不動産	無
11　公の秩序又は善良の風俗を害するおそれのある目的に使用されている不動産その他社会	①　風俗営業等の規制及び業務の適正化等に関する法律に規定する風俗営業又は性風俗関連特殊営業、又は特定遊興飲食店営業の用に供されている建物及びその敷地	無

通念上適切でないと認められる目的に使用されている不動産	② 暴力団員による不当な行為の防止等に関する法律に規定する暴力団の事務所その他これに類するものの用に供されている建物及びその敷地	無
12 引渡しに際して通常必要とされている行為がされていない不動産（1に掲げるものを除く。）	① 物納財産である土地の上の建物が既に滅失している場合において、当該建物の滅失の登記がされていない土地	無
	② 物納財産である不動産に存する廃棄物の処理及び清掃に関する法律に規定する廃棄物その他の物が除去されていないもの	無
	③ 生産緑地法に規定する生産緑地のうち「生産緑地の買取りの申出」又は「生産緑地の買取り希望の申出」の規定による買取りの申出がされていない土地	有 （評基通40-3）
13 地上権、永小作権、賃借権その他の使用及び収益を目的とする権利が設定されている不動産で次に掲げる者がその権利を有しているもの ① 暴力団員による不当な行為の防止等に関する法律第2条第6号に規定する暴力団員又は暴力団員でなくなった日から5年を経過しない者（以下「暴力団員等」という。） ② 暴力団員等によりその事業活動を支配されている者		無

③　法人で暴力団員等を役員等とするもの		

（※）財産の評価減ではなく、債務控除で対応します。

物納するしないにかかわらず、上の表のような財産を所有している場合には、それを整理して利用価値を高めていく必要があります。そのまま放置すれば、固定資産税を支払うだけの負の財産になってしまいかねません。しかしその多くは、相続税の財産評価には反映されてはいないのです。

ロ　不動産に係る物納劣後財産

次に掲げるような財産は、他に物納に充てるべき適当な財産がない場合に限り物納に充てることができます。つまり、このような不動産も市場では流通しにくい物件なのですが、必ずしも相続税評価額は減額されるとは限りません。

内　　　容	相続税評価減
1　地上権、永小作権若しくは耕作を目的とする賃借権、地役権又は入会権が設定されている土地	有（評基通25、41）入会権は規定なし
2　法令の規定に違反して建設された建物及びその敷地	無
3　次に掲げる事項が施行され、その施行に係る土地につき、それぞれ次に規定する法律の定めるところにより仮換地の指定（仮に使用又は収益をすることができる権利の目的となるべき土地又はその部分の指定を含む。）又は一時利用地の指定がされていない土地（当該指定後において使用又は収益をすることができない当該仮換地又は一時利用地に係る土地を含む。） イ　土地区画整理法（昭和29年法律第119号）による土地区画整理事業 ロ　新都市基盤整備法（昭和47年法律第86号）による土地整理 ハ　大都市地域における住宅及び住宅地の供給の促進に関する特別措置法（昭和50年法律第67号）による住宅街区整備事業 ニ　土地改良法（昭和24年法律第195号）による土地改良事業 ホ　独立行政法人緑資源機構法（平成14年法律第130号）第11条第１項第７号イ（業務の範囲）の事業	イは有（国税庁質疑応答事例）その他は規定なし

4　現に納税義務者の居住の用又は事業の用に供している建物及びその敷地（当該納税義務者が当該建物及びその敷地について物納の許可の申請をする場合を除く。）	無 （※）
5　配偶者居住権の目的となっている建物及びその敷地	有 （相法23の２）
6　劇場、工場、浴場その他の維持又は管理に特殊技能を要する建物及びこれらの敷地	無
7　建築基準法第43条第１項（敷地と道路との関係）に規定する道路に２ｍ以上接していない土地	有 最大▲40% （評基通20-3）
8　都市計画法（昭和43年法律第100号）第29条第１項又は第２項（開発行為の許可）の規定による都道府県知事の許可を受けなければならない同法第４条第12項（定義）に規定する開発行為をする場合において、当該開発行為が同法第33条第１項第２号（開発許可の基準）に掲げる基準（都市計画法施行令第25条第２号（法33条第１項各号を適用するについて必要な技術的細目）に掲げる技術的細目に係るものに限る。）に適合しないときにおける当該開発行為に係る土地	無
9　都市計画法第７条第２項（区別区分）に規定する市街化区域以外の区域にある土地（宅地として造成する事ができるものを除く。）	有 （評基通11、14） （国税庁質疑応答事例）
10　農業振興地域の整備に関する法律（昭和44年法律第58号）第８条第１項（市町村の定める農業振興地域整備計画）の農業振興地域整備計画において同条第２項第１号の農用地区域として定められた区域内の土地	有 （評基通36、37）
11　森林法（昭和26年第249号）第25条の２（指定）の規定により保安林として指定された区域内の土地	有 （評基通50）
12　法令の規定により建物の建築をすることができない土地（建物の建築をすることができる面積が著しく狭くなる土地を含む。）	無
13　過去に生じた事件又は事故その他の事情により、正常な取引が行われないおそれのある不動産及びこれに隣接する不動産	無

（※）財産の評価減ではなく、小規模宅地等の特例によって課税価格を減額する規定があります。

〈アドバイス〉

管理処分不適格財産や物納劣後財産に直接対応するものではありませんが、国税庁タックスアンサー「No. 4617利用価値が著しく低下している宅地の評価」に該当して10％評価減される可能性があります。

【国税庁タックスアンサー No.4617】

次のようにその利用価値が付近にある他の宅地の利用状況からみて、著しく低下していると認められるものの価額は、その宅地について利用価値が低下していないものとして評価した場合の価額から、利用価値が低下していると認められる部分の面積に対応する価額に10％を乗じて計算した金額を控除した価額によって評価することができます。

1　道路より高い位置にある宅地又は低い位置にある宅地で、その付近にある宅地に比べて著しく高低差のあるもの

2　地盤に甚だしい凹凸のある宅地

3　震動の甚だしい宅地

4　1から3までの宅地以外の宅地で、騒音、日照阻害（建築基準法第56条の2に定める日影時間を超える時間の日照阻害のあるものとします。）、臭気、忌み等により、その取引金額に影響を受けると認められるもの

また、宅地比準方式によって評価する農地又は山林について、その農地又は山林を宅地に転用する場合において、造成費用を投下してもなお宅地としての利用価値が付近にある他の宅地の利用状況からみて著しく低下していると認められる部分を有するものについても同様です。

ただし、路線価又は固定資産税評価額又は倍率が、利用価値の著しく低下している状況を考慮して付されている場合にはしんしゃくしません。

事例解説 4－(8) 不動産を分割して物納する場合

〈設例〉

相続税の納税にあたり物納を考えていますが、相続税額に見合う適当な規模の不動産がないため、元々は一筆であった土地を次のように分筆して物納せざるを得ません。A土地とB土地のいずれの土地を物納申請するのがいいでしょうか。

残額は金銭納付すると仮定します。

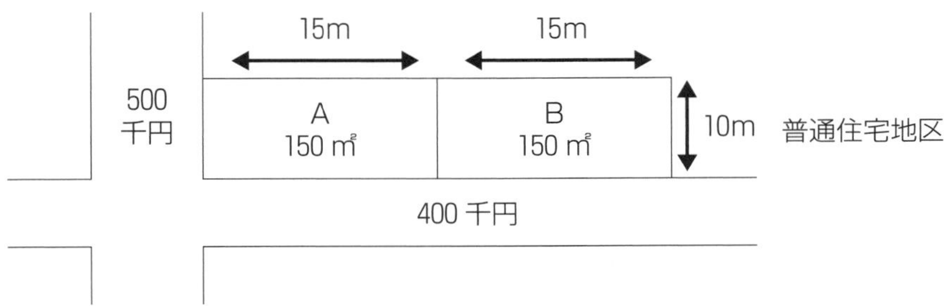

《選択肢１》分割後のA土地を物納する

《選択肢２》分割後のB土地を物納する

《選択肢１》A土地の物納

A土地を物納した場合の収納価額（相続税の納付額）と、残地として残ったB土地の相続税評価ベースの価額は次のとおりです。

① 全体土地（A+B）の相続税評価額

(50万円×0.95（※１）+40万円×0.03（※２））×300㎡＝14,610万円

（※１）奥行価格補正率

（※２）側方路線影響加算率

② 分筆後のA土地の相続税評価額

(50万円×1.00（※１）+40万円×0.03（※２））×150㎡＝7,680万円

（※１）奥行価格補正率

（※２）側方路線影響加算率

③ 分筆後のB土地の相続税評価額

40万円×1.00（※）×150㎡＝6,000万円

（※）奥行価格補正率

④ 分筆後のA土地の収納価額（257ページの税務解説参照）

$① \times \frac{②}{② + ③} ≒ 8,202$万円

⑤　収納後の残地Bの価額と収納額の合計

③＋④＝14,202万円

⑥　分割により消失した不動産の経済価値

⑤－①＝▲408万円

《選択肢２》B土地の物納

B土地を物納した場合の収納価額（相続税の納付額）と、残地として残ったA土地の相続税評価ベースの価額は次のとおりです。

①　全体土地（A+B）の相続税評価額

（50万円×0.95（※１）+40万円×0.03（※２））×300㎡＝14,610万円

（※１）奥行価格補正率

（※２）側方路線影響加算率

②　分筆後のA土地の相続税評価額

（50万円×1.00（※１）+40万円×0.03（※２））×150㎡＝7,680万円

（※１）奥行価格補正率

（※２）側方路線影響加算率

③　分筆後のB土地の相続税評価額

40万円×1.00（※）×150㎡＝6,000万円

（※）奥行価格補正率

④　分筆後のB土地の収納価額（257ページの税務解説参照）

$① \times \frac{③}{② + ③}$ ≒6,408万円

⑤　収納後の残地Aの価額と収納額の合計

②＋④＝14,088万円

⑥　分割により消失した不動産の経済価値

⑤－①＝▲522万円

《選択肢１》と《選択肢２》の比較検討

《選択肢１》による不動産価値の消失は▲408万円、《選択肢２》による不動産価値の消失は▲522万円ですから、物納による収納額は▲1,794万円（＝6,408万円－8,202万円）となりますが、《選択肢１》の方が不動産の換価価値を高めることになります。

この場合、いずれの選択肢においても、角地から一方路線のみに面する土地を切り出すことによって、分筆前の一体としての土地よりも不動産価値が下落してしまいます。

しかしながら物納による収納には譲渡所得税は課税されず、譲渡費用も必要ありません。

これらを考慮して次のように試算すると、A土地を売却したとしても、納税額には及びません（7,546万円<7,680万円）。

したがって設例の場合は、物納を選択することが市場で売却するよりも不動産の換価価値を高める結果となります。

① 譲渡価額　9,600万円（7,680万円÷0.8とする）

② 譲渡所得税

9,600万円－（(9,600×５％（※１)）＋288（※２)）万円＝8,832万円

8,832万円×20%（※３）≒1,766万円

（※１）概算取得費で試算（相続税の取得費加算は考慮していない）

（※２）譲渡費用を譲渡価額×３％と仮定

（※３）長期譲渡所得における所得税と地方税（復興特別所得税は考慮してない）

③ 仲介手数料

②の（※２）＝288万円

④ 市場で売却すれば支出を要する資金

②＋③＝2,054万円

⑤ 手取り額（納税資金）

①－④＝7,546万円<7,680万円（物納による評価額）

設例のように、物納予定財産が相続税評価の２割増し程度、或いはそれ以下でしか売却できない場合は、物納を選択する方が換価価値は高まることになります。

これに対して、物納予定財産が相続税評価額より相当程度高額で売却できる場合は前提が異なり、そもそも物納を選択せずに市中で売却する方が換価価値を高めることになります。

なお、設例の場合、実際には収納額に見合うようにA土地又はB土地の面積を調整して分筆し、物納することになるでしょう。

税務解説　分割不動産の物納

物納は、延納によっても金銭で納付することが困難な金額（物納許可限度額）の範囲内において許可されることが原則です。そのため、物納申請された財産の価額が物納許可限度額を超えているような場合、分割が可能となる財産については、物納許可限度額と物納財産の価額が見合うように財産の分割を行う必要があります。

分割不動産の収納価額を計算する方法としては、分割前の課税価格計算の基礎となった

価額を基に、分割後の面積あん分による方法や価額あん分による方法などが考えられますが、分割不動産の形状や正面路線価がどうなるかなどにより、分割不動産の価額が分割の方法によって異なる結果となるために、相基通43-４によって次のような計算方法が示されています。

【相続税法基本通達】

（分割不動産の収納価額）

43－４　相続財産である不動産を分割し、分割不動産について物納を許可する場合における法第43条第１項に規定する収納価額は、原則として、次の算式により計算した金額によるものとする（平７課資２－119・徴管５－５追加）。

$$K \times \frac{A}{A+B} = \text{分割不動産の収納価額}$$

（注）算式中の符号は、次のとおりである。

1　Kは、分割前の課税価格計算の基礎となった価額

2　Aは、分割不動産について、相続開始時の評価基本通達の定めにより評価した価額

3　Bは、分割前の不動産のうち、分割不動産部分以外の不動産について、相続開始時の評価基本通達の定めにより評価した価額

（注）物納に充てようとする財産が土地の場合で、分割することにより分割して物納に充てる土地又は残地について、①その地域における標準的な宅地の広さを有しなくなるなど、通常の用途に供することができない状況が生じる場合、②財産自体の性質上分割不可能なものである場合又は③最低敷地面積の制限等法令によって分割が適さない場合など、分割が困難な状況にあるものについては財産の分割等を行わず、物納許可限度額を超える価額の財産による物納が認められることがあります（相基通41-３）。

第３章　共有の解消

第３編第２章《**ケース５**》**共有不動産**で解説したように（190ページ参照）、格別の理由なく、安易な遺産分割によって共有不動産を創出するべきではありません。第三者に共有持分を売却することは、通常の場合、不動産の価値を下げてしまうことになるからです。親子間の共有であれば、将来の相続によって共有状態は解消されますが、兄弟間の共有は将来トラブルの原因になる可能性があります。しかし、不動産の所有権登記は筆単位で行われているところ、現実の不動産の利用状況がたとえば下図のようになっているときは、簡単に相続税の申告期限までに分割するわけにはいきません。このような場合には、一旦は共有として取得せざるを得ないでしょう。

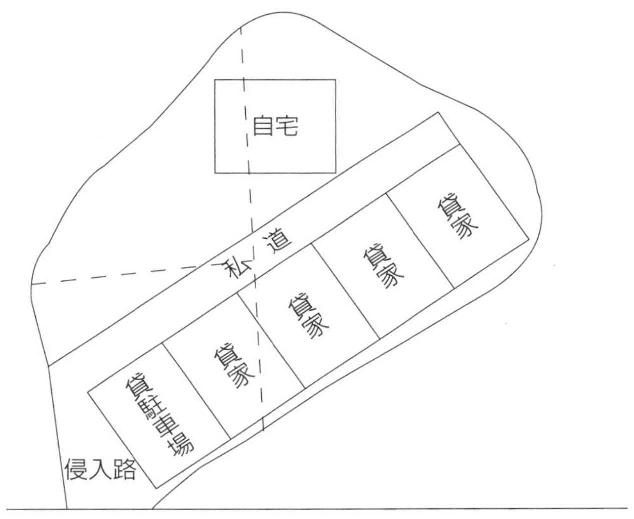

（注）登記は３筆　相続税評価は６単位

不動産の共有リスクを列挙すると次のとおりです。

- 共有不動産を譲渡、処分するときには共有者全員の同意が必要。
- 共有不動産の賃貸借契約の締結や解除など、その利用・改良行為としての管理に際して、共有者の過半の同意が必要。
- 共有物全体に対する分割請求権行使を受ける可能性がある。
- 他の共有者持分に設定された抵当権の効力が、共有物分割によって担保提供していない共有者の土地にも及ぶ可能性がある。
- 賃貸管理をしていた他の共有者が預かっていた敷金の返還を求められる可能性がある（敷金返還債務は不可分債務とされている）…等

本項においては、やむを得ず共有取得しなければならなかった不動産の共有を解消し、ひいては不動産の価値を高める方法について解説します。共有不動産の解決方法には、①共有物の分割、②交換、③売買、④贈与・放棄、⑤信託などの方法が考えられます。このうち、本項においては、①、②、⑤について解説します。④は何ら対価なく共有持分を移転するもので、本項で事例解説はしませんが、税務上のポイントは次の税務解説に掲げたとおりです。

税務解説 共有持分の放棄と共有者の死亡

1 共有持分の放棄

共有持分の放棄とは、共有者の一人が自己の持分を放棄することです。民法255条では「共有者の一人が、その持分を放棄したとき…は、その持分は、他の共有者に帰属する」と規定されています。他の共有者の承諾や同意は不要で、放棄する者が単独で行うことができます。このようにして共有名義不動産の持分を放棄した場合、放棄された持分は他の共有者に帰属します。また、他の共有者が複数人いる場合には、各自の持分の割合にしたがって放棄された持分が分配されることとなります。

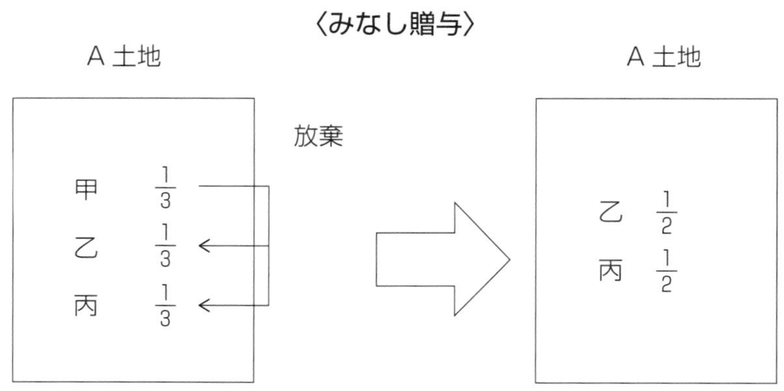

A土地を甲、乙、丙の三人が共有しており、それぞれの持分が3分の1ずつの場合に甲が持分を放棄したとします。このとき甲の持分は、乙及び丙の持分の割合に応じて分配されることになります。つまり、6分の1ずつの分配です。その結果、乙及び丙の持分はそれぞれ「3分の1＋6分の1＝2分の1」となります。

このとき税務の視点からこれを見ると、乙及び丙は、対価を支払わないで利益を受けたことになるので、その利益を受けた時において、共有持分の価額に相当する金額を贈与により取得したものとみなされます（相法9、相基通9－12）。

(注)持分の放棄自体は単独で行うことが可能ですが、その登記については他の共有者の協力が必要になります。

2 共有者の一人が相続人なく死亡した場合

さらに、民法255条には、「共有者の一人が死亡して相続人がないときは、その持分は、他の共有者に帰属する」と規定されています。このため税務上の取扱いにおいても、共有に属する財産の共有者の一人が死亡した場合においてその者の相続人がいないときは、その者に係る持分は他の共有者がその持分に応じて遺贈により取得したものとして相続税を課税することとされています。この場合の留意点は次のとおりです。

(1) 相続財産の評価時点

共有持分を遺贈により取得したものとされることから、遺贈と同様に相続開始の時となります。

(2) 相続税の申告期限

原則として次のとおりとなります。

イ 特別縁故者による財産分与の請求がない場合

特別縁故者の財産分与の請求期限の満了の日の翌日から10か月以内となります。

ロ 特別縁故者の財産分与の請求がある場合

分与額又は分与しないことの決定が確定したことを知った日の翌日から10か月以内となります。

一歩先へ 共有者の一人が相続人なく死亡した場合

民法255条の条文だけをみると、共有者の一人が死亡して相続人がいないときは、当然に他の共有者に権利が移転するようにも読めます。

しかし同じく民法には、相続人としての権利を主張する者がない場合において、「相当と認めるときは、家庭裁判所は、被相続人と生計を同じくしていた者、被相続人の療養看護に努めた者その他被相続人と特別の縁故があった者の請求によって、これらの者に、清算後残存すべき相続財産の全部又は一部を与えることができる」と規定されています(特別縁故者に対する財産分与。民法958の3①)。

この点について最判平成元年11月24日判決は「共有者の一人が死亡し、相続人の不存在が確定し、相続債権者や受遺者に対する清算手続が終了したときは、その共有持分は、他の相続財産とともに、民法958条の3の規定に基づく特別縁故者に対する財産分与の対象となり、この財産分与がされず、共有持分が承継すべき者のないまま相続財産として残存することが確定したときにはじめて、民法255条により他の共有者に帰属することになると解すべきである。」としました。

このため、共有者の一人が相続人なくして死亡し、他の共有者に帰属するためには、次のような手続の流れを経た後になります。この場合において、相続人の不存在が確定し、相続債権者や受贈者に対する清算手続が先行することに注意が必要です。相続財産管理人の業務が先行するということです。

① 家庭裁判所に対する相続財産管理人選任の申立（民法952①）

② 相続財産管理人選任の公告（同法952②）

※ 公告期間２か月。

③ 相続債権者及び受遺者に対する請求申出の公告（同法957①）

※ 公告期間２か月以上。なお、知れている債権者には各別に催告。

④ 相続人捜索の公告（同法958）

・相続人の不存在を確定させる。

※ 公告期間６か月以上。

⑤ 特別縁故者の財産分与の申立（同法958の３）

・申立期間は、相続人捜索公告の期間満了日の翌日から３か月以内。

⑥ 分与の審判もしくは申立却下の審判（同上）

⑦ 特別縁故者に対する分与財産の引渡（同上）

（民法255、958の３　相法９、22、27　相基通９-12）

1　共有物の分割

共有物の分割とは、共有になっている物を分割し、共有状態を解消して単独所有にすることをいいます。共有物の分割は協議でする場合と裁判による場合がありますが、以下には協議による分割方法を解説します。

なお、相続の場面においても、遺言がなければ遺産分割が行われるまでの相続財産は共同相続人の共有状態になっているので、分割方法は類似しています。

(1)　現物分割

不動産の筆に応じて分割したり、あるいは分筆する方法です。たとえば、甲及び乙が共有するA土地をB土地とC土地に分割し、B土地は甲が、C土地は乙が単独で所有することにより共有関係を解消する方法です。

現物分割は、筆毎の分割ではなく、数筆の土地全部を一括して分割して分筆しなおすことも可能です。

また、共有者が取得する土地の面積の割合や価格の割合が、共有の割合に応ずるものでなかったとしても構いません（大審院昭和10年９月14日決定）。

甲・乙共有の一筆のA土地を現物分割する場合の手順は、まずB土地とC土地に分筆します（明治33年２月12日民刑126号回答）。分筆された土地はこの時点でそれぞれ甲・乙共有のままですから、一方に乙持分全部移転登記をし、もう一方に甲持分全部移転登記をします（昭和36年１月17日民甲106号回答）。これにより、甲単独所有の土地と乙単独所有の土地の二筆となります。

すなわち、法的には二以上の者が一つの土地を共有している場合において、その土地をそれぞれの共有持分に応じて現物分割し、それぞれ単独所有の土地としたときは、共有者相互間において、共有物の各部分につき、その有する持分の交換が行われることになるのですが、税務上の取扱いにおいては譲渡所得税の課税対象にはなりません（268ページ参照）。

現物分割による方法は、遺産分割と同様にケースによっては分割前の不動産全体の価値の一部が消滅してしまう場合もあるので注意が必要です。

⑵　換価分割（代金分割）

共有不動産を第三者に売却し、その売却代金を持分割合に応じて分配する方法です。法律上、売却代金は、各共有者が直接買主に対し分割債権を取得することになります。

この分割方法は売却代金を持分割合に応じて分配するため、不動産の評価も不要で、分割の結果共有者間で不公平が生じることはありません。

そのため、共有者の全員が当該不動産の所有を望まない場合には有効な方法です。換価分割の方法によると、現物分割のように不動産の価値の一部が消滅してしまうことはありません。

なお土地の代金分割の場合、売却した土地につき、買主への共有者全員持分全部移転登記を行います。登記原因に「共有物分割」が登場することはありません。

⑶　価格賠償（代償分割）

共有者の一人が他の共有者の持分を全部取得する代わりに、その対価を他の共有者に支払う方法です。共有者一名の単独所有とすることとし、不動産を単独所有した者が、他の共有者に対してその持分に相当する額の代償金を支払うことにより共有関係を解消します。

価格賠償による方法は民法上の規定はありませんが、判例によって認められてきたものです（最判昭和62年４月22日、最判平成８年10月31日）。

実質は共有持分の売買であるため、代償金の支払いをどのように確保するかが問題となります。また、不動産を適正に評価しなければ、共有者間で不公平が生じることがあります。

なお、価格賠償の方法によっても、現物分割のように不動産の価値の一部が消滅してしまうことはありません。

2 共有持分の交換

共有土地が複数ある場合、たとえば土地Aと土地Bがそれぞれ甲と乙の共有であった場合には、A土地の甲持分とB土地の乙持分を交換することにより、A土地は乙の単独所有となり、B土地は甲の単独所有となります。このような場合には、土地を分割しなくても資金負担なしに共有の解消をすることができます。

このときに注意しなければならないのは、税務上の取扱いです。金銭が動いておらず、担税力も発生していないように思えるかもしれませんが、譲渡所得課税の対象となるのが原則ですので注意が必要です。

事例解説 4－(9) 現物分割

〈設例〉

相続によってA土地に共有状態が発生しました。そのため、この共有状態を解消するために、共有物の分割をしたいと思います。共有物の分割は、価格比による方法と持分比による方法があるそうですが、どのような違いがあるのでしょうか。

【前提】

相続人（共有者）：甲・乙

相続財産：A土地　300㎡（相続税路線価図の普通住宅地区に所在）

奥行価格補正率　15m→1.0　20m→1.0

側方路線影響加算→0.03

分割方法：A土地をB土地とC土地に分割し、

B土地は甲が取得、C土地は乙が取得する。

〈A土地の状況〉

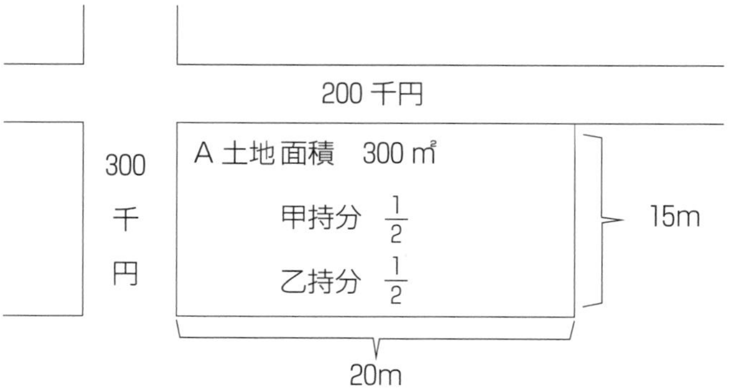

200千円

300千円

A土地面積　300㎡

甲持分　$\frac{1}{2}$

乙持分　$\frac{1}{2}$

15m

20m

《分割案１》価額比によってA土地をB土地とC土地に分割する
《分割案２》持分比によってA土地をB土地とC土地に分割する

《分割案１》価額比によってA土地をB土地とC土地に分割する場合

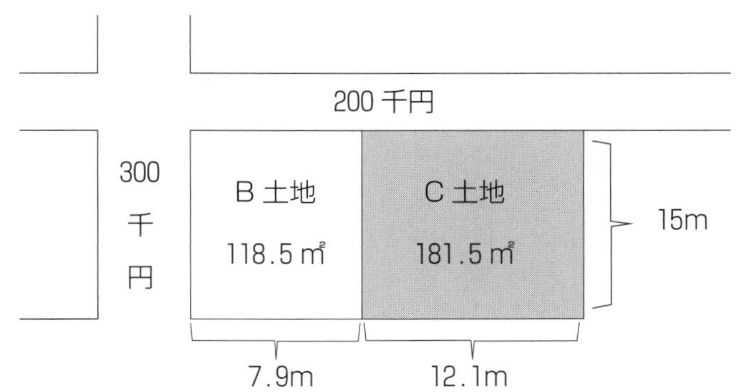

1　A土地の分割前の甲・乙各人の持分の評価額

①　A土地全体の評価額

（30×1.0＋20×1.0×0.03）万円×300㎡＝9,180万円

②　甲の持分評価額

① $\times \frac{1}{2}$ ＝4,590万円

③　乙の持分評価額

① $\times \frac{1}{2}$ ＝4,590万円

2　分割後の甲・乙各人の保有面積と評価額

①　B土地単独の評価額

（30×1.0＋20×1.0×0.03）万円×118.5㎡≒3,630万円

②　C土地単独の評価額

20万円×1.0×181.5㎡＝3,630万円

③　B土地とC土地の評価額の合計

①+②＝7,260万円

3　共有物分割による不動産価値の消滅

（２の③）－（１の①）＝7,260万円－9,180万円＝▲1,920万円

《分割案２》持分比によってA土地をB土地とC土地に分割する場合

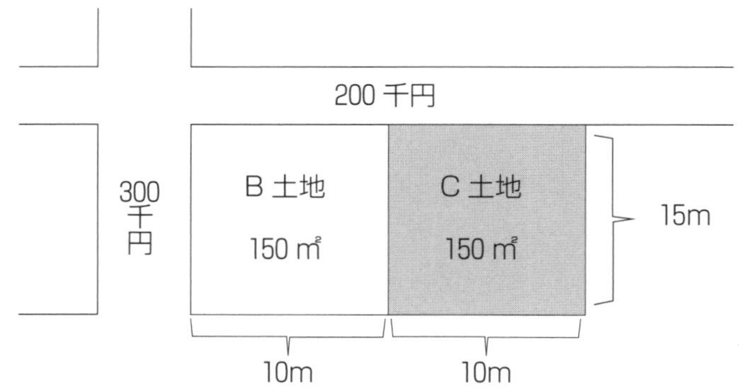

1　A土地の分割前の甲・乙各人の持分の評価額

①　A土地全体の評価額

（30×1.0＋20×1.0×0.03）万円×300㎡＝9,180万円

②　甲の持分評価額

$①\times\frac{1}{2}$＝4,590万円

③　乙の持分評価額

$①\times\frac{1}{2}$＝4,590万円

2　分割後の甲・乙各人の保有面積と評価額

①　B土地単独の評価額

（30×1.0＋20×1.0×0.03）万円×150㎡ =4,590万円

②　C土地単独の評価額

20万円×1.0×150㎡＝3,000万円

③　B土地とC土地の評価額の合計

①+②＝7,590万円

3　共有物分割による不動産価値の消滅

（２の③）－（１の①）＝7,590万円－9,180万円＝▲1,590万円

《分割案１》と《分割案２》の比較検討

1　共有の法理

物の所有者は、原則として所有物を自由に「使用、収益、処分」をすることができます。しかし、一個の所有物に対して複数の所有者がある場合、所有物の使用･収益･処分を巡って意見が一致するとは限りません。それを調整する基準が共有の法理です。共有では各共

有者が持分を有し、それを自由に処分することができますが、共有物は使用・収益が制限されるものなので、一般の市場で簡単に共有持分の譲受人が現れることはなく、現れたとしても取引価格は著しく低くなってしまうのが通常です。

そこで、持分権に基づく分割請求をすることが考えられます。共有物の分割請求はいつでもすることができます（民法256）。

2　分割案の問題点

共有物の分割は本来《分割案１》のように価格比で行うべきものです。《分割案２》のように単純に持分の面積比で分割すると、分割後のB土地とC土地の価格比は、分割前の甲の持分と乙の持分の価格比と異なるため、贈与税の問題が発生します（268ページ参照）。

また、《分割案１》と《分割案２》のいずれの案を採用したとしても、角地で整形地であったA土地から、前面道路一路線にしか面しないC土地を創り出すことになるので、分割によって土地全体の価値は減少してしまいます。このため、共有物の分割以外にも、先に解説した換価分割や価格賠償（代償分割）についても検討してみる必要があるでしょう。

なお、次のような例は、実務的に共有物分割の手法をとることが困難なケースです。

〈分割困難な例示〉

例　示	ポイント等
共有土地の上に１人の共有者単独名義の建物が建築されている	次の解決方法を考える ・共有者双方合意の上持分を売却する ・建物所有者が他の共有者の持分を買い取る ・他も共有土地があれば、交換による解消を検討する （274ページ参照）
狭小宅地	分割すれば使用も売却もさらに困難になる
担保に供された賃貸アパート	金融機関等との調整が困難
自治会のガイドライン	地域の居住環境を守るため、自治会によっては建物の敷地の最低面積が定められている場合があり、最低面積未満になる分割土地は建物の建築に支障をきたす

税務解説　現物分割の税務

1　所得税

個人が共有不動産をその持分に応じて現物分割した場合、所得税法上は土地の譲渡はなかったものとされるため、譲渡所得税の課税はありません。分割されたそれぞれの土地の面積の比と共有持分の割合とが異なる場合であっても、その分割後のそれぞれの土地の価額の比が共有持分の割合におおむね等しいときは、その分割は共有持分に応ずる現物分割に該当するとされています。したがって、譲渡所得税の課税を回避するためには、面積比ではなく価額比で分割する必要があります。

なお、分割に要した費用の額は、その土地が業務の用に供されるもので当該業務に係る各種所得の金額の計算上必要経費に算入されたものを除き、その土地の取得費に算入することになります（所基通33-１の７）。

2　不動産取得税

原則課税されませんが、分筆前の持分割合を超える部分については課税されるものとされています（地方税法73の７二の三）。

3　登録免許税

不動産の名義変更（持分移転登記申請）の際、固定資産税評価額の持分相当部分につき1000分の４又1000分の20の登録免許税が課されます。

4　贈与税

分割後の土地の価額の比が共有持分の割合と著しく異なる場合は、財産の移転があったものとして贈与税が課税される可能性があります。

事例解説４-(9)の《分割案２》について、贈与税課税を検討してみます。

(1)　計算例１　～分割前の土地の評価額を基にする方法～

①　A土地全体の分筆前の評価額：9,180万円

②　① $\times\frac{1}{2}$=4,590万円　分割前の評価額を基にした甲の持分価額

③　① $\times\frac{1}{2}$=4,590万円　分割前の評価額を基にした乙の持分価額

④　分割後のB土地（甲所有）の評価額：4,590万円

⑤　分割後のC土地（乙所有）の評価額：3,000万円

⑥ 甲の利益：④4,590万円－②4,590万円＝±０円

⑦ 乙の利益：⑤3,000万円－③4,590万円＝▲1,590万円

⑧ 贈与税が課税される財産の価格：甲、乙共になし

⑵ 計算例２ ～分割後の土地の評価額を基にする方法～

① A土地全体の分割前の評価額：9,180万円

② 分割後のB土地（甲所有）の評価額：4,590万円

③ 分割後のC土地（乙所有）の評価額：3,000万円

④ B土地の評価額＋C土地の評価額：②+③＝7,590万円

⑤ 分割による価値の減少：④－①＝▲1,590万円

⑥ ④×$\frac{1}{2}$=3,795万円　分割後の評価額を基にした甲の持分価額

⑦ ④×$\frac{1}{2}$=3,795万円　分割後の評価額を基にした乙の持分価額

⑧ 甲の利益：②4,590万円－⑥3,795万円＝＋795万円

⑨ 乙の利益：③3,000万円－⑦3,795万円＝▲795万円

⑩ 贈与税が課税される財産の価格：⑧＝795万円（乙から甲への贈与）

⑶ 計算例１と計算例２の検討（私見）

共有物分割の不動産登記の手続を見ると、まず共有の状態のまま分筆登記がなされ、その後に持分の移転登記がなされます（262ページ参照）。このとき、分筆登記がなされた時点で分割による経済価値の減少が発生し、その後に持分が移転されたと考えると、上記⑵の**計算例２**のように、分割後の土地の評価額を基にする方法によって甲に贈与税課税がなされるように思われます。

しかし分筆前で考えると、分筆によって甲に利益は発生しません。この点、相続財産を分筆して物納する場合の物納財産の評価方法を見ると、分割による物納財産の価値の下落は相続税評価額に上乗せて収納されます（257ページ参照）。この考えに基づくと、上記⑴の**計算例１**のように、分割前の評価額を基に計算し、設例の場合は贈与税課税がなされないと考えていいのではないでしょうか。持分の移転による利益は発生せず、分割による土地の価値の減少のみが生じたと考えるのです。

事例解説 4－⑽ 共有持分の交換と税務

〈設例〉

相続によってA土地・B土地のような共有状態が発生しました。その後、この共有状態を解消するために共有持分を交換したいと思います。共有持分の交換の結果、税務上はどのように取り扱われるのでしょうか。

なお、交換差金の授受はありません。

【前提】

相続人（共有者）：甲・乙

相続財産：A土地　300㎡　取引時価10,000万円　取得価額不明

→甲の持分$\frac{1}{2}$、乙の持分$\frac{1}{2}$

B土地　300㎡　取引時価9,000万円　取得価額不明

→甲の持分$\frac{1}{3}$、乙の持分$\frac{2}{3}$

（注）A土地とB土地はいずれも５年超所有する長期譲渡所得の課税対象となることとし、税務上の各種特例は考慮外とします。

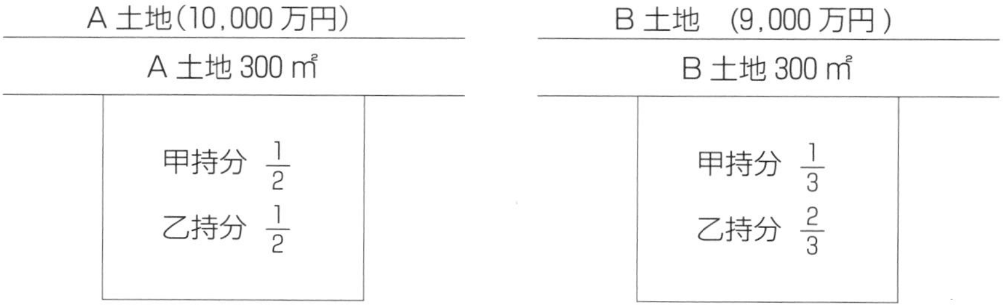

A土地（10,000万円）	B土地（9,000万円）
A土地300㎡	B土地300㎡
甲持分 $\frac{1}{2}$ 乙持分 $\frac{1}{2}$	甲持分 $\frac{1}{3}$ 乙持分 $\frac{2}{3}$

《選択肢１》A土地の甲持分とB土地の乙持分を交換し、A土地を乙単独所有、B土地を甲単独所有とする

《選択肢２》A土地の乙持分とB土地の甲持分を交換し、A土地を甲単独所有、B土地を乙単独所有とする

共有土地が二以上ある場合、交換による解消方法が考えられます。このとき、税務上の交換の特例（所法58）が適用可能か否かによって、課税関係が大きく異なります。設例においては、交換の特例適用要件のうち「交換資産の時価の差額が、いずれか高い方の価額の20％を超えないこと」を満たすか否かによって全く異なった結果になります。

なお、交換の特例の他の要件は満たしているものと仮定します（交換の特例については

274ページ参照）。

《選択肢１》A土地の甲持分とB土地の乙持分の交換

交換特例適用の可否を検討すると、次のように要件を満たしているため、交換による譲渡はなかったものとみなされ課税関係は生じません。

① A土地の甲持分：10,000万円×$\frac{1}{2}$＝5,000万円

② B土地の乙持分：9,000万円×$\frac{2}{3}$＝6,000万円

③ 交換の特例適用の検討：②×80％＝4,800万円≦①5,000万円

∴交換特例適用可

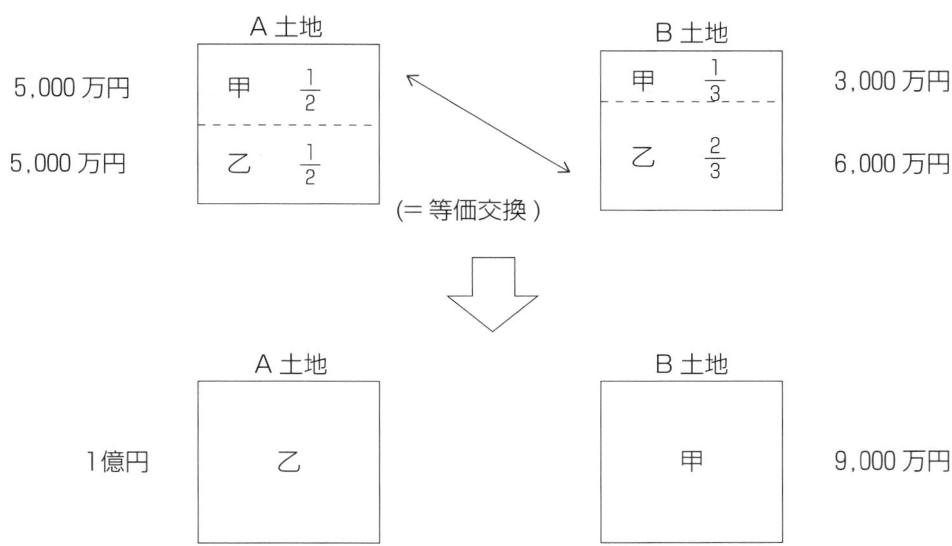

《選択肢２》A土地の乙持分とB土地の甲持分の交換

1 交換特例適用の可否

① A土地の乙持分：10,000万円×$\frac{1}{2}$＝5,000万円

② B土地の甲持分：9,000万円×$\frac{1}{3}$＝3,000万円

③ 交換の特例適用の検討：①×80％＝4,000万円≧②3,000万円

∴交換特例適用不可

（注）所基通58－12によれば「固定資産の交換があった場合において、交換当事者間において合意されたその資産の価額が交換をするに至った事情等に照らし合理的に算定されていると認められるものであるときは、その合意された価額が通常の取引価額と異なるときであっても、法第58条の規定の適用上、これ

らの資産の価額は当該当事者間において合意されたところによるものとする。」とされていますが、設例の場合は相続人間（親族間）の交換であり、相手方に利益を与える意思があることから本項に該当しないと仮定します。

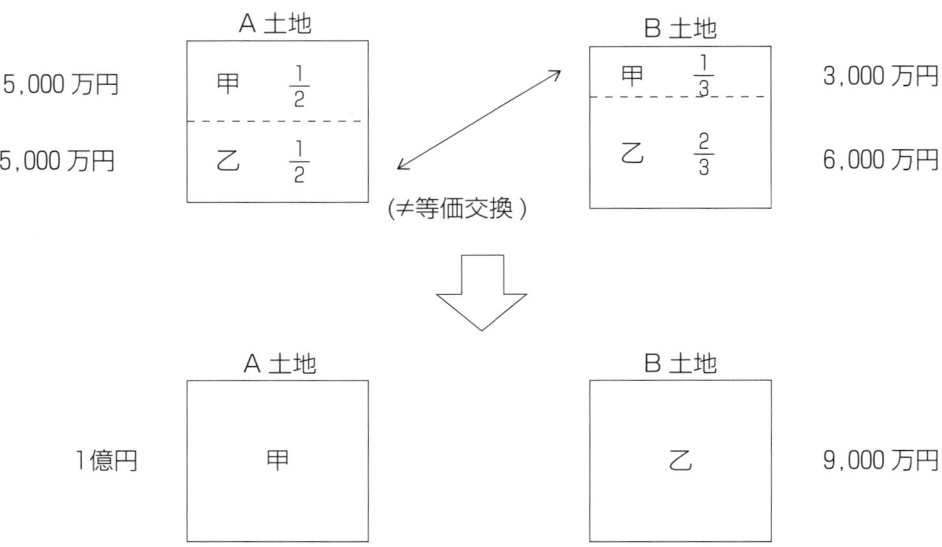

2　税務上の処理

A土地の乙持分（5,000万円）とB土地の甲持分（3,000万円）の交換は、交換資産の時価の差額（5,000万円－3,000万円＝2,000万円）が時価の高い方の20％相当額（5,000万円×20％＝1,000万円）を超えるため、所得税の交換特例は適用はされず、次のような課税関係が生じます。

(1)　甲の譲渡所得税

①　譲渡価額：3,000万円

②　取得価額：3,000× 5 ％＝150万円（概算取得費を採用）

③　譲渡所得：①－②＝2,850万円

④　譲渡所得税：③×20.315％（※）≒579万円

（※）所得税15％

復興特別所得税15％×2.1％ =0.315％

地方税 5 ％

(2) 甲の贈与税

①　甲の利益：5,000万円－3,000万円＝2,000万円

②　贈与税：（2,000万円－110万円）×50%－250万円＝695万円

（注）税率は一般税率が適用されるものとします。

(3) 乙の譲渡所得税

① 譲渡価額：5,000万円

② 取得価額：5,000×５％＝250万円（概算取得費を採用）

③ 譲渡所得：①－②＝4,750万円

④ 譲渡所得税：③×20.315％（※）≒965万円

（※）所得税15％

復興特別所得税15％×2.1％ =0.315％

地方税５％

〈アドバイス〉

個人から著しく低い価額の対価で財産を譲り受けた場合には、その財産の時価と支払った対価との差額に相当する金額は、財産を譲渡した人から贈与により取得したものとみなされます。著しく低い価額の対価であるかどうかは、個々の具体的事案に基づき判定することになります。法人に対して譲渡所得の基因となる資産の移転があった場合に、時価で譲渡があったものとみなされる「著しく低い価額の対価」の額の基準となる「資産の時価の２分の１に満たない金額」により判定するものではありません。設例は、みなし贈与の対象になるものとしています。

また、時価とは、その財産が土地や借地権などである場合及び家屋や構築物などである場合には通常の取引価額に相当する金額を、それら以外の財産である場合には相続税評価額をいいます。

しかし、著しく低い価額の対価で財産を譲り受けた場合であっても、譲り受けた人が資力を喪失して債務を弁済することが困難であることから、その弁済に充てるためにその人の扶養義務者から譲り受けたものであるときは、その債務を弁済することが困難である部分の金額については、贈与により取得したものとはみなされません（国税庁タックスアンサー No.4423参照）。

《選択肢１》と《選択肢２》の比較検討

A土地の時価は１億円、B土地の時価は9,000万円ですから、交換後の価格の差を見ると一見、交換特例が適用できそうにも見える土地同士の交換です。

10,000万円－9,000万円＝1,000万円

10,000万円×20％＝2,000万円

1,000万円≦2,000万円

しかしながら、いずれの選択肢についても交換特例が適用できるかというと、《選択肢２》の場合はそうではありません。《選択肢１》と《選択肢２》では税負担が大きく異なってしまいます。その理由は、遺産分割の際に異なる持分で共有したことにあります。遺産分割においては、このようにして共有関係を解消することも視野に入れることが必要でしょう。

税務解説　交換の特例（所法58）

1　交換の特例の概要

個人が土地や建物などの固定資産を同種の固定資産と交換したときは、譲渡がなかったものとする特例があり、これを固定資産の交換の特例といいます。土地や建物などの固定資産を交換した場合、所得税の原則では、たとえ金銭の移動がなくても、固定資産の売却と購入が行なわれたものと考えて譲渡所得税が課税されます。しかし、一定の要件を備えた場合には「譲渡がなかったもの」として所得税が課税されないという特例です。

2　適用要件

次に掲げるすべての要件を満たす場合には、固定資産の交換の特例が適用されます。

① 交換譲渡資産及び交換取得資産は、いずれも固定資産であること（※１）
② 交換譲渡資産及び交換取得資産は、いずれも次に掲げる資産の区分に応ずる同種の資産であること
・土地、借地権及び耕作権
・建物、建物付属設備及び構築物
・機械及び装置等
③ 交換譲渡資産は１年以上所有していたものであること（※２）
④ 交換取得資産は交換の相手が１年以上所有していたものであり、かつ交換のために取得したものでないこと
⑤ 交換取得資産は、交換譲渡資産の譲渡直前の用途と同一の用途に供すること（※３）（※４）
⑥ 交換の時における交換取得資産の時価と交換譲渡資産の時価との差額が、これらのうちいずれか高い方の価額の100分の20に相当する金額を超えないこと（※５）

（※１）不動産業者などが販売のために所有している土地などの資産（棚卸資産）は、特例の対象になりません。
（※２）相続、贈与等により取得した資産の所有期間は、被相続人等のその資産の取得日から交換の日までの期間となります。
（※３）用途については次のように区分されます。
たとえば、交換譲渡した土地が宅地として使用されていたものであれば、交換取得した土地も宅地と

して使用するということです（所基通58-7）。この場合において借地権は「宅地」に区分され、借地権と底地の交換は実務においてもよく見かけるものです（所基通58-11、276ページ参照）。

交換譲渡資産の種類	用途の区分
土　地	宅地、田畑、鉱泉地、池沼、山林、牧場又は原野、その他
建　物	居住用、店舗又は事務所用、工場用、倉庫用、その他の用途

（注）店舗と住宅とに併用されている建物は、店舗専用の若しくは、住居専用のいずれの用途としても取り扱うことができます。また、事務所と住宅とに併用されている建物についても同様です。

（※4）交換譲渡資産の譲渡直前の用途とは、譲渡資産の交換時における用途をいいますが、他の用途に転用しようとしていたものは、その転用後の用途をいいます。

たとえば地目「田畑」を「宅地」に転用する場合等がこれに当たります。

（※5）この場合における時価は、通常の取引価格を指します。相続税評価額や固定資産税評価額は、参考にすることができるとしても取引時価そのものではありません。ただし、簡便的にこれらの評価を採用して判断しても結果は同じだと思われます。

3　固定資産の交換の特例の適用上の留意点

交換の特例を適用するにあたっての留意点は、次のとおりです。

(1)　交換取得資産の取得費等

交換取得資産の取得費は交換譲渡資産の取得費を引き継ぎます。すなわち、将来、交換によって取得した資産を譲渡した時に計上される取得費は、交換によって譲渡した資産の取得費によります。つまり、この特例は課税が繰り延べられるに過ぎず、課税を免除するものではありません。交換取得した資産を将来譲渡した時に繰り延べられて課税されます。

また、取得時期も交換譲渡資産の取得時期を引き継ぎます。したがって、交換取得資産を将来売却する場合、長期譲渡なのか、短期譲渡なのかの判定にあたっては、交換譲渡資産の所有期間と交換取得資産の所有期間を通算して判定することになります。

(2)　交換資産の時価

固定資産の交換があった場合において、交換当事者間において合意されたその資産の価額が、交換をするに至った事情等に照らし合理的に算定されていると認められるものであるときは、その合意された価額が通常の取引価額と異なるときであっても、所得税法58条の規定の適用上、これらの資産の価額は当該当事者間において合意されたところによるものとされています（所基通58-12）。すなわち、第三者間の取引においては、交換当事者間において成立する限定価格（152ページ参照）の考え方が採用されています。

しかし、同族間の取引においては時価とのバランスに注意深く配慮する必要があるでしょう。

〈設例〉

長男と母が同居し、同一生計である場合において、父の一次相続で長男が居住用の土地建物（A建物及びB土地）を相続した上、B土地に小規模宅地等の特例を適用し、母は青空駐車場であるC土地を相続しました。

その後、長男と母がそれぞれの土地を交換する場合を考えます。

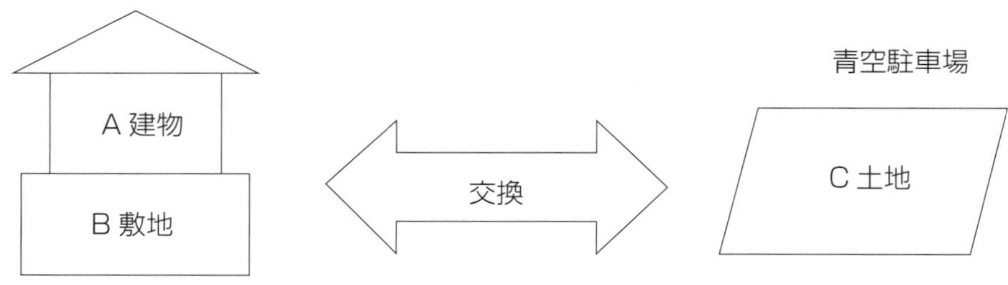

A建物：取引時価1,000万円　　C土地：取引時価5,000万円

B土地：取引時価4,000万円

〈解説〉

事例のケースにおいて、長男の所有するA建物とB土地の評価額の合計は5,000万円で、C土地の評価額も5,000万円ですから、固定資産の交換特例が適用できそうです。

しかし、固定資産の交換の特例は同種の資産同士の交換が対象となるため、事例におけるA建物は特例の対象にはなりません。同種の資産（宅地）であるB土地とC土地を交換すると、その時価は4,000万円と5,000万円ですから、他の要件を満たす限り交換特例を適用することができます。

5,000万円－4,000万円 ≦ 5,000万円×20％

ここで、A建物も含めて交換したとすると、A建物の時価は交換差金となります。この交換差金の額が交換で譲り渡す資産と譲り受ける資産とのいずれか高い方の価額の20％を超えているときは、交換した資産全体について固定資産の交換の特例は受けられないことになりますが、設例の場合はこの要件を満たしています。

交換差金＝建物の時価1,000万円 ≦ 5,000万円×20％

このとき交換に伴って相手方から受け取る交換差金（この場合のA建物）については、

譲渡所得として所得税の課税対象になります。

なお、事例の場合は、一次相続、二次相続いずれにおいても再びB敷地に小規模宅地等の特例適用を受けることができる可能性があります。

事例解説 4－(11) 共有物の売却と価格賠償等

〈設例〉

相続によってA土地のような共有状態が発生しましたが、A土地を分割すると分割後の土地の敷地面積が減少して有効利用が困難になるほか、角地としての効用がなくなる土地を創出するため、共有物の分割は望んでいません。A土地を換金することも選択肢に入れると、どのような方法があって、どのような違いが生じるでしょうか。

【前提】

相続人（共有者）：甲・乙（各人の共通持分$\frac{1}{2}$）

相続財産：A土地　300㎡

A土地の取引時価6,000万円

（注１）A土地の譲渡所得は長期譲渡所得に該当し取得費は概算取得費５％を採用する。

（注２）譲渡に係る各種特例は考慮外とする。

〈A土地の状況〉

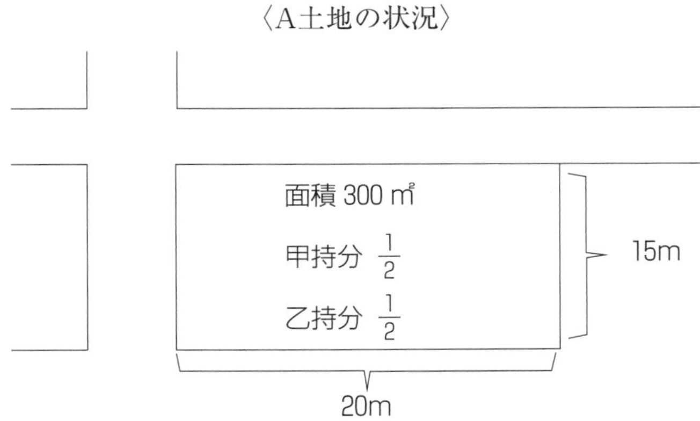

《選択肢１》A土地を6,000万円で売却し、売却代金を２分の１ずつ分配する

《選択肢２》甲が乙から共有持分２分の１を3,000万円で購入する

《選択肢１》代金分割（換価分割）

この方法は、共有不動産を第三者に売却しその売却代金を持分割合に応じて分配するもので、換価分割或いは代金分割などと呼ばれます。

設例の場合の課税関係は次のようになり、甲乙いずれも同じになります。

(1) 甲の譲渡所得税

① 譲渡価額：3,000万円

② 取得価額：3,000×５％＝150万円（概算取得費を採用）

③ 譲渡所得：①－②＝2,850万円

④ 譲渡所得税：③×20.315％（※）≒579万円

（※）所得税15％

復興特別所得税15％×2.1％＝0.315％

地方税５％

(2) 乙の譲渡所得税

① 譲渡価額：3,000万円

② 取得価額：3,000×５％＝150万円

③ 譲渡所得：①－②＝2,850万円

④ 譲渡所得税：③×20.315％（※）≒579万円

（※）所得税15％

復興特別所得税15％×2.1％＝0.315％

地方税５％

《選択肢２》価格賠償（代償分割）

この方法は、対象不動産を共有者一名の単独所有とすることとし、単独所有した者が、他の共有者に対してその持分に相当する額の代償金を支払うことにより共有関係を解消するものです。価格賠償といわれますが、実質は共有持分の売買です。274ページで解説した「交換」も広義には価格賠償の一つです。

この方法で特に問題になるのは、代償金の算定（評価）とその支払いをどのように担保するかということです。代償金の算定方法次第では贈与税の課税リスクが生じますし、契約はしたものの代償金の支払いがなされず、結局は共有状態が解消されないといったリスクも生じます。

また、不動産を適正に評価しないと、分割の結果、共有者間で不公平が生じることがあります。

設例の場合、乙の譲渡所得税は次のとおりになりますが、甲に流通税（※）以外の課税関係は発生しません。

（※）登録免許税及び不動産取得税

乙の譲渡所得税

① 譲渡価額：3,000万円

② 取得価額：3,000×５％＝150万円

③ 譲渡所得：①－②＝2,850万円

④ 譲渡所得税：③×20.315％（※）≒579万円

（※）所得税15％

復興特別所得税15％×2.1％＝0.315％

地方税５％

《選択肢１》と《選択肢２》の比較検討

《選択肢１》の方法は、売却代金を持分割合に応じて分配するため不動産の評価も不要で、分割の結果共有者間で不公平が生じることはありません。このため、共有者の全員が当該不動産の所有を望まない場合には有効な方法です。

これに対して《選択肢２》の方法は、民法に規定されている方法ではなく、契約自由の原則から認められるものです。最判平成８年10月31日によれば、「①共有物の性質及び形状・共有者の数及び割合・共有物の利用状況などを総合的に考慮し、全面的価格賠償が相当であると認められ、②共有物の価格が適正に評価され、③当該共有物を取得する者に支払能力があり、④他の共有者にその持分の価格を取得させることが共有者間の実質的公平を害しないと認められる特段の事情が存在するときは全面的価格賠償も許される」とされるものです。ただし、安易にこの方法を選択すると、低廉譲渡等による贈与税課税のリスクが生じるほか、支払能力不足のため結局は所期の目的が達せられないリスクもあることに注意が必要です。

3 信託

⑴ 信託制度

信託とは、財産を有する者（委託者）が自己又は第三者（受益者）のために、その財産（信託財産）の管理、処分等を管理者（受託者）に委ねる仕組みのことです。そのため、委託者が受託者に対して財産権の移転その他の処分を行います。この場合の受託者は家族でも構いません（家族信託）。

このように信託の当事者には、委託者、受託者及び受益者の三者が存在し、その特徴は次のとおりです。

① 委託者から受託者に信託財産が完全に移転すること

② 信託財産を受益者のために管理処分する制約を受託者に課すこと

そして、受益者の観点から、信託は次の二つのケースに区分されます。

他益信託	委託者本人のためにではなく、第三者たる受益者の利益のためになされる場合
自益信託	委託者本人（委託者兼受益者）のためになされる場合

たとえば、委託者が所有する土地を受託者に信託し、受託者がその土地の上に賃貸事務所用ビルを建設・管理し、これにより得た賃料収入を受益者に給付する、という形で用いられます。

〈信託のスキーム〉

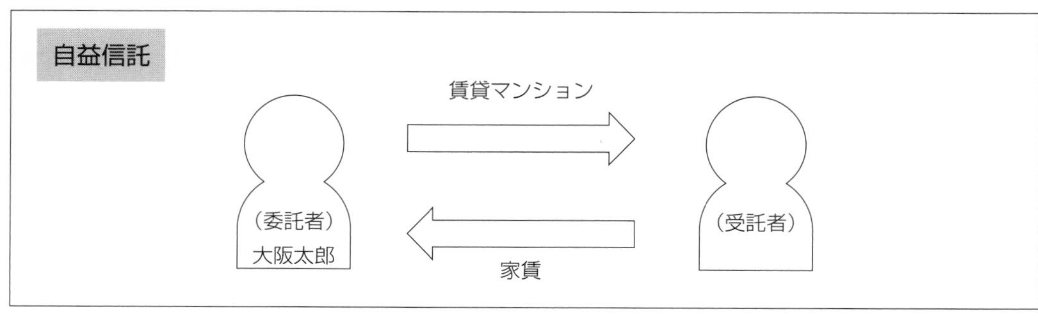

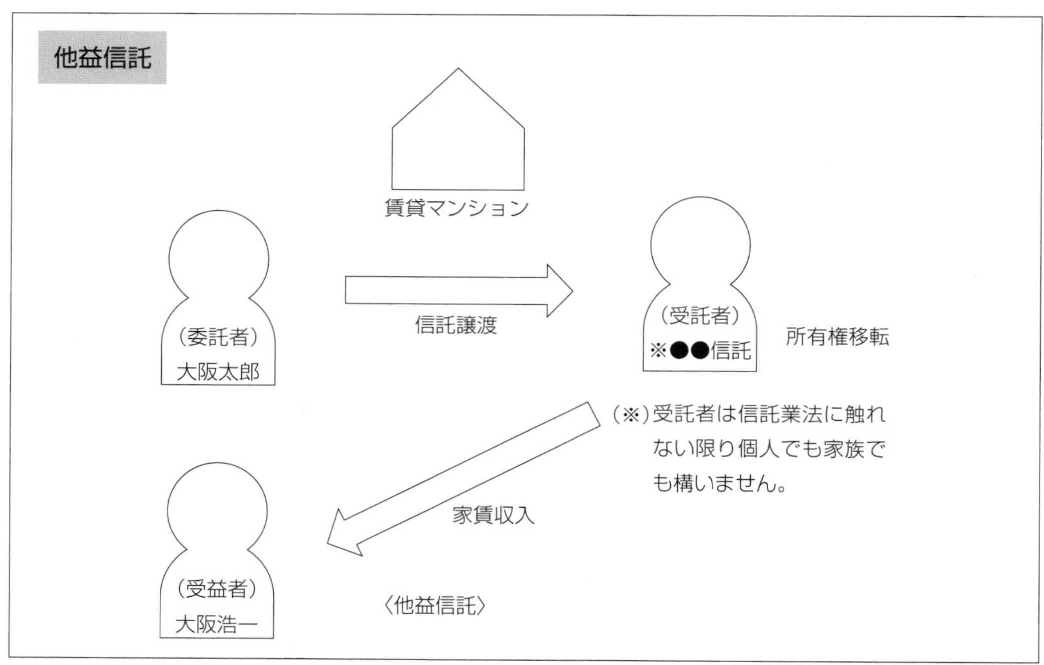

⑵ 信託の登記

不動産の信託をすれば、次の順位2のような登記をすることになります。

【権利部（甲区）（所有権に関する事項）】

<table>
<tr><th>順　位</th><th>登記目的</th><th>受付年月日・受付番号</th><th>権利者その他事項</th></tr>
<tr><td>1</td><td>所有権移転</td><td>令和○年○月○日
第○○○号</td><td>原因　令和○年○月○日売買
所有者　大阪市○○区○○○丁目○番○号
大阪　太郎</td></tr>
<tr><td rowspan="2">2</td><td>所有権移転</td><td>令和○年○月○日
第○○○号</td><td>原因　令和○年○月○日信託
受託者　大阪市○○区○○○丁目○番○号
＊＊信託株式会社</td></tr>
<tr><td>信託</td><td></td><td>信託目録　第○○号</td></tr>
</table>

【信託目録】

<table>
<tr><td>信託目録</td><td></td><td>調整</td><td>余白</td></tr>
<tr><td>番号</td><td>受付年月日・受付番号</td><td colspan="2">予備</td></tr>
<tr><td>第△△号</td><td>令和○○年○月○日
第○○○号</td><td colspan="2">余白</td></tr>
<tr><td>1．委託者に関する事項</td><td colspan="3">大阪市○○区○丁目○番○号
大阪　太郎</td></tr>
<tr><td>2．受託者に関する事項</td><td colspan="3">大阪市＊＊区＊＊＊丁目＊番＊号
＊＊信託株式会社</td></tr>
<tr><td>3．受益者に関する事項</td><td colspan="3">大阪市○○区○○○丁目○番○号
大阪　太郎</td></tr>
<tr><td>4．信　託　事　項</td><td colspan="3">信託の目的
受益者の資産の適正な管理及び有効活用を目的とする。

信託財産の管理方法
1．受託者は信託不動産について、信託による所有権移転または所有権保存の登記及び信託の登記手続を行うこととする。
2．受託者は信託不動産を第三者に賃貸することができる。
3．受託者は、裁量により信託不動産を換価処分することができる。
4．受託者は、信託の目的に照らして相当と認めるときは、信託不動産となる建物を建設することができる。

信託の終了の理由
本件信託は委託者兼受益者 大阪太郎 が死亡した時に終了する。

その他の信託の条項
1．本件信託の受益権は、受益者及び受託者の合意がない限り、譲渡、質入れその他担保設定等すること及び分割することはできないものとする。
2．受益者は受託者との合意により、本件信託の内容を変更することができる。
3．本件信託が終了した場合、残余の信託財産については、大阪浩一（長男）に帰属するものとする。</td></tr>
</table>

(3) 共有不動産管理信託

不動産の所有形態が共有になっているケースにおいては、共有によって生ずる「他の共有者から管理を頼まれて煩わしい思いをしている」「相続を重ねるごとに共有者が増え、共有者間の意思統一が続けられるか不安」「不動産を共有することのリスクが心配」といった問題の解決に、信託を活用できることがあります。

共有不動産を共有者全員が委託者兼受益者となって信託し、受託者が信託財産の所有者として、共有者全員に代わって一元的に管理します。このような複数委託者の信託財産に対する一括的な管理は、「信託の集団的管理機能」と呼ばれています。「遺言代用の信託」(※)や、信託受益権の売買を受益者間で行うことなどによって、受益者の一本化（共有状態の解消）や信託受益権の分散を防止することも可能です。

なお、共有不動産管理信託を利用するにあたっては、その目的を明確にし、共有者全員がその目的や仕組みを理解することが大切です。

（※）共有不動産管理信託を活用して、ある委託者（＝受益者）に相続が発生したとき、その信託受益権持分をあらかじめ契約で定めた者に継承することができます。

〈共有不動産管理信託のスキーム〉

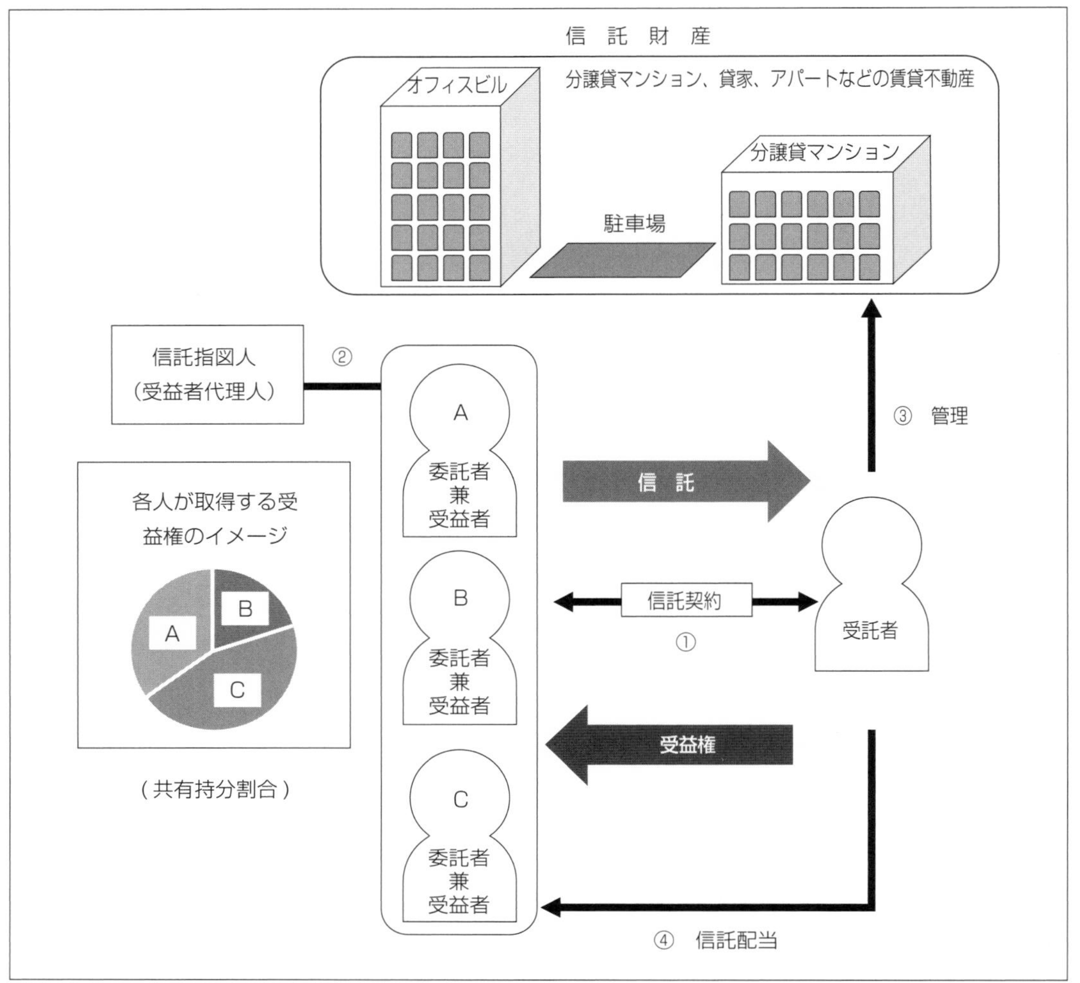

〈信託の流れ〉

① 共有者全員が受託者と信託契約を締結して、共有不動産を信託し、共有持分割合と同じ比率で信託受益権を取得します。

② 信託契約には、信託の指図人や受益者代理人等を指定するなど、意思決定の方法を取り決めておきます。

③ 信託会社等の受託者は、信託財産を信託契約の定めや信託法の規定に従って管理します。

④ 信託財産から得られた収入は、信託報酬や信託不動産の管理等に必要な費用を控除し、信託受益権持分割合に基づいて各々の受益者に配当されます。

事例解説 4－⑿ 共有不動産管理信託

〈設例〉

相続によって共有となった財産について、将来的には共有状態を解消し、母親甲の推定相続人ではない長男の配偶者にその財産を取得させたいと考えています。このため、次のような信託を設定した場合、どのような流れで財産取得できるのでしょうか。

【前提】

母親甲と長男乙、長女丙の３人家族で、貸家を１棟共有で所有している。

当初共有持分は甲乙各２分の１である。

長男乙に、配偶者はいるが、子供はいない。

貸家の管理にかなりの労力を要するため、いわゆる家族信託は行わず、受託者を信託会社とする。

〈信託目的〉

① 受託者による共有不動産（貸家）の賃貸管理

② 円満な財産承継と共有状態の解消

③ 最終目的は乙の配偶者が貸家を取得するようにしたい。

（信託契約締結時）

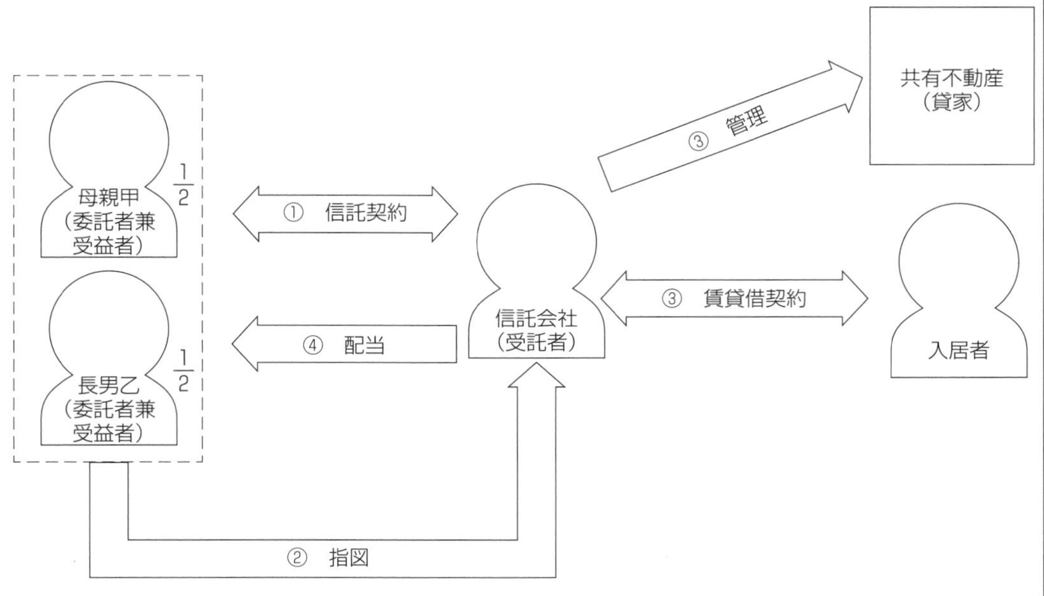

〈信託のスキーム〉

① 母親甲と長男乙が委託者兼受益者、信託財産を貸家として不動産管理処分信託契約を締結します。その際、共有持分割合と同じ比率（各２分の１）で受益権を取得させることにします。

また、母親甲が死亡した時点で長男乙が生存している場合には、母親甲の受益権を長男乙が取得することとし、長男乙が死亡している場合には、長男乙の配偶者が取得することとしておきます。

② 母親甲に将来認知症が発症する場合を想定し、あらかじめ行使する指図権の内容を定め、指図人を長男乙に指定します。

③ 受託者は、信託の本旨にしたがって信託不動産の管理、賃貸を行います。

④ 受託者は、信託不動産を賃貸して得られた収入から、信託報酬や修繕積立金のほか、火災保険料、管理費、固定資産税など信託不動産の管理に必要な費用を控除した後、信託受益権持分割合に応じて各受益者に配当します。

〈信託の当事者〉

委託者兼受益者：母親甲及び長男乙

受託者：信託会社

このとき、将来発生する次のケースについてどのような状況が想定されるでしょうか。

《ケース１》母親甲が長男乙より先に死亡した場合の共有状態

《ケース２》長男乙が母親甲より先に死亡した場合の共有状態

（（一社）大阪府不動産コンサルティング協会の実例に基づき作成）

《ケース１》母親甲が長男乙より先に死亡した場合

１ 信託を設定しない場合

信託を設定せず法定相続分による相続を想定すると、次のような状況になって共有状態は解消しません。

・ 母親甲が長男乙より先に死亡した場合には、共有不動産の母親甲の持分２分の１について、法定相続分に従い乙と長女丙が２分の１ずつ相続し、乙の持分は４分の３、丙の持分は４分の１になることが想定されます。

・ その後、乙が死亡した場合、共有不動産の乙の持分４分の３について、法定相続分に従いその４分の３を乙の配偶者が相続し、４分の１を丙が相続することになります。

したがって共有不動産の持分は、乙の配偶者が16分の９、丙が16分の７に分散することになります。

2　信託を設定する場合

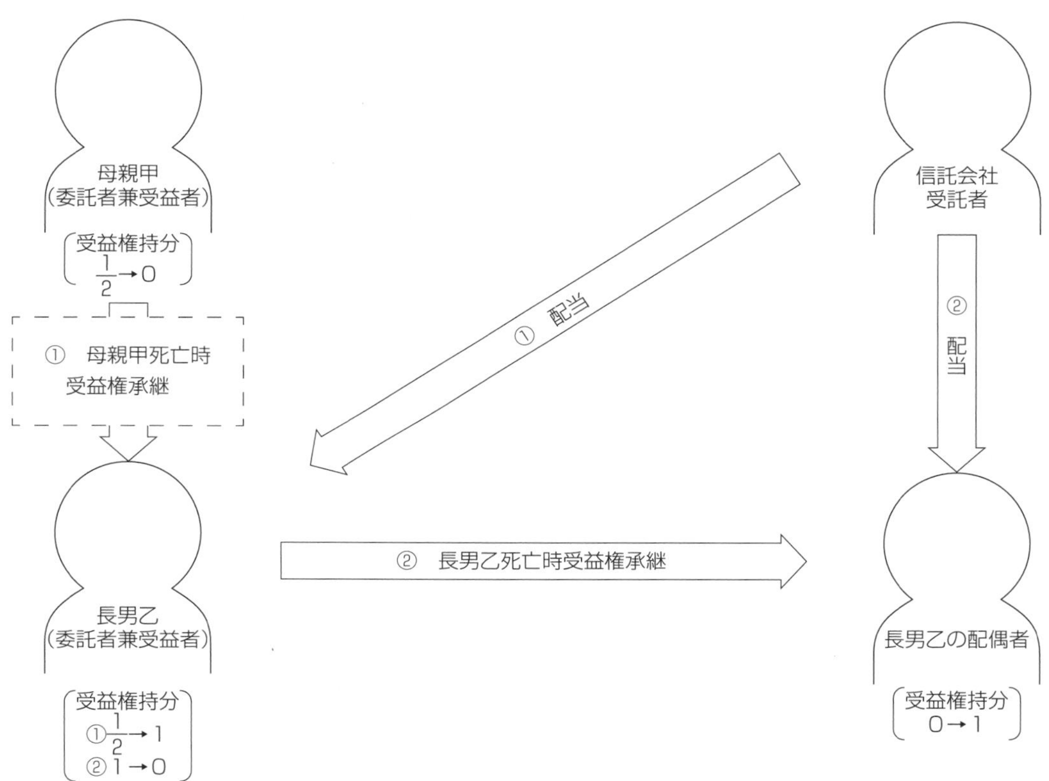

母親甲が長男乙より先に死亡したとき、信託契約に従うと次のように共有状態が解消します。

① 母親甲の有する受益権は長男乙が取得し、受益権の共有状態は解消することになります。

② 長男乙が死亡したとき、乙の有する受益権はすべて乙の配偶者に移転します。

《ケース２》長男乙が母親甲より先に死亡した場合の共有状態

1　信託を設定しない場合

信託を設定せず法定相続分による相続を想定すると、次のような状況になって共有状態は解消しません。

・　乙が母親甲より先に死亡した場合には、共有不動産の乙の持分２分の１について、法定相続分に従いその3分の2を乙の配偶者が相続し、3分の1を母親甲が相続することから、乙の配偶者の持分は3分の1、母親甲の持分は3分の2になることが想定されます。

・　その後、甲が死亡した場合は、母親の持分3分の2をすべて妹が相続することになります。

2　信託を設定する場合

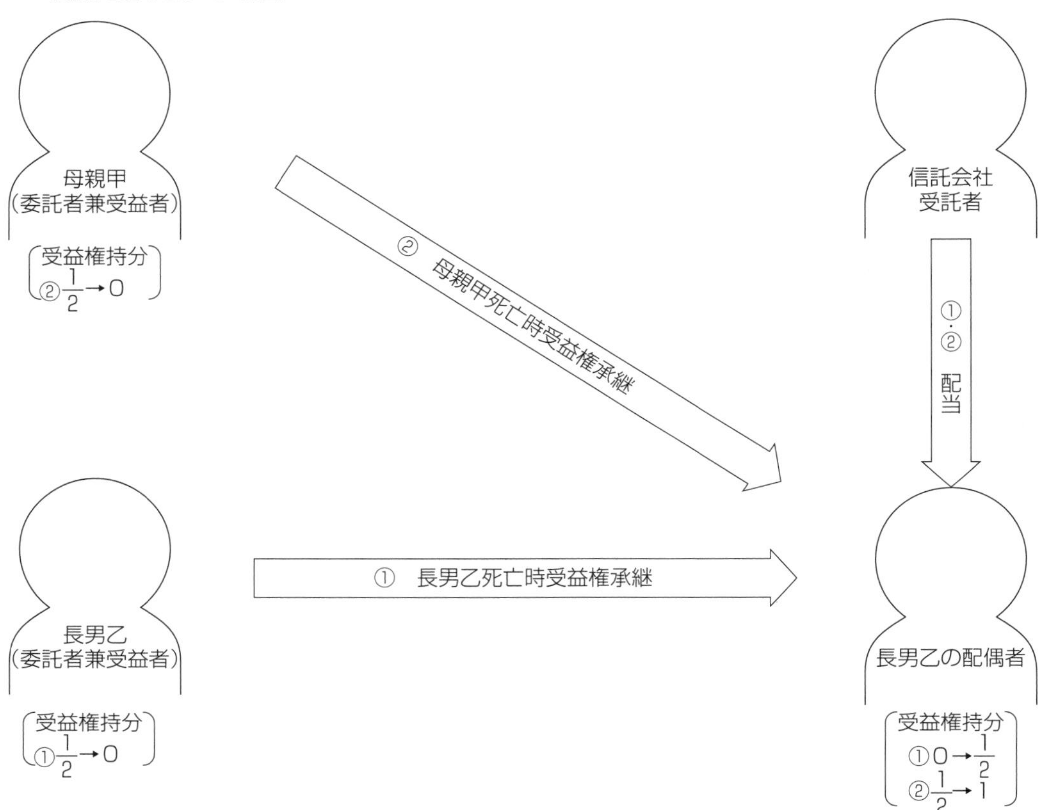

長男乙が母親甲より先に死亡したとき、信託契約に従うと次のように共有状態が解消します。

① 長男乙の有する受益権は長男乙の配偶者が取得するので、甲と乙の配偶者の持分が2分の1ずつの共有状態となります。

② その後、母親甲が死亡したときに、既に長男は死亡しているため、甲の受益権持分のすべてを乙の配偶者が取得し、受益権の共有状態は解消します。

《設例における賃貸不動産管理信託の検討》

1　他の制度との比較

設例は、父親の一次相続によって共有とならざるを得なかった不動産を、最終的には長男乙の配偶者に取得させることが目的です。この目的を達成するためには、単に母親甲が長男乙に共有持分を売却することも考えられますが、長男乙にはまとまった資金が必要となり、母親甲にとっては譲渡所得税の課税、安定した賃貸収入がなくなるなどのデメリットがあります。また、甲が自己の持分を遺贈するという遺言を書く方法も考えられますが、遺言は単独で取り消すことも可能ですし、自筆証書遺言の場合は無効な遺言であったり紛失の可能性もあるため、長男にとってはリスクが残ります。一方、信託にはこのようなデメリットがありません。

また、賃貸不動産の管理・処分などの観点から、母親甲又は長男乙が認知症を発症した場合においても、信託契約は継続するので効果的です。

このように、賃貸不動産管理信託は次に掲げるような所有不動産の悩みを解消し、あるいは賃貸経営の合理化を図ることを目的とする場合に効果的なものです。

・不動産を管理する後継者がいない
・煩わしくなった不動産の管理を任せたい
・遠隔地から管理するのが難しい
・経営環境の変化についていけない
・本業に専念したい

ただし、信託によったとしても、たとえば設例における丙の遺留分を侵害するような場合には、遺留分侵害額請求がなされる可能性は残ります。

2　不動産信託とは何か

不動産の信託は、対象となる不動産や信託の利用目的・背景、委託者や受益者のおかれている状況によってその内容が異なりますが、信託の機能を利用して、主として次のような目的で設定することができます。

① 不動産の管理や運用を専門家（信託の受託者や指図人）に任せ、引続き不動産の収益を原資とする配当を受ける。
② 共有になっている収益物件を信託して、管理を一元的に行う。
③ 不動産を信託財産とすることによって、委託者、受託者、受益者の倒産から隔離する。

〈典型的なスキーム〉

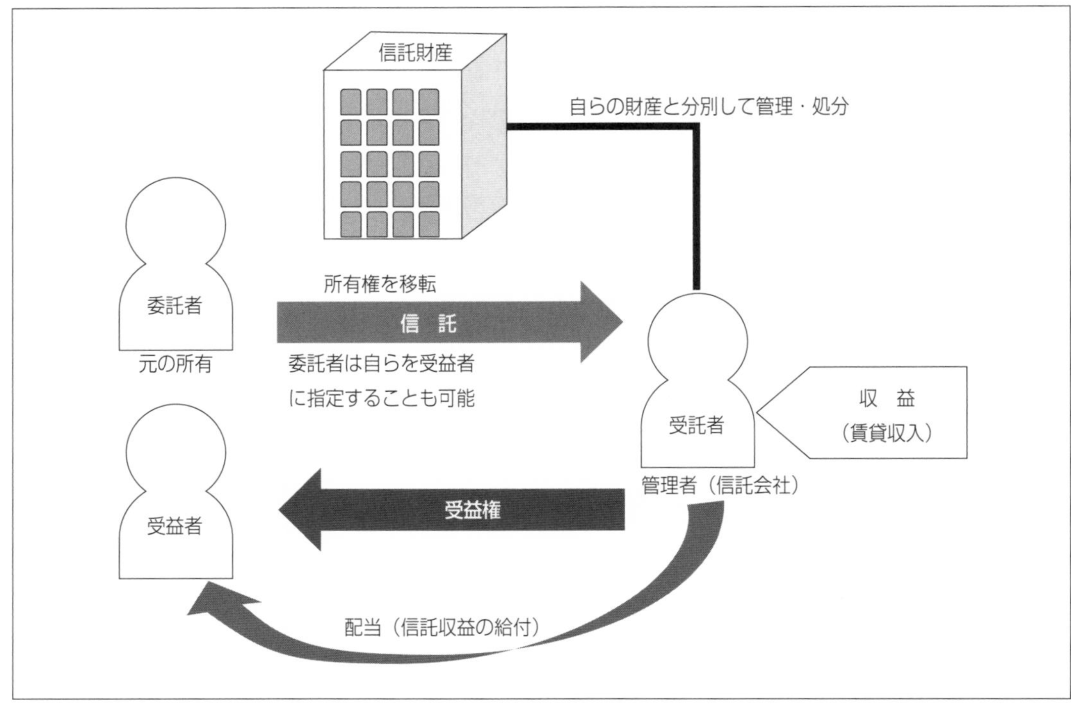

不動産信託は、不動産証券化における不動産投資スキームの利用を中心に活用されてきましたが、平成16年の信託業法の改正によって信託銀行以外の不動産信託の担い手となる信託会社も誕生し、個人の小規模な不動産であっても利用可能な環境が整いつつあります。

一方で、国土交通省や経済産業省が不動産の信託に関する各種研究や調査検討業務を実施し、京都市が京町家保全・再生・活用のための不動産管理信託の調査検討事業を行い、全国各地の町家再生・利活用事業関係者が不動産信託に関心を寄せるなど、徐々に不動産信託への関心の高まりが見られるようになってきています。

また、近年では受託者を家族に任せる家族信託も普及しはじめています。

税務解説 信託の税務

信託の運用収益に対する課税については、受益者等課税信託を原則とします。

1 受益者等課税信託

信託については、原則として受益者に対して課税が行われます。信託した財産の所有権が委託者から受託者に移転しているとしても、税法上は実質的な信託財産の所有権は受益者にあると考えるためです。したがって、信託財産に属する資産及び負債は受益者が有するものとみなし、その信託財産から生じる収益及び費用も受益者の収益及び費用とみなして、所得税及び法人税が課されることになります（所法13、法法12）。

このように受益者に対して課税が行われる信託を、受益者等課税信託と呼びます。

なお、受益者等課税信託では信託財産を預かっているに過ぎない受託者に課税関係は生じません。

2 信託設定時の課税関係

信託設定時には、法制上は委託者から受託者へ信託財産が移転します。このときの課税関係は、①委託者＝受益者の自益信託と②委託者≠受益者の他益信託で異なります。

①の自益信託では設定時に課税関係は生じません。これは税法上、受益者が信託財産を有しているものとみなされるため、委託者から受益者への財産の移転が観念できないからです。

一方②の他益信託では、委託者から受益者へ信託財産そのものの移転があったものとみなされます。したがって信託設定時に受益者から委託者へ適正な対価が支払われない場合には、受益者に贈与税や法人税が課されることになります。

また、不動産を信託財産とする信託設定時には、不動産移転登記と信託登記の二つの登記が必要になります。信託登記には以下の登録免許税が必要となりますが、不動産移転登記に伴う不動産取得税と登録免許税は、登記上の形式的な所有権移転に過ぎないとされているため課税されません（登録免許税法7①、地方税法73の7③）。

【信託の登録免許税】

	土　地	建　物
信託設定時	0.3%（注）	0.4%

（注）本則0.4%。令和5年3月31日までの軽減税率。

3　信託設定期間中の課税関係

信託設定期間中は、受益者が信託財産を有しているものとして課税関係が生じます。たとえば、賃貸物件を信託財産として信託設定した場合、受益者にその賃料収入や必要経費が帰属するため、受益者が不動産所得を申告することになります。この場合の収益等は、受領時ではなく発生時に認識します。

通常の申告と異なる点は、信託から生じた不動産所得の損失について制限が課されている点です（措法41の４の２）。受益者が個人の場合には、受益者の不動産所得の計算上、信託で生じた損失は切り捨てられ、純損失としての繰越しや他の所得との損益通算ができません。

法人が受益者の場合にも信託から生じる損失に対する制限はありますが、個人の場合とは少し異なります。受益者が負う責任限度額に対応して、信託財産の価額までの損失を認め、これを超える部分については信託終了時まで損金としないという仕組みになっています。ただし、その後の期間で生じる信託利益との相殺は認められます。

なお、法人が受益者の場合には、不動産を信託した場合に限らずその他の財産から生じる損失についても制限の対象になることに注意が必要です。

【信託の登録免許税】

	受益者変更	受託者変更
受益者又は受託者の変更	不動産１個につき1,000円	非課税

4　信託終了時の課税関係

信託終了時には、残余財産の給付を受ける権利が確定し、残余財産受益者又は権利帰属者に信託財産が移転します。そのため残余財産の給付を受ける権利が確定した時に、その時における価額で信託財産を移転したものとして課税関係が生じます（所法67の３⑥、相法９の２④）。

ただし、残余財産受益者については、信託設定時に課税を受けていない残余財産受益者のみがこのタイミングで課税を受けることになります。

なお、自益信託の終了によって信託財産を取得する者が委託者となっていれば、信託設定時から実質的な信託財産の移転がないため、これらの課税関係は生じません。

【信託の登録免許税】

	信託抹消	所有権移転
信託終了時	不動産１個につき1,000円	２％（※）

（※）土地については、令和５年３月31日まで1.5％に軽減されています。

なお、信託設定時に委託者＝受益者であって、信託期間中に受益者の変更がないときに、信託終了となる場合の受託者から委託者へ所有権を移転するときの登録免許税は非課税となります。

■著者紹介

吉村　一成（よしむら　かずなり）

税理士・不動産鑑定士・芦屋大学客員教授

同志社大学商学部卒、大阪府立大学大学院前期博士課程修了（MBA）

国税専門官として大阪国税局に配属され、統括国税調査官（資産税担当）、評価公売専門官などを歴任した後、平成24年に大阪国税局を辞職し、税理士事務所、不動産鑑定事務所を開業

【主な著書】

『広大地評価はこう変わる』（清文社）、『取引相場のない株式評価の知識と株価対策のヒント』（清文社）、『不動産評価の実践手法』（実務出版、共著）、『小規模宅地等特例の効果的活用法』（実務出版）、『不動産コンサル過去問題集　2020～2021年度版』（住宅新報出版、共著）

■監修者紹介

平松　亜矢子（ひらまつ　あやこ）

弁護士・税理士・元国税審判官　現在共栄法律事務所パートナー弁護士

2001年　京都大学法学部卒業

2002年　大阪弁護士会にて弁護士登録

2014年から2018年　大阪国税不服審判所　国税審判官

2018年８月　　税理士登録（近畿税理士会）

■協力

（一般社団法人）大阪府不動産コンサルティング協会

国土交通大臣登録資格の「公認 不動産コンサルティングマスター」をメンバーとする組織。

不動産に関して高い知識と豊富な経験を持つ専門家集団として、不動産の有効活用、相続問題・相続対策、不動産流通、空き家問題、インスペクションなどの様々な課題に取り組んでいる。

～不動産の本当の価値を高めるために～ やってはいけない遺産分割

2021年10月25日　発行

著　者　吉村　一成 ©

監修者　平松　亜矢子

発行者　小泉　定裕

発行所　株式会社 清文社

東京都千代田区内神田1－6－6（MIFビル）
〒101-0047　電話 03(6273)7946　FAX 03(3518)0299
大阪市北区天神橋2丁目北2－6（大和南森町ビル）
〒530-0041　電話 06(6135)4050　FAX 06(6135)4059
URL https://www.skattsei.co.jp/

印刷：大村印刷

ISBN978-4-433-72841-0